GENDER, RELIGION, HETEROGENITÄT

Studien zur Religiösen Bildung (StRB)

Herausgegeben von
Michael Wermke und Thomas Heller

Band 2

Antje Roggenkamp/Michael Wermke (Hrsg.)

Gender, Religion, Heterogenität

Bildungshistorische Perspektiven gendersensibler Religionspädagogik

EVANGELISCHE VERLAGSANSTALT
Leipzig

Bibliographische Information der Deutschen Nationalbibliothek
Die Deutsche Nationalbibliothek verzeichnet diese Publikation in der Deutschen Nationalbibliographie; detaillierte bibliographische Daten sind im Internet über http://dnb.dnb.de abrufbar.

Printed in Germany • H 7663

Das Buch wurde auf alterungsbeständigem Papier gedruckt.

Cover: Kai-Michael Gustmann, Leipzig
Coverbild: Jan-Peter Kasper, Jena
Satz: Patrizia Kramer, Jena & Christina Koch, Jena/Stotternheim
Druck und Binden: Hubert & Co., Göttingen

ISBN 978-3-374-03357-7
www.eva-leipzig.de

Vorwort

Der Umgang mit Gender, Religion und Heterogenität, dem sich die Jahrestagung des Arbeitskreises für historische Religionspädagogik im März 2012 widmete, beschreibt zentrale Herausforderungen unseres Bildungssystems. Das Tagungsthema *Religion und Gender in bildungshistorischer Perspektive* nahm insofern auf aktuelle in der Bildungspolitik, der Lehrerbildung, der Bildungsforschung sowie in der Schulpraxis geführte Debatten Bezug.

Sowohl in den Theoriediskursen, die sich um Geschlechtsgereichtigkeit bemühen,[1] als auch dort, wo sich die Reflexion der Praxis auf das Phänomen gelebter Religion in einer variationsreichen Welt bezieht,[2] spielt Heterogenität eine herausragende Rolle.

Die Debatten lassen sich unter dem Aspekt der Heterogenität zusammenführen. Dabei wird unter Heterogenität allgemein Uneinheitlichkeit, Verschiedenheit oder Ungleichheit zwischen Schülern bzw. Lernenden verstanden. In diesem Begriff liegtnicht nur für die Pädagogik, sondern auch für die Religionspädagogik seit jeher ein dialektisches Spannungsverhältnis. Ansätze zum Umgang mit Heterogenität finden sich bereits bei Comenius, bei vielen Reformpädagogen und insbesondere in der Diskussion um Chancengleichheit in den 1960er Jahren.

Der aktuelle erziehungswissenschaftliche Diskurs zum Umgang mit Heterogenität geht auf das von Annedore Prengel 1993 entwickelte Konzept der *Pädagogik der Vielfalt* zurück.[3] Mit der *Pädagogik der Vielfalt* wurden die

---

1 Vgl. nur Helga Bilden/Bettina Dausien (Hrsg.), Sozialisation und Geschlecht. Theoretische und methodische Aspekte, Opladen 2006.

2 Vgl. Ulrich Kropač/Georg Langenhorst (Hrsg.), Religionsunterricht und der Bildungsauftrag an öffentlichen Schulen. Begründung und Perspektiven des Schulfaches Religion, Babenhausen 2012.

3 Annedore Prengel, Pädagogik der Vielfalt. Verschiedenheit und Gleichberechtigung in interkultureller, feministischer und integrativer Pädagogik, Opladen [2]2006.

in der Pädagogik thematisierten Unterschiede bezüglich Gesundheit/Behinderung (Sonder-/Förderpädagogik), Kultur (Interkulturelle Pädagogik) und Geschlecht (Gender-Pädagogik) im Rahmen eines umfassenden Konzepts zusammengefasst. Im Zentrum steht dabei das gemeinsame Lernen unterschiedlicher Schüler, also das gemeinsame Lernen von Nichtbehinderten und Behinderten, Mädchen und Jungen, Kindern mit und ohne Migrationshintergrund, aber auch von jüngeren und älteren Kindern, leistungsstarken und -schwächeren Schülern sowie mit allen anderen Unterschiedlichkeiten. Ziel einer Pädagogik der Vielfalt ist das Kennenlernen der Anderen, die Selbstachtung und Anerkennung der Anderen, die Aufmerksamkeit für die individuelle Geschichte, die Aufmerksamkeit für gesellschaftliche und ökonomische Bedingungen sowie Verschiedenheit und Gleichberechtigung als institutionelle Aufgabe. Damit ist intendiert, persönliche Bildungsprozesse sowie Qualifikations- und Sozialisationsprozesse zu fördern.

Unter diesem Vorzeichen haben sich in Hofgeismar Vertreter verschiedener Disziplinen der Heterogenität der Geschlechter in bildungshistorischer Perspektive zugewandt und nach dem Verhältnis von Gender, Religion und Vielfalt in Geschichte und Gegenwart gefragt. Dabei stellte sich heraus, dass dieser Fragenkomplex primär auf einer, auf die spezifischen Differenzen bezogenen Metaebene in den Blick zu nehmen ist, eine Standortbestimmung theologischer Genderforschung im Feld der Religionspädagogik und der Praktischen Theologie vorzunehmen.

Ausgehend von neueren allgemein-, kirchen- und bildungshistorischen Forschungen fragte die Tagung nach dem Verhältnis von Gender, Religion, und Heterogenität in Geschichte und Gegenwart. Im Mittelpunkt standen dabei drei Fragen: Welche Geschichtsbilder zum Verhältnis von Religion und Gender wurden und werden in den Erziehungs- und Religionswissenschaften etc. konstruiert? In welchen erziehungswissenschaftlichen und theologischen Diskursen werden Genderfragen erstmals wahrgenommen und explizit thematisiert? Welche impliziten Theorien zum Verhältnis von Gender und Religion bestimmten und bestimmen die Bildungstheorie und -praxis?

Annebelle Pithan eröffnet den Band mit Überlegungen zur Stellung von Gender-Konzepten in der Religionspädagogik. Sie bietet einen ersten Forschungsüberblick und geht zentralen Perspektiven, Forschungsdesideraten der Frauen- und Männergeschichte in der Religionspädagogik nach.

Im Anschluss daran folgt ein erster Block von Aufsätzen, die sich obigen Fragestellungen aus historisch-chronologischer Perspektive nähern. Ole Fischer wendet das Konzept der hegemonialen Männlichkeit auf das 18. Jahrhundert an. Er erarbeitet interessante Perspektiven nicht nur für das Verhältnis von Aufklärung und Pietismus, sondern auch in Hinblick auf innerpietistische Perspektiven. Im 19. Jahrhundert steht mit der Vereins- und Verbandsarbeit von Religionslehrerinnen zunächst ein seit einigen Jahren intensiv erforschter Bereich im Zentrum des Interesses. Dabei geht es einerseits um Konzepte des »doing bzw. undoing gender«, also um die Frage, aus welchem Grund ein leicht modifiziertes doing gender, also eine Anpassung an Geschlechtsvorgaben und -vorstellungen im Kaiserreich besonders erfolgreich war (Roggenkamp Undoing Gender). Andererseits kommt das Zusammenspiel von akademischer Graduierung und innerdisziplinärer Bedeutung am Beispiel einer der bedeutenden Mütter der Religionspädagogik zur Sprache (Wermke).

Ein zweiter Teil fokussiert sich auf die Frage, welchen Beitrag eine gendersensible Erforschung des von Frauen getragenen bzw. an ihren Bedürfnissen orientierten Vereinswesens für die Entwicklung von religiöser Erziehung und Bildung hat. Dabei kommen die Folgen einer gendersensiblen Geschichtsschreibung in den Blick – und zwar aus programmatisch-normativer und vergleichend-diskursiver Perspektive (Edelbrock, Roggenkamp Versäulung).

Ein dritter Block beschäftigt sich mit gegenwärtigen Auswirkungen einer sich ihrer Geschichte bewussten, genderorientierten Religionspädagogik. Christine Reents thematisiert Genderfragen in Theorie und Praxis religiöser Erziehung und Bildung und spiegelt diese auch an ihrer eigenen, mehr als 50-jährigen berufsbiographisch bedingten Erfahrung. Marion Keuchen setzt sich mit der Illustration von Kinderbibeln durch Männer und Frauen auseinander. Anton A. Bucher geht es um die Rekonstruktion und Dekonstruktion historisch gewachsener Geschlechtsrollenstereotype, die er auf die empirische Religionsforschung spiegelt: Unterliegen der empirischen Religionsforschung spezifische, historisch tradierte Rollenstereotype von Jungen und Mädchen oder ist die neue Feldforschung empirisch genug, um nicht Opfer eigener geschlechtsspezifischer Konstrukte zu werden?

Die Tagung, die nach dem Verhältnis von Gender, Religion und Heterogenität in Geschichte und Gegenwart fragte, war bestrebt, die beiden großen Richtungen religionspädagogischer Forschung ins Gespräch bringen.

Wenn es uns mit diesem Band gelingen sollte, in die Debatten um Gender, Religion und Vielfalt den historisch-systematischen Ansatz als zentrale Perspektive neben der empirischen Fragestellung zur Sprache zu bringen, dann hätten wir viel erreicht.

Der Band wurde finanziert aus Mitteln des *Landesgraduiertenkollegs Protestantische Bildungstraditionen in Mitteldeutschland* und des *Zentrums für Religionspädagogische Bildungsforschung* (ZRB) der Universität Jena.

Göttingen/Jena im Juli 2013

Antje Roggenkamp/Michael Wermke

Inhalt

Auswirkungen einer ihrer Geschichte bewussten, gendersensiblen Religionspädagogik

Forschungsfragen, -strategien und -impulse

Genderreflektierte historische Religionspädagogik

Entwicklungen und Forschungsperspektiven

Annebelle Pithan

Ein zentrales Strukturprinzip von Gesellschaften ist die Geschlechterdifferenz. Daher gibt es »kein Feld historischen Handelns und Denkens, das unabhängig von der Unterscheidung *männlich/weiblich* funktioniert, oder in dem diese Unterscheidung keine – mal größere, mal kleinere – Rolle spielt«.[1] Diese Aussage der Historikerin Ute Frevert gilt auch für die Geschichtsschreibung der Religionspädagogik.

Im Folgenden möchte ich einen kurzen Überblick zur frauen- und genderbezogenen Forschung in der historischen Religionspädagogik geben.[2] Dabei skizziere ich unter Bezugnahme auf Entwicklungen in der Geschichtswissenschaft in der Folge ihres Entstehens die androzentrische Geschichtsschreibung, die Frauengeschichte sowie die Männer- und Geschlechtergeschichte. Damit möchte ich gleichzeitig relevante Kategorien formulieren, die eine Orientierung im Feld der Forschung liefern können.[3] Außerdem benenne ich einige Herausforderungen und Perspektiven für eine genderreflektierte religionspädagogische Historiographie. Schließlich weise ich auf weiterführende Forschungsperspektiven hin, die sich auf die Dekonstruktion von Geschlecht und traditionellen Geschlechtervorstellungen beziehen.

---

1 Ute Frevert, »Mann und Weib und Weib und Mann«. Geschlechterdifferenzen in der Moderne, München 1995, 10.

2 Der Artikel basiert auf und ist gleichzeitig eine Weiterentwicklung meines Beitrags Annebelle Pithan, Frauen-, Männer- und Geschlechterforschung – Neue Perspektiven für die Historiographie der Religionspädagogik, in: Annebelle Pithan/Silvia Arzt/Monika Jakobs/Thorsten Knauth (Hrsg.), Gender – Religion – Bildung. Beiträge zu einer Religionspädagogik der Vielfalt, Gütersloh 2009, 132–150.

3 Die veröffentlichten Forschungsarbeiten passen selten nur zu einer einzigen Kategorie.

Aus Platzgründen beziehe ich mich im Wesentlichen auf die Zeitgeschichtsforschung und auf deutsche (evangelische)[4] außergemeindliche religiöse Bildung.[5] Weiterhin berücksichtige ich vornehmlich diejenigen, die explizit auf Frauen- und Geschlechterforschung Bezug nehmen.

I. »His-story« als allgemeine Geschichte – Androzentrische historische Religionspädagogik

Seit den 1990er Jahren wurden in der Religionspädagogik erste Forschungen vorgelegt, die mit einem expliziten Interesse der Frauenforschung verbunden waren. Die Religionspädagogik griff damit Entwicklungen aus der Geschichtswissenschaft, der Theologie, der Kirchengeschichte[6] und der historischen Bildungsforschung[7] auf. Diese Frauenforschung entstand aufgrund einer fast ausschließlich andozentrischen, d.h. auf das Männliche bezogenen Forschung.

Die religionspädagogische Geschichtsschreibung bezog sich bis in die 1990er Jahre fast ausschließlich auf männliche Protagonisten, ihre Werke und Konzeptionen wie ihre Lebens- und Arbeitszusammenhänge. »His-story«

---

[4] In der katholischen Religionspädagogik liegen weitaus weniger Veröffentlichungen vor.

[5] Religionspädagogik verstehe ich hier in einem weiten Verständnis auf die »Gesamtheit religiöser Lern- und Bildungsprozesse« bezogen (Englert zitiert nach Klaus Wegenast, Art. Religionspädagogik, in: TRE Bd. 28, Berlin 1997, 700), ohne die Unterschiede zwischen den einzelnen Handlungsfeldern verwischen zu wollen.

[6] Vgl. Ute Gause, Geschlecht als historische Kategorie. Was leistet eine feministische Perspektive für die Kirchengeschichte? Ein Diskussionsbeitrag, in: Anselm Doering-Manteuffel/Kurt Nowak (Hrsg.), Kirchliche Zeitgeschichte. Urteilsbildung und Methoden, Stuttgart, 164–179. Ute Gause, Kirchengeschichte und Genderforschung. Eine Einführung in protestantischer Perspektive, Tübingen 2006, bes. 14ff.

[7] Vgl. z.B. Elke Kleinau/Claudia Opitz (Hrsg.), Geschichte der Mädchen- und Frauenbildung. 2 Bde, Frankfurt a.M. 1996. Walburga Hoff/Elke Kleinau/Pia Schmid (Hrsg.), Gender – Geschichte(n). Ergebnisse bildungshistorischer Frauen- und Geschlechterforschung, Köln 2008. Für Österreich: Ilse Brehmer, Geschichte der Frauenbildung und Mädchenerziehung in Österreich. Ein Überblick, Graz 1997. Gertrud Veider, Österreichische Mädchen- und Frauenbildung im europäischen Kontext des langen 19. Jahrhunderts, Innsbruck 2006.

galt als allgemeine Geschichte. Die auf »das Männliche« konzentrierte Sichtweise wird zum Teil heute fortgesetzt, ist aber nicht mehr der einzige Blick auf die Geschichte der Religionspädagogik.

Die androzentrische[8] Geschichtsschreibung geht meist von einem allgemeinen Subjekt aus: »der Schüler«, »der Lehrer«, »die Jugend« etc. Frauen und weibliche Lebenszusammenhänge kommen gar nicht vor oder nur in ihrem Bezug auf das Männliche.[9] Im Zentrum steht eine bestimmte Ausprägung von Männlichkeit, meist das »weiße bürgerliche Subjekt«.[10]

Im Zuge feministischer Bewegungen in Gesellschaft und Kirche und der Etablierung der Frauenforschung standen zunächst ausgeblendete Frauen und weibliche Lebens- und Arbeitszusammenhänge im Fokus des Interesses. Durch deren Fehlen konnte der Eindruck entstehen, dass Frauen nichts oder nichts Bemerkenswertes zur Geschichte religiöser Bildung beigetragen hatten.

Die Konzentration auf Männer/das Männliche und die Ausblendung von Frauen/des Weiblichen bestand und besteht teilweise bis heute sowohl in Überblicksdarstellungen[11] als auch bei der Vorstellung wichtiger Personen des Faches.[12] So verweist etwa ein Überblicksartikel zur Geschichte der Re-

---

8 Aner/andros, griech. = der Mann; Androzentrismus Mann-Zentriertheit; Androzentrismus meint, dass die symbolische Ordnung, das was wahrgenommen, gedacht und geschrieben wird, auf »das Männliche« bezogen ist (vgl. dazu Ina Praetorius, Art. Androzentrismus, in: Elisabeth Gössmann (Hrsg.), Wörterbuch der feministischen Theologie, Gütersloh ²2002, 17–18).

9 Vgl. Annebelle Pithan, Differenz als Kategorie der Religionspädagogik am Beispiel von Geschlechterkonstruktionen, in: Reinhold Boschki/Matthias Gronover (Hrsg.), Junge Wissenschaftstheorie der Religionspädagogik, Münster 2007, 158–178.

10 Beispielhaft sei hier auf das Buch »Vergessene Väter der Religionspädagogik« verwiesen, das im Rahmen einer androzentrischen Geschichtsschreibung auf die nicht erinnerten Väter hinweist: Gerhard Pfister, Vergessene Väter der modernen Religionspädagogik. E. Thrändorf, A. Reukauf, R. Staude, Göttingen 1989.

11 Vgl. Klaus Wegenast, Art. Religionspädagogik, in: Theologische Realenzyklopädie Bd. 28, Berlin 1997, 699–730.

12 Der Band »Klassiker der Religionspädagogik« will »einen Überblick über die großen Persönlichkeiten in der Religionspädagogik« bieten (Henning Schröder/Dietrich Zillessen (Hrsg.), Klassiker der Religionspädagogik. Klaus Wegenast zum 60. Geburtstag von seinen Freunden und Schülern, Frankfurt a.M. 1989, 5) und stellt 20 männliche und eine weibliche (Maria Montessori) ReligionspädagogInnen vor. Das dreibändige Werk »Religionspädagogik. Texte zur evangelischen Bildungsverantwortung seit der Reformation« (Karl Ernst Nipkow/Friedrich Schweitzer 1991, 1994a, 1994b) bringt Beiträge von der Pädagogin Ellen Key und von Magdalene von Tiling.

ligionspädagogik[13] weder im Text noch in der Literatur auf Frauen und frauenspezifische Arbeitszusammenhänge; Geschlechterfragen finden sich nicht unter den zukünftig zu bearbeitenden Aufgaben.[14]

Unerwähnt bleiben relevante inhaltliche Beiträge von Frauen. Nur selten findet man Bezugnahmen auf Eva Heßler als derjenigen, die den Begriff »Gemeindepädagogik« in der DDR einführte.[15] Ein Lexikonartikel zur Bilddidaktik erwähnt Liselotte Corbach nicht, obwohl sie als Pionierin auf diesem Gebiet gilt.[16] Ebenso fehlt ihr eigenständiger Ansatz in einer Überblicksdarstellung zur Evangelischen Unterweisung.[17] Übersehen wird meist auch die Religionspädagogin Ilse Peters mit ihren Beiträgen zur Evangelischen Unterweisung. Sie verfasste den »Lehrplan für die Evangelische Unterweisung an Volksschulen«, der in der ersten Auflage von Helmuth Kittels Schrift »Vom

---

13 Vgl. KLAUS WEGENAST, Geschichte der Religionspädagogik, in: GOTTFRIED BITTER/RUDOLF ENGLERT/GABRIELE MILLER (Hrsg.), Neues Handbuch religionspädagogischer Grundbegriffe, München ^{2}2002, 40–46.

14 Ähnliche Ausblendungen zeigen sich auch in der Kirchengeschichte (GAUSE, Kirchengeschichte, bes. 19–41).

15 Z.B. WEGENAST, Religionspädagogik, 714, der nur Rosenboom nennt. Zu Heßler vgl. CHRISTA-MARIA RAHNER, Eva Heßler (*1914). »Ich bin mir selbst kein Thema«, in: ANNEBELLE PITHAN (Hrsg.), Religionspädagoginnen des 20. Jahrhunderts, Göttingen 1997, 240–252. MATTHIAS HAHN, Eva Heßler, in: KLAUS PETZOLD/MICHAEL WERMKE (Hrsg.), Ein Jahrhundert Katechetik und Religionspädagogik in Ostdeutschland, Leipzig 2007, 43–58.

16 Vgl. GÜNTER LANGE, Art. Bild, Bilddidaktik, in: NORBERT METTE/FOLKERT RICKERS (Hrsg.), Lexikon der Religionspädagogik, Bd. 1, Neukirchen-Vluyn 2001, 186–190, obwohl er eine Rezension zu Corbachs Bilddidaktik geschrieben hat (vgl. dazu und zur Bilddidaktik Corbachs PITHAN, Religionspädagoginnen, 352ff., bes. 366).

17 Vgl. FRIEDHELM MUNZEL, Das Wort ward Bild. Bilder in der Evangelischen Unterweisung, in: GERHARD BÜTTNER (Hrsg.), Die Praxis der Evangelischen Unterweisung. Neue Zugänge zu einem Konzept, Jena 2004, 133–152. Rainer Lachmann bezieht sich nur auf männliche Protagonisten. Er vertritt, unter Bezug auf männliche Protagonisten, die Evangelische Unterweisung habe sich nicht für Didaktik interessiert, RAINER LACHMANN, Vierzig Jahre Religionspädagogik – ein autobiographisch buchstabierter Rückblick als Ausblick, in: LARS BEDNORZ (Hrsg.), Religion braucht Bildung – Bildung braucht Religion. Horst F. Rupp zum 60. Geburtstag, Würzburg 2009, 189–206, hier 192. Zu Corbach vgl. ANNEBELLE PITHAN, Liselotte Corbach (1910–2002). Biografie – Frauengeschichte – Religionspädagogik, Neukirchen-Vluyn 2004.

Religionsunterricht zur Evangelischen Unterweisung« abgedruckt ist.[18] Ungenannt bleibt auch der Anteil von Frauen an allein Männern zugeschriebenen Werken, so der Entwurf von Ilse Peters und Klara Hunsche für den Altersstufenplan, der heute als Werk von Martin Albertz und Bernhard Heinrich Forck bekannt ist.[19]

In androzentrischer Perspektive kommt es auch in der Darstellung von Jahresdaten zu falschen Ergebnissen. Zur Geschichte der evangelischen Jugendarbeit heißt es etwa: »Die ersten Jahrzehnte des 19. Jahrhunderts datieren wir als Gründungsphase der evangelischen Jugendarbeit.«[20] Hier begann die männliche Jugendarbeit, die weibliche entstand erst Mitte des 19. Jahrhunderts.[21] Eine kritische Analyse ist bis in die Begrifflichkeiten hinein notwendig.[22] Anders als heute war etwa die »Vikarin« vielfach die evangelische

---

[18] Vgl. ILSE PETERS, Lehrplan für die Evangelische Unterweisung an Volksschulen, in: HELMUTH KITTEL (Hrsg.), Vom Religionsunterricht zur Evangelischen Unterweisung, Wolfenbüttel 1947, 99–115. Ab der 2. Auflage (1949) fällt er weg. Zu Peters vgl. CHRISTINE REENTS, Gegen das Vergessen: Ilse Peters (1893–1980) als erste Professorin für Religionspädagogik und Mitgestalterin der Konzeption der Evangelischen Unterweisung, in: Monatshefte für Evangelische Kirchengeschichte des Rheinlands 45/46, 1996/1997, 529–568.

[19] MARTIN ALBERTZ/BERNHARD HEINRICH FORCK, Evangelische Christenlehre. Ein Altersstufen-Lehrplan, Wuppertal-Barmen 1938, (vgl. dazu PETRA KURTZ, Der Verband evangelischer Theologinnen Deutschlands im Spiegel seiner »Mitteilungen« in der Zeit des Nationalsozialismus, in: Frauenforschungsprojekt zur Geschichte der Theologinnen: »Darum wagt es, Schwestern ...«. Zur Geschichte evangelischer Theologinnen in Deutschland, Neukirchen-Vluyn 1994, 275.

[20] JOHANNES JÜRGENSEN, Vom Jünglingsverein zur Aktionsgruppe. Kleine Geschichte der evangelischen Jugendarbeit, Gütersloh 1980, 9.

[21] LEOPOLD CORDIER, Evangelische Jugendkunde Bd. 1, Quellenbuch zur Geschichte der Evangelischen Jugend, Schwerin 1925. Bd. 3: Evangelische Jugendwohlfahrt, Schwerin. Formulierungen, die die weibliche Geschichte als Zusatz oder Ableitung von der männlichen darstellen und damit die unterschiedlichen gesellschaftlichen Voraussetzungen, inhaltlichen Ausrichtungen und öffentlichen Handlungsmöglichkeiten unberücksichtigt lassen, sind etwa: »Wie die jungen Männer ... so auch die jungen Mädchen». »Nach dem Vorbild der Männer haben die Frauen... «.

[22] PITHAN, Corbach, 303. Bleiben zeitgebundene Geschlechterbegriffe unkommentiert, können sie zu falschen Vorstellungen führen. So steht etwa die Bezeichnung »Jungfrauenverein« für einen Zusammenschluss junger Frauen, die Anrede »Fräulein« für die unverheiratete Frau, der Begriff »Reisesekretärin« für die hochqualifizierte Referentin, z.B. im landeskirchlichen Dienst. Sprachlich männliche Quellenbegriffe können ebenfalls missverständlich sein und beziehen sich nicht in jedem Fall auf beide Geschlechter. Dies gilt in zweifacher Weise, wie die folgenden Beispiele aus den 1930er und 1940er Jahren

Theologin mit dem Zweiten Theologischen Examen, der der Titel »Pfarrerin« verweigert wurde.[23]

Wenn Frauen fehlen oder auf die »männliche« Perspektive hin interpretiert werden, werden – wie es Silvia Bovenschen formuliert hat – »Imaginationen des Weiblichen« produziert. Das heißt: Es geht nicht um Frauen und ihre realen Lebensverhältnisse, sondern um das, was ein Forscher dafür hält. Häufig geschieht dies auch als Projektionsfläche im Gegenüber zum Männlichen.

Darüber hinaus fehlen weibliche Orientierungspersönlichkeiten und letztlich bleiben Frauen ohne (weibliche) Geschichte.

---

zeigen. Sind Briefe an die beauftragten Pfarrer für Jugendarbeit in der Hannoverschen Landeskirche »An die Pfarrer« adressiert, so sind grundsätzlich nur »Amtsbrüder« gemeint, da Frauen das Pfarramt nicht versehen durften. Dies gilt auch dann, wenn Frauen kriegsbedingte Vertretungen übernommen hatten. Man sprach sie nicht mit »Pfarrerin«, sondern mit »Fräulein« oder »Vikarin« an. Ist von »Katecheten« die Rede, so sind in der Hannoverschen Landeskirche meist Katechetinnen gemeint. Vgl. Lipski-Melchior, Bourbeck, die von »Katechetinnen und Katecheten« spricht.

23 Z.B. bezeichnet Sebastian Müller-Rolli, Evangelische Schulpolitik in Deutschland 1918–1958. Dokumente und Darstellungen, Göttingen 1999, 762 Ingeborg Becker einzig als ›Pfarrvikarin in Berlin‹, obwohl sie ab 1951 die Arbeit des Burckhardthauses in der DDR wieder aufbaute, erste Frau in der Kirchenleitung von Berlin-Brandenburg und erste Frau als im Sprachenkonvikt in Berlin/Ost war (Ursula Radke, Ingeborg Becker (1910–1983). Jungen Menschen ins Leben helfen, in: Annebelle Pithan (Hrsg.), Religionspädagoginnen des 20. Jahrhunderts, Göttingen 1997, 160–176). Ähnlich auch in der Ernennungsurkunde von Corbach zur Hochschuldozentin, wo sie trotz beider Theologischer Examina als ›Vikarin‹ bezeichnet wird (Pithan, Corbach, 303).

2. »Herstory als history« – Frauenforschung in der historischen Religionspädagogik

Die im Zuge der Frauenbewegung entstandene Frauenforschung begann die Einseitigkeit dieser Sicht auf die Vergangenheit zu kritisieren und eine Erweiterung und Erneuerung der geschichtlichen Traditionen zu entwickeln. Ziel war es, patriarchale und androzentrische Wissenschaftstraditionen zu überwinden und die Frauengeschichte (wieder) zu entdecken.[24]

2.1 Kompensatorische/kontributorische Frauenforschung oder Fraueneigengeschichte

Angesichts der androzentrischen Geschichtsschreibung war ein wesentlicher Ansatz der Frauenforschung die Suche nach »vergessenen Frauen« und »unbekannten Frauentraditionen«. Dabei standen meist Ausnahmefrauen im Zentrum des Interesses (»great women approach«).[25] Ziel war es, die vergessenen Frauen sichtbar zu machen und ihre Beiträge für die Gesellschaft bzw. die Religionspädagogik zu verdeutlichen. Hinzu kam – und dies gilt bis heute – dass die Quellenlage eine Erforschung führender Persönlichkeiten begünstigt. Das Hinzufügen von berühmten oder bemerkenswerten Frauengestalten zur traditionellen Geschichtsschreibung wird als kontributorische bzw. kompensatorische Frauenforschung bezeichnet.[26]

---

[24] In der Geschichtswissenschaft sind verschiedene Ansätze und Begrifflichkeiten der (feministischen) Frauenforschung entwickelt worden. Zur Einordnung der Arbeiten und zur Systematisierung ist es sinnvoll, diese auch in der Religionspädagogik zu rezipieren. Allerdings lässt sich feststellen, dass – vermutlich durch die Zeitverzögerung – viele Arbeiten mehreren dieser Ansätze zuzuordnen sind.

[25] Gause, Geschlecht, 173. Annette Kuhn, Frauengeschichte Geschlechtergeschichte. Der Preis der Professionalisierung, in: Arbeitsgemeinschaft interdisziplinäre Frauenforschung und -studien (Hrsg.), Feministische Erneuerung von Wissenschaft und Kunst, Pfaffenweiler 1990, 81–99 spricht von »Heroinnen«, 82.

[26] Vgl. dazu Angela Berlis, Die Historikerin als Detektivin. Ansätze und Erträge der historischen Spurensicherung für feministische ›Kirchengeschichten‹, in: Angela Berlis/Charlotte Methuen (Hrsg.), Feministische Zugänge zu Geschichte und Religion, Jahrbuch der ESWTR 8, Leuven 2000, 16. Gemeinhin wird diese Begrifflichkeit auf Gerda Lerner zurückgeführt, die sie im Wissenschaftsdiskurs populär gemacht hat (Gerda Lerner, Welchen Platz nehmen Frauen in der Geschichte ein? Alte Definitionen und neue Aufgaben, in: Elisabeth List/Herlinde Studer (Hrsg.), Denkverhältnisse. Feminismus und Kritik, Frankfurt a.M. 1989, 334–352); vgl. auch Ute Frevert, Frauengeschichte – Männergeschichte – Geschlechtergeschichte, in: Lynn Blattmann/Annette Kreis-Schinck (Hrsg.),

Bei einem rein kontributorischen Ansatz bleiben allerdings die männlichen Standards der traditionellen Geschichtswissenschaft weitgehend unberührt. Provokativ bemerkt die Historikerin Annette Kuhn: »Hiernach ist die weltgeschichtliche Bühne schon gerichtet; die männlichen Akteure sind schon in der von ihnen entworfenen Geschichte aufgetreten. Jetzt müssen nur noch die Frauen ihren angemessenen Platz einnehmen und die für sie vorgegebenen Rollen im weltgeschichtlichen Theater spielen. Die Regie bleibt fest in männlicher Hand.«[27] Für die Kirchengeschichte schlussfolgert Gause, dass es nicht ausreiche, die »zufällig vergessenen« Frauen hinzuzufügen. Vielmehr müssten die Gründe für deren Verschwinden thematisiert und die Geschlechter in ihrer sozialen Konstruiertheit betrachtet werden. Andernfalls werde der Eindruck erweckt »als hätten die Frauen innerhalb der Geschichte ähnliche Positionen ausgefüllt wie die Männer«. Zudem werde zu wenig beachtet, »inwiefern Frauen durch ihr Geschlecht bewusst ausgegrenzt worden sind, welche Spielräume sie hatten und wie diese wiederum durch gesellschaftliche Veränderungen erweitert oder eingeschränkt worden sind«[28].[29]

Um das androzentrische Paradigma zu überschreiten, entwickelte sich die »Fraueneigengeschichte«. Diese nahm »eine spezifische, historische Frauenerfahrungs- und Handlungsweise mit eigenen Handlungsnormen und Handlungslogiken« in den Blick, thematisiert wurden »weiblicher Eigensinn« und weibliche »Eigenräume«.[30] Dieser Paradigmenwechsel, der

---

Feministische Perspektiven in der Wissenschaft, Zürich 1993, 23–40; Anne Conrad, Frauen- und Geschlechtergeschichte, in: Michael Maurer (Hrsg.), Aufriß der Historischen Wissenschaften. Bd. 7, Neue Themen und Methoden der Geschichtswissenschaft, Leipzig 2003, 241ff.

27 Lerner, Frauen Geschichte, 338 hat kritisiert, dass mit einer additiven, kontributorischen Geschichtsschreibung »Problemstellungen der traditionellen Geschichtswissenschaft auf Frauen« übertragen würden und signifikanter Maßstab der »Mann« sei.

28 Gause, Geschlecht, 166f.

29 Diesen Gefahren unterliegen auch kontributorische Porträts von Frauen an der Seite berühmter Männer oder Biografien von Vertreterinnen des Pietismus o.ä. Sie sollen häufig als »vordergründiges und schnelles Identifikationsangebot« mit historischen Frauengestalten dienen, wobei von ihren besonderen »religiösen Erfahrungen und Verarbeitungsformen« abgesehen wird (Doris Kaufmann zitiert nach Gause, Kirchengeschichte, 44).

30 Uta C. Schmidt, Vom Rand zur Mitte. Aspekte einer feministischen Perspektive der Geschichtswissenschaft, Zürich 1994, 102. Der Begriff »Frauengeschichte« kann insofern missverstanden werden, als er die Loslösung von der allgemeinen Geschichte vorauszusetzen oder zu fordern scheint. Anette Kuhn warnte in diesem Zusammenhang vor

im Zusammenhang mit sozial- und alltagsgeschichtlichen Ansätzen der 1980er Jahre stand, wollte »die Hierarchien zwischen historisch Wichtigem und Unwichtigem umstülpen« und »neu sehen«, was Frauen »tun wollen, tun sollen, getan haben«.[31] Das Bestreben, zu rekonstruieren, wie Frauen an gesellschaftlichen Prozessen beteiligt oder an der Teilnahme behindert waren, regte die Forschung über Frauengemeinschaften, Frauenalltag und unbekannte Frauenviten an. Neue Perspektiven und unerschlossene Quellen wurden entdeckt. Weil Frauen dadurch nicht als »das Andere«, »das Besondere« gesehen wurden, kamen auch Unterschiede zwischen ihnen in den Blick, zum Beispiel hinsichtlich ihrer Beteiligung an Herrschaftsstrukturen.

2.2 Frauenforschung in der historischen Religionspädagogik

In der Religionspädagogik entwickelte sich die Frauenforschung auch aus kompensatorischen/kontributorischen Interessen. So wurde etwa der Band »Religionspädagoginnen des 20. Jahrhunderts« als Ergänzung zu der an Männern orientierten Geschichtsschreibung vorgelegt. Er würdigt katholische und evangelische Vertreterinnen in 20 Beiträgen und 46 Kurzporträts.[32] Gleichzeitig war jedoch schon das weiterführende Anliegen formuliert, Frauenbiografien und Frauenräume sowie religiöses Bildungshandeln von Frauen als Teil einer Geschichtstradition von Frauen zu konzipieren.[33]

In anschließenden Veröffentlichungen wurden herausragende Vertreterinnen des Faches untersucht.[34] Erkennbar ist häufig, neben dem kompensatorischen Interesse, der Ansatz der Entdeckung weiblicher Lebens- und Arbeitszusammenhänge. Dabei wird in der Tradition der Feministischen Theologie zwischen feministischer Frauenforschung (die Partei für unter-

---

einer Gettoisierung der Frauengeqaschichte, Kuhn, Frauengeschichte. Die Fraueneigengeschichte birgt auch die Gefahr, sogenannte weibliche Eigenräume zu romantisieren und zu idealisieren.

31 Gisela Bock, Geschichte, Frauengeschichte, Geschlechtergeschichte, in: Geschichte und Gesellschaft Bd. 14, 1988, 367.

32 Annebelle Pithan (Hrsg.), Religionspädagoginnen des 20. Jahrhunderts, Göttingen 1997.

33 A.a.O., 13.

34 Kontexte der kirchlichen Zeitgeschichtsforschung (etwa um Leonore Siegele-Wenschkewitz oder Jochen-Christoph Kaiser) und der evangelischen Praktischen Theologie stärkten die erweiterten Interessen der historischen Religionspädagogik. Aus dem um 1990 um Hannelore Erhart entstandenen evangelischen »Forschungsprojekt zur Geschichte der Theologinnen« gingen zahlreiche Publikationen hervor.

drückte Frauen ergreift[35]) und Frauenforschung (die Frauen als Gegenstand wählt) unterschieden. In der Religionspädagogik sind beide Ansätze häufig miteinander verknüpft.

Die bisher vorgelegten Veröffentlichungen orientieren sich größtenteils an einzelnen Frauengestalten, indem sie Leben und Werk sowie deren Einbindung in unterschiedliche religionspädagogische Tätigkeitsfelder und gesellschaftliche Zusammenhänge rekonstruieren. Zu nennen sind hier etwa Magdalene von Tiling (1877–1974, Abgeordnete im preußischen Landtag und Vorsitzende verschiedener Verbände, z.B. des Verbandes evangelischer Religionslehrerinnen),[36] Anna Paulsen (1893–1981, promovierte Theologin und 1925–1945 Leiterin des »Seminars für kirchlichen Frauendienst« in Berlin, an dem reichsweit junge Frauen als Gemeindehelferinnen ausgebildet wurden; 1951–1959 baute sie das Frauenreferat der EKD auf),[37] Carola Barth (1879–1959, Vorstandsmitglied verschiedener Vereinigungen für religiöse Erziehung und Religionsunterricht und Schulleiterin),[38] Ilse Peters (1893–1980, erste Professorin der ev. Religionspädagogik in Deutschland 1930 und Pionierin des jüdisch-christlichen Dialogs),[39] Klara Hunsche (1900–1979, Lehrerin und Theologin, Leiterin der Schulkammer der Bekennenden Kirche, 1946–1960 Mitglied der Erziehungskammer in Westberlin),[40] Elisabeth

---

35 Vgl. dazu auch die methodischen Postulate von Maria Mies, z.B. bei CONRAD, Frauen- und Geschlechtergeschichte, 233ff.

36 Vgl. GURY SCHNEIDER-LUDORFF, Magdalene von Tiling. Ordnungstheologie und Geschlechterbeziehungen. Ein Beitrag zum Gesellschaftsverständnis des Protestantismus in der Weimarer Republik, Göttingen 2001. Von Tiling ist häufig die einzige Frau, die unter einer Reihe von Männern erwähnt wird. (vgl. FRIEDRICH SCHWEITZER/HENRIK SIMOJOKI/SARA MOSCHNER/MARKUS MÜLLER, Religionspädagogik als Wissenschaft. Transformationen der Disziplin im Spiegel ihrer Zeitschriften, Freiburg u.a. 2010, 2. (= Religionspädagogik in pluraler Gesellschaft, Bd. 15).

37 ANDREA BIELER, Konstruktionen des Weiblichen. Die Theologin Anna Paulsen im Spannungsfeld bürgerlicher Frauenbewegungen der Weimarer Republik und nationalsozialistischer Weiblichkeitsmythen, Gütersloh 1994.

38 DAGMAR HENZE, Die Anfänge des Frauenstudiums in Deutschland, in: Frauenforschungsprojekt zur Geschichte der Theologinnen, Göttingen: »Darum wagt es, Schwestern ...«. Zur Geschichte evangelischer Theologinnen in Deutschland, Neukirchen-Vluyn 1994, 19–40. MICHAEL WERMKE, Was heißt bekenntnismäßiger Religionsunterricht? Carola Barths religionspädagogisches Engagement in den Anfängen der Weimarer Republik, in: KLAUS PETZOLD/MICHAEL WERMKE (Hrsg.), Ein Jahrhundert Katechetik und Religionspädagogik in Ostdeutschland, Leipzig 2007, 226–243; s. auch den Beitrag in diesem Band.

39 REENTS, Gegen das Vergessen.

40 KERSTIN SÖDERBLOM, Klara Hunsche. Lehrerin und Theologin in der Bekennenden

Neuse (1874–1956, in der Professionalisierung von (Religions-)Lehrerinnen engagierte hannoversche Studienrätin),[41] Christine Bourbeck (1894–1974, promovierte Theologin und Lehrerin, Leiterin verschiedener Schulen sowie in der Katechetinnen- und Vikarinnenausbildung),[42] Liselotte Corbach (1910–2002, Theologin in der weiblichen Jugendarbeit und Professorin für Religionspädagogik in Hannover)[43]. Auch die autobiografisch konzipierten Porträtbände bemühen sich zunehmend um eine Integration wissenschaftlich arbeitender Religionspädagoginnen.[44]

In diesen Darstellungen werden Lebenswege von Religionspädagoginnen und Tätigkeitsfelder religiöser Bildung ebenso deutlich wie Möglichkeiten und Grenzen von Frauen. Dazu gehören die erschwerten Bedingungen für weibliche Studierende, die eingeschränkten Rechte als ausgebildete Theologin, die zugänglichen (religionspädagogischen) Arbeitsfelder, etwa die weibliche Jugendarbeit oder die Ausbildung von Gemeindehelferinnen, sowie Karrierebedingungen und -hindernisse.

Kirche von Berlin-Brandenburg, in: SUSI HAUSAMMANN/NICOLE KUROPKA/HEIKE SCHERER (Hrsg.), Frauen in dunkler Zeit. Schicksal und Arbeit von Frauen in der Kirche zwischen 1933 und 1945. Aufsätze aus der Sozietät »Frauen im Kirchenkampf«, Köln 1996, 161–184.

41 ANTJE ROGGENKAMP-KAUFMANN, Zum verbandspolitischen Engagement der Religionspädagogin Elisabeth Neuse (1874–1956). Überlegungen zur (Vor-)Geschichte der Religionspädagogik als akademisch-theologischer Disziplin, in: GERHARD BESIER/GÜNTER R. SCHMIDT (Hrsg.), Widerstehen und Erziehen im christlichen Glauben. Festgabe für Gerhard Ringshausen zum 60. Geburtstag, Holzgerlingen 1999, 77–97; 319–328.

42 HEIKE LIPSKI-MELCHIOR, Christine Bourbeck – ein Porträt. Leben, Wirken und Denken einer Lehrerin und Theologin, Leipzig 2002.

43 PITHAN, Corbach.

44 Zunächst waren »Frauen sträflich unterrepräsentiert«, so die Herausgeber selbstkritisch (RAINER LACHMANN/HORST F. RUPP, Autobiographie und biographische Forschung im religionspädagogischen Kontext – eine Einführung, in: RAINER LACHMANN/HORST F. RUPP (Hrsg.), Lebensweg und religiöse Erziehung. Religionspädagogik als Autobiographie Bd. 1, Weinheim 1989c, 24. Der erste Band (RAINER LACHMANN/HORST F. RUPP (Hrsg.), Lebensweg und religiöse Erziehung. Religionspädagogik als Autobiographie Bd. 1, Weinheim 1989a.) bringt neben 13 Männern zwei Frauen (Marie Veit und Gabriele Miller), der zweite Band (RAINER LACHMANN/HORST F. RUPP 1989b) neben 15 Männern ebenfalls zwei Frauen (Maria Kassel und Herlinde Pissarek-Hudelist), der dritte Band (RAINER LACHMANN/HORST F. RUPP 2000) wiederum 15 Männer, aber schon vier Frauen (Ursula Cillien-Naujeck, Ursula Früchtel, Barbara Ort, Christine Reents). In Band 4 allerdings findet sich eine Frau (Anna-Katharina Szagun) neben 18 Männern, vgl. HORST F. RUPP/SUSANNE SCHWARZ (Hrsg.), Lebensweg, religiöse Erziehung und Bildung. Religionspädagogik als Autobiographie Bd. 4, Würzburg 2011.

Darüber hinaus ergeben sich aus den genannten Untersuchungen vielfältige Einblicke in die Geschichte weiblicher Vereinigungen und Verbände, die auch in einzelnen Studien thematisiert wurden. Andere Beiträge untersuchen religionspädagogische Arbeitsfelder von Theologinnen[45] oder katholische Gemeindereferentinnen.[46] Eine weitere Studie widmet sich ausdrücklich den Vereinigungen und Positionen von Religionslehrerinnen im Kaiserreich und in der Weimarer Republik und nimmt unterschiedliche Vertreterinnen in den Blick.[47] So wird ein neues Licht auf die Geschichte des ev. Religionsunterrichts geworfen. In seiner Abhandlung über die Katechetik in der DDR hat Raimund Hoenen Frauen einbezogen.[48] Doris Brodbeck[49] forschte zur Geschichte von (religiösen) Frauen und ihren Schriften in der Schweiz. Eine Darstellung und Quellensammlung[50] gibt Einblick in die katholische Mädchenbildung in der Frühen Neuzeit und deren Unterrichtsmaterialien, wie Biblische Geschichten und Katechismen.[51]

Schließlich kommen bisher wenig beachtete religionspädagogische Arbeitsweisen und Konzeptionen in den Blick, wie etwa die Beziehungs- und die Praxisorientierung. Damit überschreiten diese Veröffentlichungen in vielen

---

[45] Kerstin Söderblom, Der Religionsunterricht als Arbeitsfeld für Theologinnen in der Zeit des Nationalsozialismus, in: Frauenforschungsprojekt zur Geschichte der Theologinnen, Göttingen: »Darum wagt es, Schwestern ...«. Zur Geschichte evangelischer Theologinnen in Deutschland, Neukirchen-Vluyn 1994, 405–419.

[46] Walburga Hoff, Heraustreten aus dem Schatten. Gemeindereferentinnen zwischen christlicher Nächstenliebe und Professionalisierung, Hannover 1997.

[47] Anke Edelbrock, Mädchenbildung und Religion in Kaiserreich und Weimarer Republik. Eine Untersuchung zum evangelischen Religionsunterricht und zur Vereinsarbeit der Religionslehrerinnen, Neukirchen-Vluyn 2006.

[48] Raimund Hoenen, Vom Religionsunterricht zur kirchlichen Unterweisung. Otto Güldenberg und die Anfänge der ostdeutschen Katechetik, Leipzig 2003.

[49] Z.B. Doris Brodbeck (Hrsg.), Dem Schweigen entronnen. Religiöse Zeugnisse von Frauen des 16.–19. Jahrhunderts, Markt Zell 2006.

[50] Sylvia Schraut/Gabriele Pieri, Katholische Schulbildung in der Frühen Neuzeit. Vom »guten Christenmenschen« zu »tüchtigen Jungen« und »braven Mädchen«. Darstellung und Quellen, Paderborn u.a. 2004.

[51] Fraglich ist, ob die in einer an Geschlechterdualität orientierten Gesellschaft, etwa des Kaiserreichs, eine zusammenfassende Sicht auf die Religionslehrerschaft, unter Absehung der besonderen Bedingungen für männliche und weibliche Lehrende, möglich ist. (Dies geschieht häufig, auch bei positiver Aufnahme von Frauen, z.B. Wermke 2009, 679ff.).

Punkten eine rein kontributorische Frauenforschung.[52] Auf dem Prüfstand stehen auch die Kategorien, Epochen und Methoden der Geschichtsschreibung der Religionspädagogik. Die Religionspädagogik ist herausgefordert wie Geschichts- und Kirchengeschichtsforschung neu nach der »Periodisierung und der Epocheneinteilung bzw. allgemeiner nach dem Stellenwert bestimmter Ereignisse und historischer Prozesse« zu fragen.[53] Zu überwinden sind sowohl einlinige »Metaerzählungen« als auch unzutreffende Periodisierungen.[54]

2.3 REZEPTION DER FRAUENFORSCHUNG UND PERSPEKTIVEN

Die Rezeption dieser Forschungen verläuft unterschiedlich. Einerseits ist festzustellen, dass die androzentrische Geschichtsschreibung ohne Bezug auf die aktuelle Forschungslage weiter betrieben wird. Insbesondere hinsichtlich der Entwicklungen vor 1900 beziehen sich Aussagen zur sogenannten all gemeinen Bildung meist nur auf die Bildung von Jungen und Männern.[55] Der späte Zugang von Frauen, zum Beispiel zur höheren Bildung, wird in allgemeinen Aussagen zur Bildung nur selten berücksichtigt (Zulassung von Frauen zum Universitätsstudium in Preußen 1908, in Zürich 1864, zum Theologiestudium in Preußen 1919, jeweils mit Sonderprüfungsbedingungen).[56]

---

[52] Im Zusammenhang mit der sozialgeschichtlichen Forschung weitete sich die (feministische) Frauenforschung aus und fragte nach Beiträgen von Frauen mit unterschiedlichem gesellschaftlichen Status. Besondere Aufmerksamkeit erfuhren die Benachteiligung, die Ausgrenzung und der Opferstatus von Frauen; zusammenfassend CONRAD, Frauen- und Geschlechtergeschichte, 237ff.

[53] LERNER u.a. sprechen daher auch von »transitorischer Frauengeschichte« (vgl. CONRAD, Frauen- und Geschlechtergeschichte, 244).

[54] Zu verweisen ist hier auf die wissenschaftliche Diskussion über die Zurückdrängung von Frauen aus gesellschaftlichen Positionen in der Frühneuzeit (CONRAD, Frauen- und Geschlechtergeschichte, 259).

[55] Z.B. HORST F. RUPP, Religiöse Bildung und Erziehung im Mittelalter, in: RAINER LACHMANN/BERND SCHRÖDER (Hrsg.), Geschichte des evangelischen Religionsunterrichts in Deutschland. Ein Studienbuch, Neukirchen-Vluyn 2007, 17–34.

[56] Vgl. ANNE SCHLÜTER (Hrsg.), Pionierinnen – Feministinnen – Karrierefrauen? Zur Geschichte des Frauenstudiums in Deutschland, Pfaffenweiler 1992; HENZE, Anfänge Frauenstudium.

Andererseits hat sich die historische Religionspädagogik in den letzten Jahren für die Frauenforschung sensibilisiert (nicht jedoch für die Einbeziehung der Genderkategorie insgesamt, s.u.). So wird wiederholt auf das »Desiderat« der Frauen- und Geschlechterforschung hingewiesen. Veröffentlichungen zur Frauengeschichte werden genannt, aber nicht[57] oder sporadisch[58] einbezogen.[59] Ähnlich wie in der Kirchengeschichte, in der »wenige *great women* kanonisiert werden«,[60] hat auch die Religionspädagogik wenige Frauengestalten in eine bestehende Männergeschichte integriert.[61] Dies gilt auf evangelischer Seite seit längerem für Magdalene von Tiling und neuerdings für Ilse Peters und Liselotte Corbach.[62] Das Lexikon der Religionspädagogik hat (kontributorisch) vermehrt Artikel zu einzelnen Frauen und frauenbezogenen Vereinigungen aufgenommen.[63]

Es fehlt allerdings eine Analyse der Geschlechterkonstruktionen und -realitäten (s.u.). Mit Kriterien, die der männlichen »Normalbiografie« entsprechen, können die strukturell erschwerten Bedingungen für Frauen, leitende Positionen in männlich dominierten Institutionen wie Kirche und Universität zu erreichen, nicht erfasst werden. Insofern ist es unzureichend, »bedeutende Religionspädagoginnen« durch Ausübung von »leitenden Funktionen an

---

57 Vgl. z.B. die Beiträge von Rupp und Grethlein in Rainer Lachmann/Bernd Schröder (Hrsg.), Geschichte des evangelischen Religionsunterrichts in Deutschland. Ein Studienbuch, Neukirchen-Vluyn 2007.

58 Vgl. z.B. den Beitrag von Schröder in Rainer Lachmann/Bernd Schröder (Hrsg.), Geschichte des evangelischen Religionsunterrichts in Deutschland. Ein Studienbuch, Neukirchen-Vluyn 2007.

59 Vgl. a.a.O, 6; Rainer Bolle/Thorsten Knauth/Wolfram Weisse (Hrsg.), Hauptströmungen evangelischer Religionspädagogik im 20. Jahrhundert. Ein Quellen- und Arbeitsbuch, Bd. 3, Münster 2002; zuletzt Lachmann/Schröder, Geschichte, 6.

60 Gause, Kirchengeschichte, 46.

61 So werden die wenigen erforschten Frauen auch als »Klassiker« eingeordnet (Friedrich Schweitzer/Henrik Simojoki/Sara Moschner/Markus Müller, Religionspädagogik als Wissenschaft. Transformationen der Disziplin im Spiegel ihrer Zeitschriften, Freiburg u.a. 2010. (= Religionspädagogik in pluraler Gesellschaft, Bd.15), 199), selbst dann, wenn die Veröffentlichung nicht in diesem Sinne gemeint ist.

62 Michael Meyer-Blanck, Kleine Geschichte der evangelischen Religionspädagogik. Dargestellt anhand ihrer Klassiker, Gütersloh 2003, 179ff.

63 Norbert Mette/Folkert Rickers (Hrsg.), Lexikon der Religionspädagogik. 2 Bde., Neukirchen-Vluyn 2001.

Hochschulen und Veröffentlichungen, die zur theoretischen Vertiefung des Faches beigetragen haben«, zu definieren[64] oder ihren Kreis zu beschränken auf die »exponiert am wissenschaftlichen Gespräch der Religionspädagogik Beteiligten«[65]. Frauen mit anderen Schwerpunkten in ihren Tätigkeitsfeldern (z.B. Lehre) und abweichenden Prioritätensetzungen (z.B. Praxisreflexion) können so schwerlich Berücksichtigung finden.

2.4 Forschungsperspektiven

Die im Lexikon der Religionspädagogik genannten Perspektiven für die historische Religionspädagogik, die vorwiegend auf die (feministische) Frauenforschung bezogen waren, sind daher weiterhin aktuell: Die feministische historische Religionspädagogik »bringt 1. neues hist. Material zu Frauen, ihrem Wirken u. Werk sowie zu Geschlechtervorstellungen u. -beziehungen in die Forschung ein. Sie untersucht 2. Frauen- u. genderspezifische Fragestellungen. Sie befragt 3. die traditionelle Geschichtsschreibung hinsichtlich unreflektierter Geschlechtervorstellungen u. androzentrischer Muster. Sie zielt damit 4. auf deren Dekonstruktion u. schafft 5. eine neue symbolische Ordnung.« Sie richtet neue genderbezogene Perspektiven auf Quellen und Literatur.[66] Zu ergänzen wäre die Notwendigkeit, unterschiedliche Männlichkeiten einzubeziehen. Ebenfalls steht ein wissenschaftstheoretischer Diskurs über die Kategorien Geschlecht und Diversity in der historischen religionspädagogischen Forschung aus.

Zu den Aufgaben bezüglich der Frauengeschichte in der religiösen Bildung gehören die Darstellung von Frauen, Vereinigungen und Institutionen, die in religiöser Bildung tätig waren, die Analyse religiöser Literatur von Frauen und der für Mädchen und Frauen sowie der genderkompetente Blick auf traditionelle Frauenorte wie Familie, Kinderarbeit, weibliche Jugendarbeit oder konfessionelle Mädchenschulen. Ein ertragreiches Forschungsgebiet wäre die weibliche Jugendarbeit, in der viele Frauen, auch ausgebildete Theologinnen, tätig waren und die Hundertausende von Mädchen mit reli-

---

64 Folkert Rickers, Religionspädagoginnen. Aufbruch zu neuem Selbstbewußtsein in historischer Vergewisserung. Eine Besprechung von Annebelle Pithan (Hrsg.), Religionspädagoginnen des 20. Jahrhunderts, Göttingen/Zürich 1997, in: Peter Biehl u.a. (Hrsg.), Heimat – Fremde, Jahrbuch der Religionspädagogik. Bd. 14, Neukirchen-Vluyn 1998, 238.

65 Lachmann/Rupp, Autobiographie, 23.

66 Annebelle Pithan, Art. Feministische Theologie, Religionspädagogik, historisch, in: LexRP, 556.

giöser Bildung, etwa in Seminaren und durch Zeitschriften, erreichte.[67] Weiterführend wäre darüber hinaus, die Bestände der Geschichtswissenschaft, der historischen Bildungsforschung sowie der Kirchengeschichtsforschung auf bildungsbezogene und religionspädagogische Beiträge hin auszuwerten: etwa die Geschichte der Mädchen- und Frauenbildung[68] oder von Lehrerinnen, Theologinnen, Erzieherinnen und Diakonissen.[69] Weiterführend wäre auch die Anknüpfung an die Forschungen von Juliane Jacobi, die die Beiträge religiöser Mädchenbildung zur gesellschaftlichen Partizipation bei gleichzeitiger Rollenfixierung zeigen.[70]

Schließlich wären neue Sichtweisen auf die religionspädagogische Geschichtsschreibung insgesamt festzuhalten. So zeigen etwa Leben und Werk von Liselotte Corbach[71] und anderen Religionspädagoginnen, dass die herkömmliche Phasengliederung der Geschichte der evangelischen Religionspädagogik nach 1945 etwa den thematisch orientierten Bibelunterricht der 1960er Jahre übersehen hat, der sich auf der Grundlage der hermeneutischen Konzeption durch das Aufgreifen von Themen des problemorientierten Religionsunterrichts entwickelte. Für die Nachkriegszeit lässt sich am Beispiel Niedersachsens zeigen, dass der allgemeine Religionsunterricht aus

---

67 Aus erziehungswissenschaftlicher Sicht vgl. Petra Brinkmeier, Weibliche Jugendpflege zwischen Geselligkeit und Sittlichkeit. Zur Geschichte des Verbandes der evangelischen Jungfrauenvereine Deutschlands (1890–1918), Potsdam 2003.

68 Z.B. Kleinau/Opitz, Mädchen- und Frauenbildung; Margret Kraul/Christoph Lüth (Hrsg.), Erziehung der Menschen-Geschlechter. Studien zur Religion, Sozialisation und Bildung in Europa seit der Aufklärung, Weinheim 1996; Hoff u.a., Gendergeschichte/n.

69 Überblicksdarstellungen wie Lexika zu Lehrerinnen (Ilse Brehmer/Karin Ehrich, Mütterlichkeit als Profession? Lebensläufe deutscher Pädagoginnen in der ersten Hälfte dieses Jahrhunderts. 2 Bde., Pfaffenweiler 1993), Theologinnen (Hannelore Erhart, Lexikon früher evangelischer Theologinnen. Biografische Skizzen, Neukirchen-Vluyn 2005; Inge Mager (Hrsg.), Frauen-Profile des Luthertums. Lebensgeschichten im 20. Jahrhundert, Gütersloh 2005), Erzieherinnen (Manfred Berger, Frauen in der Geschichte des Kindergartens. Ein Handbuch, Frankfurt a.M. 1995 sowie zahlreiche Porträts in der Reihe »Wegbereiter der modernen Erlebnispädagogik«) oder Diakonissen (z.B. Gause, Kirchengeschichte, 181ff.) und Gemeindereferentinnen, weiterhin die bibliografischen Angaben in Religionspädagogische Bibliografie 1900–1932 (CD-ROM), Inhalt u. Bearb. v. Holger Appelt/Susann Beinlich/Anja Maassen, Universität Duisburg-Essen/Evangelische Theologie, Comenius-Institut, Münster 2006.

70 Z.B. Juliane Jacobi, »Entzauberung der Welt« oder »Rettung der Welt«. Mädchen- und Frauenbildung im 19. Jahrhundert in Deutschland, in: Zeitschrift für Erziehungswissenschaft 9, 2006, H. 2, 171–186.

71 Pithan, Corbach, 423ff.

Katechesen aus der weiblichen Jugendarbeit der Kriegsjahre hervorging. Dies und auch die von Corbach vertretene Methodenfrage in der Evangelischen Unterweisung reichen über die historiographische Verkürzung der Epoche der Evangelischen Unterweisung auf die Konzeption Helmuth Kittels hinaus.[72]

3. Kritische Männerforschung und Männergeschichte

Wiewohl die religionspädagogische Geschichtsschreibung weitgehend eine *history* ist, ist diese bisher kaum als solche reflektiert. Wenn Geschlecht thematisiert wird, wird es auf das Weibliche bezogen. Im Zusammenhang der Frauenforschung ist zwar indirekt auch auf »das Männliche« in der Religionspädagogik verwiesen, dieses jedoch kaum zum Gegenstand geworden. Historische Männerforschung steht – im Unterschied zur Geschichtswissenschaft – in der Religionspädagogik noch aus.

Wesentlich ist nach Frevert die »konsequente Historisierung von Männlichkeit und Mann-Sein«. »Mannsein und Männlichkeit haften nicht primär am Körper, sondern es sind kulturelle Konstrukte, die große soziale Differenzierungen und zeitlich-räumliche Variationen aufweisen.«[73] Hier tut sich auch in der Religionspädagogik ein weites Forschungsfeld auf. Die zahlreichen Veröffentlichungen zu Religionspädagogen (z.B. Kittel, Delekat, Salzmann, Bohne, Güldenberg) beziehen die Geschlechterkategorie bisher nicht mit ein, stellen aber Material für eine künftige historische Männerforschung in der Religionspädagogik bereit.

Entsprechend der Frauenforschung verfolgt auch die Männerforschung unterschiedliche methodische und inhaltliche Zugänge.[74] Die nach und nach herausgearbeitete Vielfalt von Männlichkeiten bei gleichzeitiger »hegemonialer Männlichkeit«, die als Paradigma von Robert/Raewyn Connell entwickelt und in der Männerforschung vieler Disziplinen aufgegriffen wurde, trug zu

---

72 Johannes Lähnemann, War die Evangelische Unterweisung unpädagogisch? Infragestellung eines Pauschalbildes, in: Horst F. Rupp/Reinhard Wunderlich/Manfred L. Pirner (Hrsg.), Denk-Würdige Stationen der Religionspädagogik. Festschrift für Rainer Lachmann, Jena 2005, 293–304, hat diesen Gedanken aufgegriffen und weiterentwickelt.

73 Conrad, Frauen- und Geschlechtergeschichte, 270.

74 Insbesondere wurde thematisiert, dass die Geschichtswissenschaft allgemein zwar implizit von männlichen Subjekten ausging, aber nicht als »Männergeschichte« in einem reflektierten Sinne zu bezeichnen war (Bock, Geschichte, 27f.).

einer differenzierten Sicht bei.[75] Connell unterscheidet vier zentrale Formen von Männlichkeit: die hegemoniale, die komplizenhafte, die unterdrückte und die marginalisierte Männlichkeit.[76] Bemerkenswert ist in diesem Zusammenhang, dass auch männliche Religionspädagogen in der Geschichtsschreibung der Religionspädagogik nicht aufgenommen wurden, zumal wenn sie unkonventionelle oder unzeitgemäße Ansätze vertraten. Die »vergessenen Väter« der Religionspädagogik[77] verweisen auf eine zu differenzierende Männergeschichte.[78]

Vor diesem theoretischen Hintergrund könnten führende Vertreter des Faches auf die von ihnen repräsentierten Männlichkeiten in Kirche und Gesellschaft analysiert werden. Erziehungskonzeptionen und Lehrerverbände könnten nach den dort vertretenen Männlichkeitskonstruktionen untersucht werden. Zu fragen wäre auch, was Kirchen und religiöse Bildung zur Umsetzung oder zum Aufbrechen hegemonialer Männlichkeit beigetragen haben und wie sich dies in der Religionspädagogik spiegelt. Welche Ideale galten für die religiöse Jungen- und Männerbildung? Wie fand Berufspolitik (z.B. in Konkurrenz mit aufkommenden Frauenberufen) bei Religionslehrern und Pfarrern statt?

Im Anschluss an die von Rickers wiederholt gestellte Frage nach Kontinuitäten und Diskontinuitäten in Leben und Werk von ReligionspädagogInnen[79] könnte eine kritische Männerforschung zum Beispiel von der Beobachtung ausgehen, dass die meisten Protagonisten, sowohl der Evangelischen Unterweisung als auch des hermeneutischen Religionsunterrichts, am Ersten und/oder Zweiten Weltkrieg teilgenommen haben und anschließend in Gefangenschaft waren.[80] Zu untersuchen wäre, welche Folgen die weitgehende

---

[75] Vgl. z.B. Thomas Kühne (Hrsg.), Männergeschichte – Geschlechtergeschichte. Männlichkeit im Wandel der Moderne, Frankfurt a.M. u.a. 1996.

[76] Robert W. Connell, Der gemachte Mann. Konstruktion und Krise von Männlichkeiten, Wiesbaden 2006; http://de.wikipedia.org/wiki/Raewyn_Connell#Hegemoniale_M.C3.A4nnlichkeit (Stand: 3.10.12).

[77] Gerhard Pfister, Vergessene Väter der modernen Religionspädagogik. E. Thrändorf, A. Reukauf, R. Staude, Göttingen 1989.

[78] Sie sind allerdings nicht mit den vergessenen »Müttern der Religionspädagogik« zu vergleichen, stehen sie doch nicht für ein gänzliches Fehlen oder den Abbruch der Geschichte.

[79] Folkert Rickers, Die nationalsozialistische Ära, in: Lachmann/Schröder, Geschichte, hier 266.

[80] Vgl. z.B. die »tiefgreifende Wandlung« und »Erschütterung«, die Bohne seiner Teilnahme am Ersten Weltkrieg beimisst, Hans Bernhard Kaufmann (Hrsg.), Gerhard Bohne.

Verdrängung der Kriegserlebnisse und der von vielen als »verlorene Jahre« empfundenen Lebenszeit für die nachfolgenden Phasen der Lebensläufe und für die Konzeptionen der Religionspädagogik, etwa das auffällige Anknüpfen an die Konzeptionen der Vorkriegszeit, hatte. Im Anschluss an die vorliegende Männerforschung[81] wäre auch eine Untersuchung zur Bedeutung von Männerbünden in Kirche und Gesellschaft und ihrer Wirkung für die religiöse Bildung instruktiv.[82]

4. Geschlecht als Konstruktion – Genderreflektierte religionspädagogische Historiographie

4.1 Geschlechterkonstruktionen und Geschlechtergeschichte

Die Frage nach den Geschlechterverhältnissen und auch die Frage nach den Historisierungen der Geschlechter haben in der Frauenforschung von Beginn an eine Rolle gespielt, da Geschlechterhierarchien und Geschlechterasymmetrien untersucht wurden. Der sich nach und nach eröffnende Blick auf die

---

Erziehung ohne Gott?, Neukirchen-Vluyn 1995, 11–19; David Käbisch/Michael Wermke (Hrsg.), Gerhard Bohne. Religionspädagogik als Kulturkritik. Texte aus der Weimarer Republik, Leipzig 2007, 22f., nachdem er sie zunächst als »Mannesprobe« (a.a.O., 11) angestrebt hatte. Vgl. z.B. die Ausführungen von Felke (zitiert nach Hartmut Garreis, Ernst Müller – Ein Wegbereiter der Berufsschulreligionspädagogik in Bayern, in: Horst F. Rupp/Reinhard Wunderlich/Manfred L. Pirner (Hrsg.), Denk-Würdige Stationen der Religionspädagogik. Festschrift für Rainer Lachmann, Jena 2005, 345), dass Ernst Müller, bayrischer Berufsschulreligionspädagoge, die Jahre seiner Internierung nach 1945 als die furchtbarsten bezeichnete.

81 Michael Meuser, Geschlecht und Männlichkeit. Soziologische Theorie und kulturelle Deutungsmuster, Opladen 1998.

82 Bezogen auf die nationalsozialistische Verflechtung mancher Religionspädagogen, insbesondere von Helmuth Kittel, fragt Klaus Wegenast nach den Gründen für »solche Geistesverwirrung« und nennt »die Jahrhunderte währende Identifikation der Kirchen mit der Obrigkeit und ihren Vorstellungen von Erziehung, die lutherische 2-Regimenten-Lehre sowie die Tatsache, dass die »christliche Erziehung [...] autoritären Denkmodellen« verpflichtet war (Wegenast, Religionspädagogik, 711). Aus der Gender-Perspektive ließe sich vermuten: Die Anpassung an die politischen Verhältnisse ermöglichte beruflichen Aufstieg und ersparte den Bruch mit dem »Männerbund«, der unter anderem dadurch aufrecht erhalten wurde, dass ein Älterer einen Jüngeren an einen beruflichen Platz rief oder empfahl.

Vielfalt von Frauenleben sowie die Frage von Opfersein oder Täterschaft von Frauen trugen zu weiteren Differenzierungen bei. Der Blick der interdisziplinären Forschung verlagerte sich zunehmend weg von der Fokussierung auf Männer und Frauen hin zur Konstruktion von Männlichkeiten und Weiblichkeiten sowie auf die Geschlechterkonstruktionen und ihre jeweiligen Historisierungen.[83] Diese jüngeren Ansätze bilden sich in der Geschlechtergeschichte ab.[84]

Historische Frauen- und Männerforschung sind mit der Geschlechtergeschichte nicht obsolet geworden, tragen sie doch entscheidende neue Wissensbestände zur Forschung bei. Der Bezug auf die Kategorie Geschlecht bedeutet aber, »die jeweiligen Differenzen und ihre historische, soziale und kulturelle Bedingtheit wahrzunehmen, in die historisch-kritische Analyse einzubeziehen und so zu einem Verständnis der historischen Zusammenhänge zu gelangen, in dem die Vielfalt männlicher und weiblicher Lebensentwürfe und Handlungsfelder angemessene Berücksichtigung finden und nicht zu Gunsten einer vermeintlich »allgemeinen« Geschichte aus dem historiographischen Blickfeld verdrängt werden.«[85] Die Geschlechterkategorie ist damit eine Perspektive der historischen Forschung und steht im Zusammenhang mit anderen Perspektiven wie Stand, säkulare und kirchliche Herrschaftsverhältnisse, Bildungsmöglichkeiten u.a.

In der inter- und transdisziplinären Debatte über die Konstruktion von Geschlecht wird Geschlecht heute nicht mehr als festes Merkmal, das sich etwa in biologischen Attributen zeigt, angesehen. Gefragt wird in dekonstruktivistischer Perspektive nach den Historisierungen der Geschlechter und Geschlechterverhältnisse. Wichtig ist hierbei, die historischen Differenzen, Widersprüchlichkeiten und Uneindeutigkeiten wahrzunehmen und einzubeziehen.[86] In der deutlicher gewordenen Vielfalt von Geschlecht machen vermehrt »Unschärfe und Gebrochenheit der Geschlechtervorstellungen den Gegenstand der Männergeschichte ebenso wie den der Frauengeschichte schwer faßbar«.[87]

---

[83] Vgl. dazu GISELA MATTHIAE, Von der Emanzipation über die Dekonstruktion zur Restauration und zurück, in: ANNEBELLE PITHAN (Hrsg.): Gender – Religion – Bildung: Beiträge zu einer Religionspädagogik der Vielfalt, Gütersloh 2009, 30–46.

[84] Vgl. z.B. CLAUDIA OPITZ, Um-Ordnungen der Geschlechter. Einführung in die Geschlechtergeschichte, Tübingen 2005.

[85] CONRAD, Frauen- und Geschlechtergeschichte, 267.

[86] GAUSE, Kirchengeschichte, 6.

[87] KÜHNE zitiert nach CONRAD, Frauen- und Geschlechtergeschichte, 271.

Die Vorstellungen, Realitäten und Hierarchien der Geschlechter sind mit allgemeinen und religiösen Bildungsprozessen verbunden. Erste Forschungsansätze zu Geschlechterkonstruktionen auf dem Gebiet religiöser Bildung liegen aus der Frauenforschung vor. So fragt etwa Gury Schneider-Ludorff nach der »Bedeutung der Geschlechterdifferenz und der Geschlechterbeziehungen für den Protestantismus der 1920er und 1930er Jahre und zwar sowohl hinsichtlich der Theoriebildung als auch hinsichtlich der Interaktion zwischen konkreten Personen und Gruppen«.[88] Andrea Bieler untersucht die Geschlechterkonstruktionen bei Paulsen,[89] Anke Edelbrock (2006) bei Religionslehrerinnen Anfang des 20. Jahrhunderts.[90] Fragen der Genderforschung erörtert auch Antje Roggenkamp-Kaufmann in ihrem Beitrag »Undoing Gender? Religiöse Erziehung und Bildung in Kaiserreich und Weimarer Republik«. Sie fragt danach, wie Frauen die Geschlechterrollen zu verändern suchten, und kommt zu dem Ergebnis, dass die Akzeptanz bei gleichzeitiger geringer Modifizierung der Geschlechterrollen ein weiterführender Weg war.[91]

4.2 PERSPEKTIVEN GENDERKOMPETENTEN FORSCHENS

Die frauen- und genderorientierte Forschung bietet Chancen, aus bekannten und neuen Quellen zu neuen Erkenntnissen zu gelangen. Diese Forschung muss damit rechnen, dass Archivalien zur Geschichte von Frauen und von bisher unbeachteten, oft nicht-hegemonialen Männern mangelhaft gesichert und erschlossen sind.[92] Auch die Unterstützung einer solchen Forschung wird möglicherweise geringer sein. In vielen Fällen haben Frauen und Männer, die zu ihren Lebzeiten wenig Würdigung erfuhren, die Missachtung ihrer Arbeiten fortgesetzt und sich nicht um die Überlieferung ihres ungedruckten Werkes bemüht. Viele Religionspädagoginnen haben, teils wegen

---

88 SCHNEIDER-LUDORFF, Tiling, 16.

89 BIELER, Konstruktionen.

90 Vgl. dazu den Beitrag von Anke Edelbrock in diesem Band.

91 ANTJE ROGGENKAMP-KAUFMANN, Undoing gender? Religiöse Erziehung und Bildung in Kaiserreich und Weimarer Republik, in: Zeitschrift für Kirchengeschichte o. Jg. (2004), H. 1-2, 181-197.

92 Obwohl das Burckhardthaus in Berlin-Dahlem bis kurz vor Kriegsende die Zentrale des Reichsverbands der evangelischen weiblichen Jugend war, von großer Bedeutung für die weibliche Jugendarbeit wie auch für die Bekennende Kirche, ist der Bestand der ohnehin nur noch spärlich vorhandenen Akten nicht entsprechend aufbewahrt und schon teilweise verloren.

anderer Prioritäten, teils weil sie keine Nachkommen hatten, selbst ihre Veröffentlichungen gar nicht oder nicht vollständig aufbewahrt.[93] Es ist folglich von höchster Wichtigkeit, autobiografische Zeugnisse zu sichern sowie Gespräche mit noch lebenden Persönlichkeiten zu führen und zu archivieren, um die Lebensläufe sowie die Zeitgeschichte zu dokumentieren. Selbstverständlich müssen individuelle Rekonstruktionen (oral history) kritisch ausgewertet und mit anderen Quellen in Beziehung gesetzt werden.[94] Gerade die Verwertung von Selbstzeugnissen erfordert Genderkompetenz. Frauen haben häufig gelernt, ihre Person zurückzustellen. So zeigte sich etwa im Projekt »Religionspädagoginnen des 20. Jahrhunderts«, dass die meisten Frauen die eigene Person hinter der »Sache« der religiösen Erziehung zurücktreten ließen.[95]

Biografische Forschung ist trotzdem und gerade deshalb eine der grundlegenden genderbezogenen Forschungen. Die hierfür von Stephanie Klein (2002, 85f.) im Rahmen der Feministischen Theologie vorgestellten Perspektiven könnten auch für die Religionspädagogik Anwendung finden.[96] Es bietet sich an, sie hier – ohne die Bedeutung der Frauenperspektive schwächen zu wollen – in Hinsicht auf die Geschlechterperspektive zu erweitern. Biografien

---

[93] Im Zuge der Vorbereitungen auf den Band »Religionspädagoginnen des 20. Jahrhunderts« hörten die Autorinnen immer wieder, dass die zu Porträtierende ihre Veröffentlichungen nicht aufbewahrt, nicht aufgelistet oder im Alter weggeworfen hatten.

[94] Gabriele Rosenthal, Die erzählte Lebensgeschichte als historisch-soziale Realität. Methodologische Implikationen für die Analyse biographischer Texte, in: Heike Diekwisch (Red.)/Berliner Geschichtswerkstatt, Alltagskultur, Subjektivität und Geschichte. Zur Theorie und Praxis von Alltagsgeschichte, Münster 1994, 128.

[95] Für die porträtierten Religionspädagoginnen war es zum Teil nicht leicht, die ihnen zugewiesene Autorität zu akzeptieren. Viele sagten: »Ich bin nicht wichtig, aber Frau xy.« Die genannte wiederum verwies mich mit den gleichen Worten an die vorherige. Auch das Buchprojekt »Pädagoginnen der Gegenwart« sah sich damit konfrontiert, dass die Pädagogik von Frauen zum Teil auch »von den Frauen selbst nicht angemessen eingeschätzt wird« (Astrid Kaiser/Monika Oubaid (Hrsg.), Deutsche Pädagoginnen der Gegenwart, Köln u.a. 1986, 6).

[96] Stephanie Klein, Art. Biografie/Biografieforschung, in: Wörterbuch der feministischen Theologie, hg. v. Elisabeth Gössmann u.a., Gütersloh ^{2}2002, 85f.

- verdeutlichen »das Selbstverständnis und die eigene Sichtweise« von Frauen und Männern;
- lassen die Vielfalt von Frauen und Männern sichtbar werden, indem sie das einmalige jeder Frau und jedes Mannes zeigen;
- ermöglichen es, »gemeinsame Erfahrungs-, Deutungs- und Handlungsstrukturen« innerhalb der Geschlechter zu entdecken;
- zeigen Geschichte, Religiosität und theologische Arbeit von Frauen und Männern;
- richten den Blick auf die Genese der Handlungsweisen, wodurch das Konzept einer vermeintlichen wesenhaften Bestimmung der Frau/des Mannes überwindbar wird;
- verdeutlichen gesellschaftliche Strukturen und Bedingungen und
- lassen Frauen und Männer »in ihrer eigenen Sprache zu Wort kommen«.

Zu ergänzen wäre:

- richten den Blick dekonstruktiv auf das als männlich oder weiblich Dargestellte.

Eine religionspädagogische Geschlechtergeschichte bedarf zunächst weiterer Grundlagenforschung zur Frauen- und zur kritischen Männergeschichte. Der Blick auf männliche und weibliche Historisierung geht jedoch nicht in der Individualisierung auf.[97] Vielmehr sind die geschlechtsspezifischen Möglichkeiten und Grenzen herauszuarbeiten.

Bereits 1993 stellte die Historikerin Ute Frevert Leitfragen[98] für eine Geschlechtergeschichte zusammen, die nach wie vor anregend sind: »Wie geht die Differenzierung der Geschlechter vor sich (anhand welcher Kriterien)? Wie wird die Ordnung der Geschlechter legitimiert (mit welchen Argumenten oder überhaupt, offensiv oder defensiv)? Wer sind Akteurinnen und Akteure, welche Interessen haben sie? Wo findet die Differenzierung statt (in welchen Institutionen, Bereichen), welche Folgen hat sie für die ›Betroffenen‹, wie wird sie bewertet, mit welchen Symbolen vermittelt?«

Bezüglich der religiösen Bildung wäre im Anschluss etwa zu fragen:

---

97 So etwa bei Meyer-Blanck, Geschichte Religionspädagogik, 197f.

98 Frevert, Frauengeschichte, 38.

Welche Erziehungsziele galten für Mädchen und welche für Jungen? Welche Bildungsgänge standen den Geschlechtern offen und welche Rolle spielten dabei die Kirchen? Gab es weibliche und männliche Frömmigkeiten? Welche religionspädagogischen Schwerpunkte setzten Männer und welche Frauen und wie stehen diese mit ihrer gesellschaftlichen Stellung und konfessionellen Bindung im Zusammenhang? Wie wirkten sich geschichtliche Ereignisse (Krieg, Vertreibung, Revolutionen) auf Männer und wie wirkten sie sich auf Frauen aus? Wie zeigt sich dies in ihren Werken? Wo finden sich widerständige Tendenzen?[99]

5. Jenseits traditioneller Zweigeschlechtlichkeit

Einige weiterführende Forschungsrichtungen sind bisher in der religionspädagogischen Geschichtsschreibung (wie auch in der Religionspädagogik insgesamt) noch kaum oder gar nicht aufgegriffen worden. Dazu zählen die Frage nach der Dekonstruktion von Geschlecht, nach der Bedeutung von Heteronormativität sowie die Einbeziehung unterschiedlicher Differenzkategorien. Zu untersuchen wäre, in welchem Verhältnis religiöse Bildung und kirchliche Bildungsinstitutionen dazu standen bzw. darauf einwirkten.

Die Ergebnisse und Fragestellungen der Frauen- und Männerforschung wie auch der Geschlechterforschung verweisen bereits auf eine Vielfalt von Geschlechtervorstellungen und -realitäten sowie deren historischen Wandel. Die Debatte um die Dekonstruktion des biologischen Geschlechts, wie sie im Anschluss an Judith Butler u.a. geführt wird, stellt traditionelle Zweigeschlechtlichkeit und Heteronormativität infrage.

Gerade kirchliche Traditionen haben erheblichen Anteil an dualistischen Rollenverständnissen, bei dem Frauen qua Geschlecht auf Haus und Kindererziehung und Männer auf Amt und Erwerbsleben festlegt wurden und werden. Wenn sich Quellen finden ließen, könnte beispielsweise untersucht werden: Gab es Kinder und Erwachsene, die nicht in die strenge zweigeschlechtliche symbolische und sexuelle Ordnung passten? Wie ist symbolisch und im pädagogischen Alltag mit ihnen umgegangen worden? Wie haben sie sich selbst artikuliert und verhalten? Wie und wann konstruiert religiöse Bildung Heteronormativität?

Zunehmend wird erkannt, dass die Genderkategorie auch mit anderen

---

[99] Z.B. eines für die Mädchenbildung eintretenden Jan Amos Comenius (Reents 1992).

Differenzkategorien verknüpft werden muss, etwa: soziale Herkunft, kultureller Hintergrund, (dis)ability, sexuelle Orientierung, Alter u.a. In der religionspädagogischen Geschichtsschreibung könnte untersucht werden: Wie stehen Weiblichkeits- und Männlichkeitskonstruktionen in Beziehung zu unterschiedlichen Bildungsschichten? An welche Mädchen, welche Jungen richteten sich welche kirchlichen Bildungsangebote?

6. FAZIT

Eine zeitgemäße Religionspädagogik bedarf einer genderreflektierten Forschung, die sich theoretisch und methodisch in der interdisziplinären Fachdiskussion verortet. Auch die religionspädagogische Geschichtsschreibung kann nur gelingen, wenn die Genderkategorie »als konstitutives Moment der religionspädagogischen Geschichtsschreibung« verankert wird.[100] Seriöse Historiografie ist nicht anders möglich, haben doch die Geschlechter weitgehend unterschiedliche Bildungstraditionen mit eigenen Verbänden, Zeitschriften, Ausbildungsformen. Auch ist religiöse und kirchliche Arbeit in spezifischer Weise an der Konstruktion von Geschlechtervorstellungen und -realitäten beteiligt.

Bisher liegen erste Ergebnisse zur Frauenforschung vor, die es weiterzuführen gilt. Die Untersuchung von Geschlechterverhältnissen und -realitäten wird hierauf aufbauen und weitere neue Forschungsfelder erschließen. Unbearbeitet sind Fragen der Konstruktion und Dekonstruktion von Männlichkeiten sowie von queeren dualistischen Geschlechtervorstellungen.

Eine genderreflektierte Geschichtsschreibung kann auf eine facettenreiche Erinnerung und Überlieferung zurückgreifen, die Differenz bereits in der Geschichte sichtbar werden lässt. Dabei werden unentdeckte und zwischenzeitlich verlorene Traditionen, Ideen, Konzeptionen und Personen wahrgenommen und wiedergewonnen. Unterschiedliche Historisierungen religiöser Bildung und ihr Wandel können entdeckt werden.

---

100 PITHAN, Corbach, 23.

Gender-Modelle in chronologisch-heterogener Perspektive

Frömmigkeit und Hegemoniale Männlichkeit im 18. Jahrhundert[1]

Ole Fischer

1. Einleitung

Im Rahmen der Genderforschung erlangt die Erforschung von Männlichkeit zunehmend Bedeutung.[2] Einen wichtigen methodologischen Anstoß gaben Mitte der 1980er-Jahre die Forschungen der australischen Erziehungswissenschaftlerin Raewyn Connell.[3] In ganz verschiedenen akademischen Disziplinen stellt das Konzept der Hegemonialen Männlichkeit den zentralen heu-

---

[1] Die folgenden Ausführungen basieren auf meiner intensiven Auseinandersetzung mit der Person Adam Struensee im Rahmen meiner Dissertation mit dem Titel »Macht und Ohnmacht des frommen Mannes – Religion und Männlichkeit in der Biographie Adam Struensees (1708–1791)«. Dieser Beitrag ist der Versuch, auf der Grundlage der Ergebnisse meiner Analyse des Verhältnisses von Religion und Männlichkeit in der Biographie Struensees allgemeine Thesen zur Verbindung von Frömmigkeit und Hegemonialer Männlichkeit im 18. Jahrhundert zu formulieren.

[2] Die Erforschung von raum- und zeitabhängigen Männlichkeitskonzepten und männlichen Identitäten ist seit knapp zwei Jahrzehnten ein zunehmend fester Bestandteil der historischen Geschlechterforschung. Zur Thematisierung von Männlichkeiten in der deutschsprachigen Historiographie vgl. die Überblickswerke Wolfgang Schmale, Geschichte der Männlichkeiten in Europa 1450–2000, Wien 2003, sowie Jürgen Martschukat/Olaf Stieglitz, Geschichte der Männlichkeiten, Frankfurt a.M./New York 2008. Wegweisend waren auch die folgenden Aufsatzbände: Martin Dinges (Hrsg.), Hausväter, Priester, Kastraten. Zur Konstruktion von Männlichkeit in Spätmittelalter und früher Neuzeit, Göttingen 1998; Martin Dinges (Hrsg.), Männer – Macht – Körper. Hegemoniale Männlichkeiten vom Mittelalter bis heute, Frankfurt a.M. 2005. Explizit mit der Frühen Neuzeit beschäftigt sich George L. Mosse, Das Bild des Mannes. Zur Konstruktion der modernen Männlichkeit, Frankfurt a.M. 1997.

[3] Raewyn Connell lebte bis vor wenigen Jahren mit einer männlichen Geschlechtsidentität. Die Bücher und Aufsätze, in denen Connell das Konzept der Hegemonialen Männlichkeit ausgearbeitet hat, sind überwiegend noch unter dem Namen Robert W. Connell erschienen. Für die Literaturangaben wird im Folgenden der männliche Name beibehalten.

ristischen Rahmen dar, innerhalb dessen Männlichkeit thematisiert wird.[4] Gelegentlich erhebt sich sogar der Vorwurf, Hegemoniale Männlichkeit sei zu einem inflationären Topos geworden und den meisten Studien ermangele es an einer grundlegenden Auseinandersetzung mit dem Konzept.[5] Das Konzept der Hegemonialen Männlichkeit hat dazu beigetragen, dass Männlichkeit im Plural gedacht wird und die Beziehungen zwischen Männern systematisch genderperspektiviert erforscht werden können. Insofern würde sich Männlichkeit nicht nur im Gegenüber zur Weiblichkeit konstituieren, sondern auch durch die wechselseitige Orientierung von Männern aneinander sowie in Abgrenzung zu devianten Männern. Dies geschehe mit dem unbewussten Ziel einer stetigen Anpassung der bestmöglichen Praxis zur Aufrechterhaltung einer ›patriarchalen Dividende‹, wie es bei Connell heißt, also einer asymmetrischen Machtverteilung zwischen Männern und Frauen auf gesamtgesellschaftlicher Ebene.[6]

Bisher kaum untersucht ist die Frage, welche Bedeutung Frömmigkeit als ein Element der Selbstinszenierung religiöser Männer in diesem Konzept einnehmen kann: Führt fromme Demut automatisch zur Unterordnung oder gibt es auch Dominanzstrategien frommer Männer? Dabei erscheint es mir besonders reizvoll, die Verbindung von Frömmigkeit und Hegemonialer Männlichkeit im 18. Jahrhundert zu untersuchen[7] – einer Zeit, in der es im

---

4 Erstmals vorgestellt wurden die Überlegungen zum Konzept der Hegemonialen Männlichkeit in dem Aufsatz Tim R. Carrigan/Robert W. Connell/JohnLee, Toward a New Sociology of Masculinity, in: Theory and Society 14, 1985, 551–604.

5 Sylka Scholz, »Hegemoniale Männlichkeit« – Innovatives Konzept oder Leerformel? In: Hella Hertzfeld/Katrin Schäfgen/Silke Veth (Hrsg.): Geschlechter Verhältnisse. Analysen aus Wissenschaft, Politik und Praxis, Berlin 2004, 33–45, hier 33–34.

6 Robert W. Connell, Der gemachte Mann. Konstruktion und Krise von Männlichkeiten, Opladen 1999, 100.

7 Erste Versuche in dieser Richtung hat Ulrike Gleixner unternommen, die sich sowohl in ihrer Habilitationsschrift als auch in einigen Aufsätzen mit männlicher Religiosität im 18. Jahrhundert beschäftigt. Bei ihren Analysen hat sie es jedoch vorwiegend auf die innerfamiliären Beziehungen des pietistischen Mannes und hier besonders auf die Beziehung zur Ehefrau abgesehen (vgl. Ulrike Gleixner, Religion, Männlichkeit und Selbstvergewisserung. Der württembergische Patriarch Philipp Matthäus Hahn (1739–1790) und sein Tagebuch, in: L'Homme Z.F.G. 14/2, 2003, 262–279).

Spannungsfeld von Pietismus und Aufklärung einen tiefgreifenden Wandel im Umgang mit religiösen Traditionen gegeben hat.[8] Bisherige Studien legen nahe, dass es in dieser Zeit einen weitreichenden Bedeutungsverlust von Frömmigkeit als einem Element männlicher Selbstinszenierung gegeben hat. Albrecht Ritschl konstatierte im zweiten Band seiner *Geschichte des Pietismus*: »Allein die idealste Ausprägung pietistischer Frömmigkeit findet sich im weiblichen Geschlecht.«[9] Ulrike Witt vertrat in ihrem 1996 erschienenen Buch über Frauen im Umkreis des Hallischen Pietismus die These, der Pietismus habe schon vor 1750 seinem Wesen nach als ›unmännlich‹ gegolten.[10] Die Frage, wie es jenen Männern erging, die sich fortwährend zu einer pietistischen Frömmigkeit hingezogen fühlten, ist weitgehend unbeantwortet. Einen Hinweis gab in diesem Zusammenhang bereits Emanuel Hirsch, der in seiner *Geschichte der neuern evangelischen Theologie* von den »frommen Außenseitern« sprach und damit die Vermutung nahe legte, dass die Geschichte vieler frommer Männer im Zeitalter der Aufklärung vor allem eine Geschichte der Ausgrenzung gewesen ist.[11] Dass jedoch in der Forschungsliteratur außerdem auch von ›frommen‹ Helden und »pietistischen Patriarchen«[12] gesprochen wird, verweist auf eine Pluralität verschiedener Männlichkeitskonstruktionen, bei denen religiöse Aspekte eine wichtige Bedeutung einnahmen. Dabei verweisen die verschiedenen Topoi der Forschungsliteratur auch auf die Bedeutung von Geschichtsbildern für die Konstruktion von Männlichkeit sowie umgekehrt auf die Bedeutung von Männlichkeit für die Konstruktion von Geschichtsbildern, zu denken wäre hier etwa an die These einer Feminisierung von Religion seit dem 18. Jahrhundert, die, wie auch die eben

---

8 Vgl. etwa Günther Lottes, Laizismus und Fundamentalismus als Erbe der Aufklärung, in: Birgitta Bader-Zaar/Margarete Grandner/Edith Saurer (Hrsg.), Auf dem Weg in die Moderne. Radikales Denken, Aufklärung und Konservatismus, Innsbruck 2007, 23–33, hier 27.

9 Albrecht Ritschl, Geschichte des Pietismus, Bd. 1–3, Bonn 1880–1886, hier Bd. 2, 525.

10 Ulrike Witt, Bekehrung, Bildung und Biographie. Frauen im Umkreis des hallischen Pietismus, Tübingen 1995, 4.

11 Emanuel Hirsch, Geschichte der neuern evangelischen Theologie im 19. Jahrhundert Bd. 1–5, neu hg. und eingeleitet von Albrecht Beutel, Waltrop 2000, hier Bd. 4, 166–204.

12 Vgl. die Verwendung in folgenden Arbeiten: Hartmut Lehmann, »Absonderung« und »Gemeinschaft« im frühen Pietismus, in: Pietismus und Neuzeit 4, 1977/78, 54–82; Manfred Jakubowski-Tiessen, Eigenkultur und Traditionsbildung, in: Hartmut Lehmann (Hrsg.), Geschichte des Pietismus 4. Glaubenswelt und Lebenswelten, Göttingen 2004, 195–210; Gleixner, Religion, Männlichkeit und Selbstvergewisserung.

genannten Beispiele zeigen, den Blick der Forschung auf das Verhältnis von Religion und Männlichkeit in der Neuzeit noch immer stark bestimmt und erst in den letzten Jahren zunehmend Widerspruch erfährt.[13]

In diesem Beitrag werde ich zunächst das Konzept der Hegemonialen Männlichkeit grob skizzieren und dann versuchen, dieses Konzept auf Männlichkeitskonstruktionen und die Lebenspraxis von Männern des 18. Jahrhunderts zu beziehen. Dabei soll der Fokus auf zwei Fragen liegen. Erstens: Wie lässt sich mit dem heuristischen Rahmen der Hegemonialen Männlickeit der von pietistischen Männern geführte Diskurs um die Frömmigkeit deuten? Zweitens: Welche Bedeutung nahm Frömmigkeit als ein Element männlicher Selbstinszenierung im 18. Jahrhundert ein und inwieweit zeichnete sich hier eine Entwicklung im Sinne eines Bedeutungsverlustes ab?

2. Das Konzept der Hegemonialen Männlichkeit

Die Erforschung von Geschlechterkonstruktionen – Männlichkeiten und Weiblichkeiten – basiert auf der grundlegenden Unterscheidung zwischen dem biologischen Geschlecht (Sex) und dem sozialen Geschlecht (Gender).[14] Während sich die Vorstellung einer biologischen Geschlechterdifferenz auf empirisch-anatomische Studien stützt,[15] bezieht sich Gender auf die »wahrge-

---

13 Die These einer Feminisierung der Religion seit dem späten 18. Jahrhundert ist in der Forschung seit den 1970er Jahren präsent und geht besonders auf die US-amerikanische Historikerin Barbara Welter zurück (vgl. Barbara Welter, Frauenwille ist Gotteswille. Die Feminisierung der Religion in Amerika 1800–1860, in: Claudia Honegger/Bettina Heintz (Hrsg), Listen der Ohnmacht. Zur Sozialgeschichte weiblicher Widerstandsformen, Frankfurt a.M. 1981, 326–356).

14 Der Begriff Gender stammt ursprünglich aus der Sprachwissenschaft und diente zur geschlechtlichen Kennzeichnung von Wörtern (vgl. Ursula King, Genderkritische (Ver-) wandlungen in der Religionswissenschaft. Ein radikaler Paradigmenwechsel, in: Anna-Katharine Höpfinger/Ann Leffers/Daria Pezzoli-Olgiati (Hrsg.), Handbuch Gender und Religion, Göttingen 2008, 29–40, hier 30). Zum Gender-Begriff vgl. auch Claudia Opitz-Belakhal, Geschlechtergeschichte, Frankfurt a.M./New York 2010, 11–18; Joan W. Scott, Gender. Eine nützliche Kategorie der historischen Analyse, in: Nancy Kaiser (Hrsg.), Selbstbewußt. Frauen in den USA, Leipzig 1994, 27–75, hier 27.

15 Judith Butler hat dargelegt, dass auch unsere Wahrnehmung der anatomischen Differenzen zwischen Männern und Frauen kaum von den sozial konstruierten Geschlechtervorstellungen zu trennen ist (vgl. dazu beispielsweise Judith Butler, Performative Akte und Geschlechterkonstitution. Phänomenologie und feministische Theorie, in: Uwe Wirth (Hrsg.), Performanz. Zwischen Sprachphilosophie und Kulturwissenschaften,

nommenen Unterschiede«.[16] Aus dieser sozialkonstruktivistischen Perspektive umfassen die Geschlechter ein semantisches Spektrum, dass durch eine Fokussierung von körperlich-biologischen Aspekten nur zu einem kleinen Teil abgedeckt ist, denn nicht in allen sozialen Kontexten herrscht dieselbe Vorstellung von Männlichkeit vor und nicht zu allen Zeiten bedeutete es das Gleiche, ein Mann zu sein. Die sozialen Kontexte, in denen ein Mensch lebt, haben Einfluss darauf, was dieser Mensch unter Männlichkeit und Weiblichkeit versteht und wie dieser Mensch sich selbst als Mann oder Frau inszeniert.

In der angloamerikanischen Genderforschung bestand bereits in den 1970er Jahren ein Gespür für die Erforschung von Männlichkeitskonstruktion, während etwa in der deutschsprachigen Geschichtswissenschaft Geschlechtergeschichte lange Zeit mit Frauengeschichte gleichgesetzt wurde.[17] Harry Brod, eine der führenden Gestalten in der Anfangsphase der sogenannten Men's Studies, definierte diese 1987 als »the study of masculinities and male experiences as specific and varying social-historical-cultural formations. Such studies situate masculinities as objects on a par with femininities, instead of elevating them to universal norms.«[18] Ein Gespür für die Kategorie Geschlecht eröffnet neue Perspektiven auf altbekannte Forschungsgegenstände. Dies gilt auch für die Geschichtswissenschaften, in denen die Geschlechtergeschichte längst nicht mehr nur vermeintlich genuine Themen wie Familie oder Frauenrechtsbewegungen untersucht, sondern

---

Frankfurt a.M. 2002, 301–320, hier 301). Wenn ich im Folgenden von Männern und Frauen spreche, dann bezieht sich dieses auf Menschen, die sich selbst als männlich oder weiblich inszenieren, und nicht auf Menschen mit vermeintlich eindeutigen körperlichen Geschlechtsmerkmalen.

16 Scott, Gender, 53.

17 Vgl. beispielsweise die eher soziologisch ausgerichteten Arbeiten von Joe L. Dubbert, A Man's Place. Masculinity in Transition, Englewood Cliffs 1979; Peter N. Stearns, Be a Man! Males in Modern Society, New York/London 1979; frühe Arbeiten mit historischem Schwerpunkt liegen beispielsweise vor von E. Anthony Rotundo, American Manhood, Transformations in Masculinity from the Revolution to the Modern Era, New York 1993; James A Mangan/James Walvin (Hrsg.), Manliness and Morality. Middle-Class Masculinity in Britain and America 1800–1940, Manchester 1987 oder Mark Ch. Carnes/Clyde Griffin (Hrsg.), Meanings for Manhood. Constructions of Masculinity in Victorian America, Chicago 1990. Zur Kritik am Begriff »Men's Studies« vgl. Willi Walter, Gender, Geschlecht und Männerforschung, in: Christina von Braun/Inge Stephan (Hrsg.), Gender-Studien. Eine Einführung, Stuttgart ²2006, 91–109, hier 92–93.

18 Zitiert nach Michael Meuser, Geschlecht und Männlichkeit. Soziologische Theorie und kulturelle Deutungsmuster, Wiesbaden ²2006, 95.

sich auch auf dem Terrain von klassisch allgemeingeschichtlichen Themenfeldern wie der Politik- oder Militärgeschichte umtreibt. Da diese Themenfelder lange Zeit von forschenden und erforschten Männern dominiert waren, scheint eine Thematisierung von Männlichkeit in besonderem Maße dazu geeignet zu sein, Geschlechtergeschichte und Allgemeine Geschichte miteinander zu verbinden, wie der Historiker Peter Filene betont:

> »Men's history – masculine history, if you will – begins when we redefine our usual notion of historical significance and when we shift our usual frame of reference. Once we have made these two conceptional adjustments, we uncover some secrets hidden in the familiar landscape of the past. More often – and ultimately more important – as we shift our angle of vision, we recognise new meanings in the evidence that lay in front of our eyes all along.«[19]

Männlichkeit kann aus der Perspektive der Genderforschung nicht inhaltlich definiert werden, weil Männlichkeitsvorstellungen und vermeintlich genuin männliche Handlungsweisen abhängig von sozialen und zeitlichen Kontexten sind. Unter dieser Prämisse wird das soziale Geschlecht abhängig von menschlichen Handlungen. Geschlecht sei nicht essentiell, sondern etwas, ›was wir tun‹, so Carol Hagemann-White, die wesentlich die These vom sogenannten *Doing Gender* geprägt hat.[20] Dieser Überlegung entsprechend versteht auch Connell unter Männlichkeit kein a priori bestehendes inhaltliches Konstrukt, sondern sie definiert Männlichkeit als eine »Konfiguration von Praxis innerhalb eines Systems von Geschlechterverhältnissen«.[21] Erst auf

---

19 Peter Filene, The Secrets of Men's History, in: Harry Brod (Hrsg.), The Making of Masculinities, London 1987, 103–109, hier 104. Vgl. auch John Tosh, Hegemonic Masculinity and the History of Gender, in: Stefan Dudink/Karen Hagemann/John Tosh (Hrsg.), Masculinities in Politics and War. Gendering Modern History, Manchester/New York 2004, 41–58, hier 41. Vgl. auch Claudia Opitz-Belakhal, »Krise der Männlichkeit« – ein nützliches Konzept der Geschlechtergeschichte?, in: L'Homme Z.F.G 19, 2, 2008, 31–49, hier 32.

20 Carol Hagemann-White, Die Konstrukteure des Geschlechts auf frischer Tat ertappen? Methodische Konsequenzen einer theoretischen Einsicht, in: Feministische Studien 11/2, 1993, 68–78, hier 68.

21 Connell, Der gemachte Mann, 105; Connell/Messerschmidt, Hegemonic Masculinity, 843.

dieser Grundlage kann von der Vorstellung, es gebe eine wahre Männlichkeit, Abstand genommen werden,[22] was es erlaubt, Männlichkeiten in ihrer Vielfalt und zum Teil auch Widersprüchlichkeit zu erforschen.[23]

Die Vorstellungen einer Multirelationalität menschlicher Identitäten und einer Pluralität von Männlichkeiten versuchte Connell in ihrem Konzept der Hegemonialen Männlichkeit über eine Verhältnisbestimmung von Männern zueinander, aber auch von Männern zu Frauen, deutlich zu machen. Da der sozialen Konstruktion von Geschlecht ein Ordnungsstreben zugrunde liegt, dessen Folge die Generierung und Aktualisierung von Hierarchien ist, erschien es ihr notwendig, das Augenmerk vor allem auf die Bedeutung von Machtverhältnissen zu richten.[24] Beeinflusst durch den Hegemoniebegriff Antonio Gramscis stellt Connell der Vorstellung einer intentionalen patriarchalen Dominanz eine Theorie entgegen, die wesentlich auf der unbewussten Reproduktion männlicher Hegemonie basiert. Insofern profitierten, so Connell, zwar alle Männer grundsätzlich von einer ›patriarchalen Dividende‹, nicht alle Männer besäßen jedoch auch unter Männern eine machtvolle Position. Vielmehr gebe es auch hier Beziehungen, die sich durch Dominanz, Unterordnung oder Komplizenschaft auszeichnen.[25] Und diese hierarchische Struktur verschiedener Männlichkeiten würde dazu beitragen, die asymmetrische Machtverteilung zwischen Männern und Frauen zu stützen. Männlichkeit wird also bei Connell in zweifacher Relation konstruiert, nämlich im Gegenüber zur Weiblichkeit und in Abgrenzung zu anderen Männlichkeiten bzw. durch eine Orientierung an anderen Männern.[26]

Das Erfolgsrezept von Connells Konzept der Hegemonialen Männlichkeit liegt besonders darin, dass es vergleichsweise wenig theoretisch ausgearbeitet ist und für die konkrete Forschungspraxis kaum eine methodische Anleitung bereitstellt. Das Konzept ist selbst aus der empirischen Praxis erwachsen und bietet Anregungen und Anknüpfungspunkte für ganz verschiedene

---

[22] Connell, Der gemachte Mann, 37.

[23] Manuel Borutta/Nina Verheyen, Vulkanier und Choleriker? Männlichkeit und Emotion in der deutschen Geschichte 1800–2000, in: Manuel Borutta/Nina Verheyen (Hrsg.), Die Präsenz der Gefühle. Männlichkeit und Emotion in der Moderne, Bielefeld 2010, 11–39, hier 22.

[24] In der Geschichtswissenschaft betonte zuerst Joan W. Scott die Bedeutung der Kategorie Gender als ein Instrumentarium der Machtanalyse, und zwar auch der Macht von Männern über Männer (vgl. Scott, Gender).

[25] Vgl. Connell, Der gemachte Mann, 102.

[26] Robert W. Connell, Gender and Power. Society, the Person and Sexual Politics, Cambridge 1987, 183.

Forschungsprojekte. Insofern erscheint mir der eingangs erwähnte Vorwurf, das Konzept der Hegemonialen Männlichkeit werde zu unreflektiert verwendet, in gewissem Maße ungerechtfertigt. Das Konzept selbst basiert auf wenigen einfachen Grundgedanken. Kritisch durchdacht werden muss vielmehr, in welcher Weise diese Grundgedanken sinnvoll an das eigene Forschungsprojekt herangetragen werden können. Die Grundgedanken, die nach Connell das Konzept der Hegemonialen Männlichkeit ausmachen, sind meines Erachtens:

- Männlichkeit wird konstituiert durch Verhaltenspraktiken von Männern und Frauen und ist abhängig von Interaktion.
- Die Bindung an die Praxis führt zu einer Pluralität an Männlichkeiten bzw. Männlichkeitskonstruktionen.
- Durch eine starke Orientierung von Männern an Männern bilden sich jedoch kontextbedingte Idealtypen heraus.
- Die verschiedenen Männlichkeiten stehen in einem hierarchischen Verhältnis und in Konkurrenz zueinander.
- Die hierarchische Struktur der Männlichkeiten stützt auch die asymmetrische Machtverteilung zwischen Männern und Frauen.

Nicht alle diese Grundgedanken Connells wurden in gleicher Weise positiv von der Forschung aufgenommen. Die stärkste Ablehnung erfuhr meinem Empfinden nach die Betonung patriarchaler Strukturen, die bei Connell auch mit einem stark politischen Impetus verbunden war bzw. ist.[27] Connell hat sich mittlerweile etwas von dieser Fokussierung entfernt und betont nunmehr auch stärker, dass das eigentliche Potenzial des Konzepts darin liege, die Beziehung zwischen verschiedenen Männlichkeiten systematisch zu erfassen.[28] So wurde das Konzept in diesem Sinne in den letzten Jahrzehnten auch überwiegend verwendet. Dabei wurde schnell die kritische Frage gestellt, wo denn nun die je zeitlich oder räumlich spezifische Hegemoniale

[27] Vgl. dazu etwa die Kritik Martin Fischers, der Connell eine »de facto ontologische Verortung der patriarchalen Dividende bei Männern« vorwirft (Martin Fischer, Männermacht und Männerleid. Kritische theologische Männerforschung im Kontext genderperspektivierter Theologie als Beitrag zu einer Gleichstellung der Geschlechter, Göttingen 2008, 60).

[28] Vgl. Connell/Messerschmidt, Hegemonic Masculinity, 846. Vgl. zur Kritik an der überwiegenden Fokussierung von heterosozialen Dominanzverhältnissen bei Connell auch Tosh, Hegemonic Masculinity, 45.

Männlichkeit überhaupt zu suchen sei und von wem diese überhaupt verkörpert werden könnte.[29] Die theoretische Offenheit des Konzepts sorgt also durchaus für Verwirrung, sobald es nicht an einen spezifischen Forschungsgegenstand gebunden ist.

Im Rahmen dieses Beitrags werde ich in Anlehnung an Michael Meuser Hegemoniale Männlichkeit nicht als Praxis verstehen, die zu bestimmten Zeiten und an bestimmten Orten in Idealform personifiziert vorgefunden werden könnte, sondern ich werde Hegemoniale Männlichkeit als ›generierendes Prinzip‹ von männlicher Praxis betrachten.[30] Meuser selbst geht als Soziologe und auf der Grundlage empirischer Gegenwartsanalysen von einer männlichen *libido dominandi* aus, und greift damit auf Pierre Bourdieus Vorstellung vom männlichen Habitus zurück.[31] In diesem Sinne ist zwar die männliche Praxis nicht körperlich bedingt, sondern inkorporierte soziale Struktur, bietet damit aber den Individuen eigentlich kein Entkommen. Dagegen wäre zu überlegen, ob nicht auch Hegemoniale Männlichkeit als generierendes Prinzip von männlicher Praxis durch individuelle Darstellung und kommunikative Interaktion immer wieder aktualisiert wird. Gerade die praxistheoretische Grundlegung dieses Konzepts zielt in besonderer Weise auf die historisch und situativ variablen Geschlechtsidentitäten ab.[32] Zwar lässt sich die von Connell diagnostizierte patriarchale Dividende als scheinbar überzeitliches Phänomen zumindest aus eurozentrischer Perspektive nur schwer bestreiten.[33] Dennoch ist es wünschenswert, den Blick neben der strukturellen Ebene auch auf die soziale Praxis sowie die Vielzahl kontextbedingter Diskurse und individueller Lebensentwürfe zu richten. Unter dieser Prämisse erscheint es nicht mehr notwendig, dem Handeln aller Männer zu allen Zeiten und in allen sozialen Kontexten ein Dominanzstreben oder

---

[29] So meint beispielsweise Wolfgang Schmale, dass sich von einer »hegemonialen Männlichkeit« allenfalls im Hinblick auf die klassische Zeit des bürgerlichen Patriarchats sprechen ließe (vgl. Wolfgang Schmale, Geschichte, 9).

[30] Meuser, Geschlecht und Männlichkeit, 125.

[31] Vgl. Michael Meuser, Männerwelten. Zur kollektiven Konstruktion hegemonialer Männlichkeit, in: Schriften des Essener Kollegs für Geschlechterforschung 1/2 (2001), URL: www.uni-due.de/imperia/md/.../michael_meuser_maennerwelten.pdf (Stand: 21.4. 2012), 5–8. Vgl. auch Pierre Bourdieu, Die männliche Herrschaft, Frankfurt a.M. 2005.

[32] Opitz-Belakhal, Geschlechtergeschichte, 27.

[33] Vgl. Paolo Cimino/Claudia Opitz-Belakhal, Vater-Sohn-Konflikte um 1800 Generationenbeziehungen zwischen alter Ordnung und neuen Freiheiten, in: Eva Labouvie/ Ramona Myrrhe (Hrsg.), Familienbande – Familienschande. Geschlechterverhältnisse in Familie und Verwandschaft, Köln/Weimar/Wien 2007, 169–186, hier 169.

zumindest eine notwendige Positionierung zum Modus der Hegemonie zu unterstellen. Hier obliegt es gerade den historisch arbeitenden Forschungsdisziplinen, Männlichkeiten und Weiblichkeiten in diachroner Perspektive als mehrdimensionale Phänomene auszuweisen und dabei die Gleichzeitigkeit des Ungleichzeitigen nicht zu vergessen.[34] Dabei muss auch analysiert werden, inwieweit Männlichkeitskonstruktionen und Verhaltenspraktiken von Männern bewusst oder unbewusst dazu beigetragen haben, Verhältnisse von Überordnung und Unterordnung zu konstruieren oder zu festigen, und zwar sowohl auf heterosozialer als auch auf homosozialer Ebene,[35] also im Hinblick auf die Verhältnisse unter Männern und auch im Hinblick auf die Verhältnisse von Männern zu Frauen. In Beziehungen unter Männern können Über- und Unterordnung nur dann konstruiert werden, wenn die Kategorie biologisches Geschlecht von einer weiteren sozialstrukturierenden Kategorie überlagert wird, also etwa sexuelle Orientierung, Ethnizität oder auch sozialer Status. Entlang dieser Achsen werden idealtypisch je nach Perspektive die verschiedenen Männlichkeiten hierarchisch angeordnet und gehen in der sozialen Praxis mit Inklusions- und Exklusionsprozessen einher. Im Folgenden möchte ich zeigen, dass im 18. Jahrhundert auch Frömmigkeit eine zentrale Differenzkategorie war, über die Hierarchien unter Männern hergestellt wurde.

3. Fromme Männlichkeit als Hegemoniale Männlichkeit

Frömmigkeit im Sinne einer Form individueller Religiosität, die sich in starkem Maße auf die Lebenspraxis auswirkt,[36] genoss in pietistischen Kreisen seit dem ausgehenden 17. Jahrhundert einen ungemein hohen Stellenwert. Eine besondere Bedeutung nahm dabei die Vorstellung einer Bekehrung oder Wiedergeburt ein. Die Wiedergeburt war das entscheidende Erlebnis

---

[34] Vgl. Bourdieu, Die männliche Herrschaft, 147.

[35] Jean Lipman-Blumen, die diesen Begriff geprägt hat, versteht unter Homosozialität »the seeking, enjoyment, and/or preference for the company of the same sex« (Jean Lipman-Blumen, Toward a Homosocial Theory of Sex Roles, in: Signs 1, 1976, 15–31, hier 16).

[36] Zum Begriff der Frömmigkeit vgl. Stefan Fassbinder, Frömmigkeit. Entwicklung und Problemfelder eines Begriffs, in: Saeculum 47 (1996), 6–34 sowie Lucian Hölscher, Die Religion des Bürgers. Bürgerliche Frömmigkeit und protestantische Kirche im 19. Jahrhundert, in: HZ 250, 1990, 595–629, hier 617–622.

im Leben eines Pietisten oder einer Pietistin.[37] So wenig wie es möglich ist, von dem Pietismus als einem einheitlichen und klar abgegrenzten Phänomen zu sprechen, lässt sich auch die Wiedergeburt genau definieren. Somit gab es zwar verschiedene Wege zum Heil, allen pietistischen Bewegungen war jedoch das Ziel gemein: Der entschiedene Christ bzw. die entschiedene Christin, dessen bzw. deren Glauben sich als praktische Frömmigkeit im Alltag zeigt (praxis pietatis).[38] Die Differenzierung von Wiedergeborenen und Nicht-Wiedergeborenen lag quer zur Geschlechterordnung; auf beiden Seiten gibt es sowohl Männer als auch Frauen, was in der Praxis keinesfalls auf eine Enthierarchisierung der Geschlechterverhältnisse hinwirkte. Hier wurde die asymmetrische Machtverteilung besonders durch den Bezug auf biblische Argumente aufrecht erhalten.[39] Auf der homosozialen Ebene wurde aber die Wiedergeburt zur zentralen Differenzkategorie. Erst diese zweite sozialstrukturierende Kategorie ermöglichte eine hierarchische Ordnung verschiedener Männlichkeiten.[40] Entsprechend der je individuellen Einstellung zum Glauben sowie angesichts der alltäglichen Frömmigkeitspraxis wurden aus pietistischer Sicht mindestens zwei Typen von Männern eindeutig voneinander unterschieden: der Wiedergeborene und der Nicht-Wiedergeborene. Weil Frömmigkeit zum normativen Verhaltensmuster für alle Männer erhoben wurde (auch die unbekehrten Männer sollten eine Wiedergeburt anstreben), wurden andere Strukturkategorien – Alter, Stand und auch Konfession – aufgebrochen. Frömmigkeit wurde aus der Perspektive pietistischer Männer zum konstitutiven Element einer idealen Männlichkeit.

Das Spannende an dieser Deutungsperspektive pietistischer Männer ist gerade das Verhältnis von Macht und Ohnmacht einerseits sowie Über- und Unterordnung andererseits. Fromme Männer würden durch die ihnen abverlangte Selbstreflexion letztlich immer zur Überzeugung der eigenen Ohn-

[37] Gisela Mettele, Neue Kreaturen, Wiedergeburt und kommunikative Praxis in einer pietistischen Gemeinschaft, in: Manfred Hettling/Michael G. Müller (Hrsg.), Menschenformung in religiösen Kontexten. Visionen von der Veränderbarkeit des Menschen vom Mittelalter bis zur Gegenwart, Göttingen 2007, 77–112, hier 80.

[38] Vgl. Markus Matthias, Bekehrung und Wiedergeburt, in: Hartmut Lehmann (Hrsg), Geschichte des Pietismus 4. Glaubenswelt und Lebenswelten, Göttingen 2004, 49–82, hier 60–64.

[39] Vgl. Gleixner, Religion, Männlichkeit und Selbstvergewisserung, 267.

[40] Vgl. Michael Meuser/Sylka Scholz, Hegemoniale Männlichkeit. Versuch einer Begriffsklärung aus soziologischer Perspektive, in: Martin Dinges (Hrsg.), Männer – Macht – Körper. Hegemoniale Männlichkeiten vom Mittelalter bis heute, Frankfurt a.M. 2005, 211–228, hier 214.

macht gelangen, und zwar der Ohnmacht, sowohl sich selbst als auch Gott vollkommen gerecht werden zu können. Insofern ist es die Einsicht in die eigenen Grenzen und die Abhängigkeit von der Gnade Gottes,[41] die die Selbstsicht des frommen Mannes bestimme. So betonte August Hermann Francke (1663–1727) in seinen Catechismus-Predigten: »Er wünschet, daß er möge im Glauben gestärcket werden. Er will sich damit gar nicht in seinen Sünden trösten, sondern er freuet sich des Trostes, daß unser Heyland so fromm und so gütig ist, und ihn einen armen Wurm, der sein Elend nun erkennet, und sein Ohnmacht und Schwachheit fühlet, nicht verschmähen, sonder liebreich aufnehmen, und, wie dort der Samariter den halb todt verwundeten, verbunden, heilen, gesund und lebendig machen will.«[42] In fast paradoxer Weise wird aber gerade das Eingeständnis der eigenen Ohnmacht zur Voraussetzung einer Suprematie wiedergeborener Männer in transzendenter Perspektive, denn vor Gott und angesichts ihrer Verstrickung in der Welt würden gerade nicht-wiedergeborene Männer durch den Anspruch, vollkommen Herr der eigenen Denk- und Handlungsweisen zu sein, zum ohnmächtigen Sklaven.[43] Sie würden nicht frei handeln, sondern sich weltlichen Begierden hingeben und sich damit als »Weichlinge« zu erkennen geben, wie es bei dem pietistischen Theologen Adam Struensee (1708–1791) heißt.[44] Hingegen seien gerade die wiedergeborenen Männer, also diejenigen, die fähig sind, sich ihre Ohnmacht einzugestehen und sich vollkommen dem Glauben an Gott

---

41 In einem engen Zusammenhang damit stehen »Grenz- und Krisenerfahrungen« (vgl. Ralf Koerrenz, Latente Konfessionalität. Christliche Orientierungssuche im Laboratorium der Gegenwart, in: Olaf Breidbach/Hartmut Rosa (Hrsg.), Laboratorium Aufklärung, München 2010, 87–112, 103). In Anlehnung an die Dialektische Theologie Rudolph Bultmanns hat Ralf Koerrenz auf die fundamentale Bedeutung von »Krisen- und Grenzsituationen« für die Herausbildung einer religiösen Identität hingewiesen. Angesichts solcher Widerfährnisse entdeckt der Mensch seine Ohnmacht. »Der Mensch geht davon aus, sich selbst, die Deutung seiner Existenz und des menschlichen Daseins schlechthin ›machen‹ zu können. Dies aber ist Sünde, die aufgedeckt wird in den Krisen- und Grenzsituationen des Lebens. Dort erfährt der Mensch, dass er sich in diesem Sinne gerade nicht machen kann. Ohne diese Einsicht in seine Grenzen und Gnadenbedürftigkeit verfehlt der Mensch sich selbst.«

42 August Hermann Francke, Catechismus-Predigten, Darinnen die V. Hauptstücke des Catechismis Lutheri zu gründlicher Erbauung im wahren Christenthum, abgehandelt sind, [...] Halle 1726, 587.

43 Adam Struensee, Academische Vorlesungen über die Theologische Moral [...], Flensburg 1765, 256.

44 Adam Struensee, Der Wille Gottes nach dem sechsten Gebot. Eine Predigt, Halle 1735, 37.

hinzugeben, besonders männlich. Männlichkeit bemisst sich somit am Abstand des Mannes zu Gott. Wiederum bei Struensee heißt es an einer Stelle: »Je näher aber ein Gläubiger mit Gott vereiniget wird: je größer wird sein Seelenfriede, und je männlicher, gesetzter und vorsichtiger führet er seinen Wandel vor Gott.«[45]

Diese hierarchische Ordnung verschiedener Männlichkeiten wurde auch für die Lebenspraxis relevant. Es ist bekannt, wie sehr die Geschichte des Pietismus auch eine Geschichte von Inklusions- und Exklusionsprozessen gewesen ist.[46] Der angestrebten Homogenität der Lebensführung im Inneren der pietistischen Gemeinschaften korrespondierte eine scharfe Abgrenzung nach außen. Auf der einen Seite standen die Kinder Gottes auf der anderen Seite die Kinder der Welt. Besonders im Hallischen Pietismus rechtfertigte die Idealvorstellung eines datierbaren Bekehrungserlebnisses nach dem Muster August Hermann Franckes die Herabsetzung der Personen, die von einem Bekehrungserlebnis nicht berichten konnten, was die Hallenser auch durch einen innerweltlichen Machtanspruch, zumindest einer theologischen Deutungsmacht, zu betonen versuchten.[47] Von orthodox-lutherischer Seite wurde den Pietisten schon früh eine Neigung »zum geistlichen Hochmuth« vorgeworfen, so Valentin Ernst Löscher (1673–1749)[48] und besonders Gotthilf August Francke (1696–1769), der nach dem Tod seines Vaters im Jahr 1727 die Waisenhaus-Anstalten in Halle fortführte, wurde von den Zeitgenossen Herrschsucht bescheinigt.[49] Max Weber sprach in diesem Zusammenhang von einer »Aristokratie der Wiedergeborenen«.[50]

---

45 STRUENSEE, Vorlesungen, 313.

46 Vgl. dazu den Aufsatz Lehmann, Absonderung und Gemeinschaft.

47 Vgl. WILHELM SCHRADER, Geschichte der Friedrichs-Universität zu Halle, Bd. 1, Berlin 1894, 266. HANS-JÜRGEN SCHINGS, Melancholie und Aufklärung. Melancholiker und ihre Kritiker in Erfahrungsseelenkunde und Literatur des 18. Jahrhunderts, Stuttgart 1977, 80–81; WITT, Bekehrung, 230–235.

48 LÖSCHER zitiert nach SCHINGS, Melancholie und Aufklärung, 80.

49 MARTIN BRECHT, Der Hallische Pietismus in der Mitte des 18. Jahrhunderts – seine Ausstrahlung und sein Niedergang, in: MARTIN BRECHT/KLAUS DEPPERMANN (Hrsg.), Geschichte des Pietismus 2. Der Pietismus im achtzehnten Jahrhundert, Göttingen 1995, 319–357, 321.

50 MAX WEBER, Die protestantische Ethik und der Geist des Kapitalismus, in: MAX WEBER, Die protestantische Ethik. Vollständige Ausgabe, hrsg. und eingeleitet von DIRK KAESLER, München ^{3}2010, 166.

Eng mit dem pietistischen Ideal der frommen Männlichkeit verbunden ist die Vorstellung vom *pietistischen Patriarchen*. Während Frauen in der Frühzeit des Pietismus eine beachtliche Rolle spielten, so waren es auf einer *offiziellen* Ebene doch überwiegend Männer, die als Verbreiter und Empfänger pietistischer Ideen im Fokus standen. Diese inszenierten sich selbst als pietistische Patriarchen und begründeten damit eine »Hagiographie großer Männer«.[51] Bereits Speners *Pia Desideria* war ausdrücklich an »geliebte Vätter und Brüder« adressiert[52] und legte somit gleich zu Beginn der pietistischen Bewegung das Verhältnis von verantwortungsvollem Führen der Männer und vertrauensvollem Folgen der Frauen fest beziehungsweise schrieb die bekannte Ordnung fort. Dabei skizzierte Spener in der Einleitung zur *Pia Desideria* gleichsam einen Verhaltenskodex für pietistische Männer, in dem sich die wesentlichen Attribute eines pietistischen Patriarchen spiegeln:

> »Lasset uns gedencken/geliebte Vätter und Brüder/[...] daß dermaleins nicht werde gefragt werden/wie gelehrt wir gewesen und solches der Welt vorgelegt haben: In was gunst der Menschen wir gelebt/und dieselbe zu erhalten gewust: In was Ehren wir geschwebt/und grossen Namen in der Welt hinterlassen: Wie viel wir den unsern Schätze von irdischen Gütern gesamlet/und damit den Fluch auf uns gezogen: Sondern wie treulich und mit einfältigen herzen wir das Reich Gottes zu befördern getracht/mit was rein= und gottseliger Lehre/sodann würdigen Exempeln/in verschmähung der Welt/verläugnung unser selbst/auffnehmung deß Creutzes und nachfolge unsers Heylands wir unserer Zuhörer erbauung gesuchet/mit was Eiffer wir uns nicht nur den Irrthummen/sondern auch gottlosigkeit deß Lebens widersetzet/mit was beständigkeit und freudigkeit wir die deßwegen von der offenbar gottlosen Welt oder falschen Brüdern zugestossene verfolgung oder ungemacht getragen/und unseren GOTT in solchem Leyden gepriesen haben?«[53]

Der fromme Mann soll also Gottes Reich ausbreiten, er soll anleiten, und zwar sowohl mit Worten als auch mit seinem Beispiel. Dabei soll er nicht aus Eigeninteresse handeln, sondern das Heil seiner Zuhörer und Zuhörerinnen als Ziel vor Augen haben. Für dieses Heil soll er verantwortungsbewusst

---

51 Gisela Mettele, Weltbürgertum oder Gottesreich. Die Herrnhuter Brüdergemeine als globale Gemeinschaft, Göttingen 2009, 30.

52 Philipp Jakob Spener, Pia Desideria oder herzliches Verlangen nach gottgefälliger Besserung der wahren Evangelischen Kirchen [...], Frankfurt a.M. 1676, Vorrede, (17–18). Die Vorrede enthält im Original keine Seitenzahlen. Zur besseren Orientierung im Text verwende ich meine eigene Paginierung, die mit der ersten Textseite beginnt.

53 A.a.O., 17–18.

sowohl gegen (theologische) Irrtümer als auch gegen moralische Fehltritte (»gottlosigkeit deß Lebens«) angehen und eigenes Leid in Kauf nehmen.

Von den großen Figuren Spener, Francke und Zinzendorf[54] bis zu primär regional bedeutsamen Personen wie Philipp Matthäus Hahn[55] wird das Bild vom pietistischen Patriarchen immer wieder verwendet. Die Aufgabe der pietistischen Patriarchen sei es gewesen, die ihnen zur Aufsicht anvertrauten Personen zu leiten und zu schützen. Der pietistische Patriarch herrscht also keinesfalls nur über Frauen, sondern ebenso über andere Männer.[56] Besonders der Machtanspruch von Pastoren war nicht nur auf die (religiöse) Dominanz über Frauen beschränkt, sondern erstreckte sich auch auf männliche Laien. Insofern bietet sich hier eine Interpretation auf der Grundlage des Konzepts der Hegemonialen Männlichkeit an, denn es geht um einen männlichen Machtanspruch, den es sowohl gegenüber Frauen als auch gegenüber anderen Männern durchzusetzen galt. In den Selbstinszenierungen der pietistischen Pastoren wird dieser Machtanspruch durch die Übernahme von Verantwortung legitimiert. So heißt es bei Adam Struensee: »Hörest du also, daß deine vorgesetzte Lehrer die Sünden rügen und bestrafen: so glaube gewiß, sie haben dabey keinen andern Zweck, als daß du von den Fesseln der Sünden aufgelöset und in eine wahre Freyheit versetzet werden mögest.«[57] Die Übernahme einer verantwortungsvollen Führungsposition war aber, auch wenn diese zum Wohle anderer Männer und Frauen geschah, eine Demonstration der eigenen Überlegenheit; einer Überlegenheit die anderen Männern gegenüber vor allem durch den eigenen religiösen Status legitimiert wurde, Frauen gegenüber jedoch mit biblischen Argumenten und zunehmend auch mit der wissenschaftlichen Qualifikation über das Studium, von der Frauen ausgeschlossen waren.

Der innerpietistischen Traditionsbildung über die Darstellungen pietistischer Patriarchen und frommer Helden standen bereits im 18. Jahrhundert Männlichkeitskonstruktionen entgegen, die weniger die Zusammengehörigkeit von Frömmigkeit und Männlichkeit betonten, sondern Frömmigkeit als unmännlich empfanden. Den Selbstinszenierungen pietistischer Männer, die wesentlich auf einer Betonung von Demut und Unterordnung unter den

---

54 Lehmann, Absonderung und Gemeinschaft, 495.

55 Gleixner, Religion, Männlichkeit und Selbstvergewisserung.

56 A.a.O., 268.

57 Adam Struensee, Biblischer Unterricht zur Gründung, Erbauung und Befestigung im wahren Christenthum über die Sonn- und Festtags-Evangelien und einige Kern-Sprüche [...], Bd. 1, Halle 1768, 8.

Willen Gottes basierten und dabei oft auch sehr emotional, beispielsweise das eigene Weinen thematisierten, stand ein Selbstkonzept aufklärerischer Männer entgegen, die sich selbst als rationalen und autonomen *homo faber* inszenierten. Dies ist selbstverständlich nur eine idealtypische Gegenüberstellung. In der Praxis waren die Übergänge fließend und stark kontextabhängig. Gleichwohl gab es in einigen Kontexten zunehmend deutliche Vorbehalte gegenüber frommen Männern. Nicht selten war die zeitgenössische antipietistische Literatur gleichzeitig eine Polemik gegen den Einfluss von Frauen bzw. umgekehrt. So bemühte sich Johann Heinrich Feustking in seinem Lexikon *Gynaeceum Haeretico Fanaticum* von 1704 um einen Gesamtüberblick der seines Erachtens schädlichen Folgen weiblichen Einflusses auf Theologie und Kirche und ließ besonders den Pietismus als eine auf primär weibliche Initiative entstandene Bewegung erscheinen, um somit auch den Pietismus selbst zu diffamieren.[58] Besonders die ekstatischen Gotteserfahrungen wurden als ein typisches Phänomen weiblicher Religiosität gesehen.[59] Damit einher ging ein Bedeutungswandel des Wortes fromm. Während Frömmigkeit bis ins 18. Jahrhundert auch ein Ausdruck für weltliche Tugendhaftigkeit war, überwog nun zunehmend die ausschließlich religiöse Konnotierung des Begriffs. Dessen Semantik wurde auf die Fähigkeit zur Unterordnung und Aufopferung beschränkt und vom öffentlichen Diskurs in eine symbolische Nähe zur Weiblichkeit gerückt.[60]

Lebenspraktisch relevant wurde eine solche Abgrenzung von der männlichen Frömmigkeit beispielsweise im Rahmen der Universität. Hier wurden auch in den Theologischen Fakultäten, pietistische Männer zunehmend zu Außenseitern. Fromme Männer erschienen als kindlich und verweiblicht und genügten dem männlichen Anspruch auf Rationalität, der sich besonders in akademischen Kreisen herausbildete, nicht. Zum Selbstkonzept des frommen Mannes gehörte die Verleugnung des Eigenwillens, Ergebenheit, Zurückhaltung, Demut, kurz: die Vorstellung nicht autonomes Subjekt, sondern vielmehr Objekt eines göttlichen Willens zu sein. Zum Selbstverständnis der akademischen Theologen gehörte Rationalität, Wissenschaftlichkeit

---

58 Ruth Albrecht, Frauen, in: Hartmut Lehmann (Hrsg.), Geschichte des Pietismus 4. Glaubenswelt und Lebenswelten, Göttingen 2004, 522–555, 530.

59 A.a.O., 530–532

60 Heide Wunder, Von der frumkeit zur Frömmigkeit. Ein Beitrag zur Genese bürgerlicher Weiblichkeit (15.–17. Jahrhundert), in: Ursula A. J. Becher/Jörn Rüsen (Hrsg.): Weiblichkeit in geschichtlicher Perspektive. Fallstudien und Reflexionen zu Grundproblemen der historischen Frauenforschung, Frankfurt a.M. 1988, 174–188, hier 181.

und Professionalität. So wehrte sich der bereits stark von der Aufklärung beeinflusste Theologe Siegmund Jakob Baumgarten (1706–1757) ausdrücklich dagegen, dass »erbauliche« Prediger zu Professoren an der Theologischen Fakultät in Halle berufen werden sollten.[61]

Zum Konzept der Hegemonialen Männlichkeit im Sinne eines generierenden Prinzips gehört auch die Vorstellung, dass die verschiedenen Männlichkeiten nicht nur in einem statischen hierarchischen Verhältnis zueinander stehen, sondern dass diese Verhältnisse durch eine Art kompetitive Struktur immer wieder neu verhandelt werden.[62] In verschiedenen Kontexten entwickelten sich unterschiedliche Vorstellungen von Männlichkeit, die zum normativen Muster für alle Männer erhoben wurden und sich daher mit anderen Männlichkeitskonstruktionen in einem Wettbewerb befanden. Dies bestimmte nicht nur die Verhältnisse zwischen wiedergeborenen und nicht-wiedergeborenen Männern, sondern auch unter Männern, die sich selbst als bekehrt verstanden, gab es unterschiedliche Vorstellungen von der richtigen Frömmigkeit. Dabei sorgte die enge Korrelation zwischen Frömmigkeit und Männlichkeit dafür, dass es gleichsam einen Wettbewerb um die Frömmigkeit selbst gab, also um die Frage, wer frommer ist. In besonders anschaulicher Weise wird dies an der Auseinandersetzung zwischen dem Hallischen Pietismus und der Herrnhuter Brüdergemeine deutlich.[63]

Auch der Religiosität in der Brüdergemeine lag der Glaube an eine individuelle Bekehrung zugrunde. Dabei war die Vorstellung, wie diese Bekehrung zu verlaufen habe, im Vergleich zur Hallischen Überzeugung von einer genauen Datierbarkeit relativ offen. Nikolaus Ludwig von Zinzendorf (1700–1760), der Gründer der Brüdergemeine, berichtete selbst nicht von einem Bekehrungserlebnis nach Hallischem Vorbild und hielt fest: »Ich halte alle Generalvorschriften, wie man das Werk der Bekehrung mit den Seelen

---

[61] So Baumgarten in seiner Stellungnahme zu geplanten Berufung Adam Struensees im Jahr 1751, Universitätsarchiv Halle-Wittenberg, Rep. 27, Nr. 1056. Erbaulichkeit und Frömmigkeit waren im 18. Jahrhundert eng miteinander verbunden, denn da die Fähigkeit zur Erbauung im zeitgenössischen Sinne in der Regel eine Anleitung zur aufrichtigen Frömmigkeit meinte, war diese Fähigkeit abhängig von der Glaubwürdigkeit des Predigers und diese konnte besonders dadurch hergestellt werden, dass sich dieser selbst als fromm bewies (vgl. August Langen, Der Wortschatz des deutschen Pietismus, Tübingen ^{2}1968, 36 sowie 39).

[62] Vgl. Meuser, Männerwelten, 6.

[63] Vgl. zu dieser Auseinandersetzung beispielsweise Hans Schneider, Die »zürnenden Mutterkinder«. Der Konflikt zwischen Halle und Herrnhut, in: Pietismus und Neuzeit 29, 2004, 37–66. An dieser Stelle sind auch weitere Literaturverweise zu finden.

halten müsse, für pedantisch, fanatisch oder doch ungereimt.«[64] Auch weltlichen Machtpositionen erteilten die Männer der Brüdergemeine eine klare Absage.[65]

Was sich hier in innerpietistischen Entwicklungen abzeichnete, war die Frage nach der wahren Frömmigkeit bzw. ihrer richtigen Darstellung, die durchaus Aspekte der kompetitiven Struktur eines Wettbewerbs erkennen lässt und somit über das Konzept der Hegemonialen Männlichkeit gut erklärt werden kann. Beide Seiten versuchten, dem Gegenüber die aufrichtige Frömmigkeit abzusprechen und erhoben auf der sprachlichen Ebene selbst die Frömmigkeit zur ironisch übersteigerten Metapher. So bezeichneten etwa die Mitglieder der Brüdergemeine die Hallischen Pietisten in ihren Briefen als *die Frommen* und karikierten damit besonders das innerweltliche Machtstreben von Gotthilf August Francke und anderen Geistlichen, die immer noch kirchliche Karrieren und andere weltliche Ehren erstrebten.[66] Umgekehrt kritisierten die Hallischen Pietisten um Francke an der Brüdergemeine eine Unterwanderung kirchlicher Strukturen durch den Aufbau einer eigenständigen religiösen Gemeinschaft, was wiederum Zinzendorf dazu veranlasste, Francke daran zu erinnern, dass noch dessen Vater sich ebenfalls mit Separatismus- und Heterodoxievorwürfen hatte auseinandersetzen müssen: »Just so redete Wittenberg vor 30 Jahren von Halle.«[67] Die Tendenz zu einer starken Homogenisierung im Hallischen Pietismus, deren Ausdruck sowohl das Insistieren auf einem Bekehrungserlebnis als auch die Überzeugung von der Notwendigkeit der Institution Kirche war, schuf klare Grenze zwischen innen und außen. Dabei zeigten sich besonders unter den pietistischen Männern dieselben Distinktionsprinzipien, wie sie Ute Frevert für andere Männergemeinschaften festgestellt hat: Sie »kultivierten Nestwärme und Homogenisierung nach innen, denen harte Ab- und Ausgrenzungsstrategien nach außen korrespondierten. Interne Kritiker wurden eingeschüchtert und beschämt, externe lächerlich gemacht oder symbolisch kaltgestellt.«[68] So wurde insgesamt auch in Halle ein hoher »Konformitäts- und Anpassungsdruck«

---

64 Zitiert nach Mettele, Weltbürgertum oder Gottesreich, 232.

65 Vgl. a.a.O., 251.

66 Vgl. dazu die Bestände R.19.B.f.2.b–c (Briefe und Nachrichten aus Halle, 1738–1756) im Unitätsarchiv in Herrnhut.

67 Zinzendorf an Francke, Halle, den 19. Juli 1743, Unitätsarchiv R.18.A.14.a.35.

68 Ute Frevert, Gefühlvolle Männlichkeiten. Eine historische Skizze, in: Manuel Borutta/Nina Verheyen (Hrsg.), Die Präsenz der Gefühle. Männlichkeit und Emotion in der Moderne, Bielefeld 2010, 305–330, hier 326–327.

erzeugt.[69] Gerade dies zeigt jedoch, dass auch in diesem Zusammenhang im Plural gedacht werden muss und es im 18. Jahrhundert nicht nur eine fromme Männlichkeit gab.[70] Das Streben nach aufrichtiger und wahrer Frömmigkeit führte unter pietistischen Männern zu einem Konkurrenzdruck, dessen Ergebnis die Konstruktion mehrerer Hegemonialer Männlichkeiten im Sinne generierender Prinzipien war.

4. Zusammenfassung

Abschließend möchte ich die wichtigsten Ergebnisse noch einmal kurz zusammenfassen. Ich habe versucht darzulegen, dass sich das Konzept der Hegemonialen Männlichkeit plausibel auf Frömmigkeit als einem Aspekt der Selbstinszenierung von Männern des 18. Jahrhunderts beziehen lässt. Folgende Thesen möchte ich festhalten:

- Im Diskurs pietistischer Männer erlaubt die Annahme einer Wiedergeburt eine Abgrenzung von anderen Männlichkeiten, Frömmigkeit selbst wird somit zu einem Faktor, der Hegemoniale Männlichkeit generieren soll.
- Im 18. Jahrhundert nahm die Bedeutung von Frömmigkeit als einem Aspekt männlicher Selbstbeschreibung ab. Es entstanden neue Männlichkeiten, die mit der Konstruktion einer frommen Männlichkeit konkurrierten.
- Frömmigkeit selbst war unter pietistischen Männern ein Gegenstand des Wettbewerbs.

Insgesamt konnte ich hier nur wenige Aspekte aus dem Forschungsspektrum Religion und Männlichkeit im 18. Jahrhundert benennen. Deutlich geworden ist aber, dass das Konzept der Hegemonialen Männlichkeit eine spannende Perspektive auch auf die (Religions-) Geschichte des 18. Jahrhunderts insgesamt bietet. Angesichts der äußerst defizitären Forschungslage zu diesem Themenkomplex gilt es, dieses Potenzial durch weitere Detailstudien in neue Erkenntnisse zu überführen.

---

69 A.a.O., 326–327.

70 Vgl. Mettele, Weltbürgertum oder Gottesreich, 247–253.

Undoing gender?

Religiöse Erziehung und Bildung in Kaiserreich und Weimarer Republik[1]

Antje Roggenkamp

»Mit meinem Gott kann ich über Männer springen!«[2]

Als die frisch gewählte Reichstagsabgeordnete Magdalene von Tiling mit diesen Worten eine längere Rede eröffnete, schien sie einmal mehr Ängste und Befürchtungen zu bestätigen, die die überwiegende Mehrheit des Parlaments in bezug auf politisches Engagement von Frauen hegte. Es handelte sich bei dieser Äußerung allerdings um einen Versprecher; denn eigentlich hatte von Tiling ihre Rede mit den Worten des 18. Psalms eröffnen wollen: »mit meinem Gott kann ich über Mauern springen.«[3] Nun ist zwar gänzlich unbekannt, ob und inwiefern sich in diesem Versprecher von Tilings Unterbewusstsein artikulierte. Die Tatsache seiner Überlieferung macht aber auf ein Phänomen aufmerksam, das in der neueren Frauen- und Geschlechterforschung als *doing bzw. undoing gender* bezeichnet wird.

---

[1] Der folgende Aufsatz ist erstmals in der Zeitschrift für Kirchengeschichte (ZKG) 115/2004, 181–197 erschienen. Da er für die Religionspädagogik wenig greifbar war und auf der Tagung in leicht veränderter Form zur Diskussion kam, wird er in diesem Band noch einmal abgedruckt.

[2] Zitiert nach Gury Schneider-Ludorff, Christliche Politik oder christliche Partei? Die sozialkonservative Magdalene von Tiling in der Weimarer Republik, in: Traugott Jähnichen/Norbert Friedrich (Hrsg.), Protestantismus und soziale Frage. Profile in der Zeit der Weimarer Republik, Münster 2000, 203–216, 202.

[3] Ebd.

Hatte sich die neuere Frauenforschung zunächst darauf beschränkt, der Geschichte großer Männer einzelne Frauengestalten additiv an die Seite zu stellen,[4] so setzte seit den späten 1980er Jahren ein Umdenken ein. Man begriff zunächst auf theoretischer Ebene, dass das, was ›weiblich‹ genannt wird, nur im Gegenüber zu dem, was als ›männlich‹ erscheint, zu erheben ist. Die sogenannte Gender-Forschung, die sich von der englischen Bezeichnung für das grammatische Geschlecht herleitet, war entstanden.[5]

Was aber ist Gender-Forschung? Und was ist *doing bzw. undoing gender*? Die Fragestellung verdankt sich poststrukturalistischem Denken und seiner historischen Kritik. Man entdeckte nämlich, dass die Frage nach der Konstruktion von Geschlecht, die Joan W. Scott Ende der 1980er Jahre als neues Paradigma historischer Frauenforschung ausgerufen hatte, ohne Einbindung in real existierende gesellschaftliche Systeme und Subsysteme ins Leere lief.[6] Ein Ausweg aus diesem Dilemma bot sich amerikanischen Forscherinnen in dem Konzept des *doing gender*. Dieses Paradigma fragt zum einen danach, unter welchen individuellen und strukturellen Bedingungen geschlechtsspezifische Rollenmuster innerhalb eines gesellschaftlichen Systems realisiert werden. Es untersucht zum anderen, welche individuellen und strukturellen

---

[4] Zum Ganzen vgl. etwa Karin Hausen, Die Nicht-Einheit der Geschichte als historiographische Herausforderung. Zur historischen Relevanz und Anstößigkeit der Geschlechtergeschichte, in: Hans Medick/Anne-Charlott Trepp (Hrsg.), Geschlechtergeschichte und Allgemeine Geschichte, Göttingen 1998, 15–55, 51f.

[5] Am prägnantesten wird dieses Problem m.E. bei Hanna Schissler zusammengefasst: »Geschlecht als historische Kategorie ist mithin ein Erkenntnismittel, mit dessen Hilfe die sozialen Zuweisungen und Chancen, die sich an die physiologischen Unterschiede zwischen Männern und Frauen geknüpft haben, verstanden und als soziale Konstrukte begriffen werden können.« Hanna Schissler, Einleitung. Soziale Ungleichheit und historisches Wissen. Der Beitrag der Geschlechtergeschichte, in: Hanna Schissler, Geschlechterverhältnisse im historischen Wandel, Frankfurt a.M./New York 1993, 9–36, 14f.

[6] Vgl. Ute Daniels, (Post-)Strukturalismus, in: Ute Daniels, Kompendium der Kulturgeschichte. Theorie, Praxis, Schlüsselwörter, Frankfurt a.M. 2001, 120–149, bes. 142.

Verhaltensweisen zu einer Umbildung geschlechtsspezifischer Rollenmodelle führen.[7] Dieser zweite Aspekt, der den bewussten Verstoß gegen vorgegebene Verhaltensweisen thematisiert, lässt sich dann aber auch als *undoing gender* bezeichnen.[8]

Im folgenden soll der skizzierte Ansatz auf einen zentralen Ausschnitt der evangelischen Religionspädagogik übertragen werden. Im Zentrum meiner Überlegungen stehen die Diskussionen um das Mädchen- und Frauenbildungswesen in Preußen, die auf Konzepte religiöser Erziehung und Bildung hin fokussiert werden sollen. Zwar erfolgte die Neuordnung des (preußischen) höheren Mädchen- und Frauenbildungswesens relativ spät, nämlich 1908. Erst von diesem Jahr an erhielten die Frauen einen geregelten Zugang zu Abitur und Studium. Helene Lange und Anna Vorwerk richteten aber bereits seit den 1890er Jahren in Berlin und Göttingen private Kurse ein, in deren Folge sich Lehrerinnen zu Oberlehrerinnen weiterbilden konnten: Seit 1903 kam es vereinzelt zu Prüfungen, die dem heutigen Staatsexamen vergleichbar sind.[9]

Insofern die Neuordnung des höheren Mädchen- und Frauenbildungswesens in einem engen Zusammenhang mit der sog. ersten Frauenbewegung und den sich in ihrem Rahmen konstituierenden evangelischen Verbänden zu stehen kam, sollen zunächst spezifische Zugänge des sogenannten Verbandsprotestantismus zu Fragen weiblicher Erziehung und Bildung rekonstruiert werden. Ein zweiter Abschnitt nimmt Vereine in den Blick, die sich im späten Kaiserreich professionell mit Problemen religiöser Erziehung und Bildung auseinandersetzten. Ein dritter Teil untersucht die entsprechende Entwicklung für die Zeit der Weimarer Republik. Vor diesem Hintergrund sind abschließend Perspektiven zu benennen, die sich aus einem geschlechtersensibilisierten Ansatz insbesondere für die Geschichte der evangelischen Religionspädagogik ergeben.

---

7 BEA LUNDT, Frauen- und Geschlechtergeschichte, in: HANS-JÜRGEN GOERTZ (Hrsg.), Geschichte. Ein Grundkurs, Hamburg 1998, 579–597, 583f., 589f., 590: »Es (das Geschlecht, A. R.) wird nicht zugewiesen und erlitten, sondern getan: ›doing gender‹. Dieses Tun, das Machen und Werden von Geschlecht bedarf der historischen Entschlüsselung in seinem Wandel und seiner Vielfältigkeit.«

8 Dabei bezwecken meine Ausführungen einen Beitrag zu eben dieser Entschlüsselung (vgl. ebd.) zu leisten.

9 Vgl. insgesamt MARGRET KRAUL, Höhere Mädchenschulen, in: CHRISTA BERG (Hrsg.), Handbuch der deutschen Bildungsgeschichte IV 1870–1918. Von der Reichsgründung bis zum Ende des Ersten Weltkriegs, München 1991, 279–313.

I. Erziehung und Bildung im Spiegel des (weiblichen) Verbandsprotestantismus

Das Phänomen des (weiblichen) Verbandsprotestantismus ist erst in den letzten anderthalb Jahrzehnten durch Arbeiten von Jochen Christoph Kaiser[10], Doris Kaufmann[11] und Ursula Baumann[12] beschrieben worden. Unter *Verbandsprotestantismus* versteht man dabei (semi-) institutionelle Foren, die sich seit dem letzten Drittel des 19. Jahrhunderts herausbilden, in ihren Strukturen verfestigen und schließlich als gesellschaftlich einflussreiche Faktoren – neben Staat und Kirche – etablieren. Der weibliche Verbandsprotestantismus bezieht sich vor diesem Hintergrund auf Organisationen, die im Umfeld der ersten Frauenbewegung ins Leben treten, um für die Belange evangelischer Frauen einzustehen.

Dabei ist nun zu berücksichtigen, dass sich das protestantische Bürgertum des späten Kaiserreichs nicht – wie etwa das katholische oder das sozialdemokratische Milieu – als ein monolithischer Block darstellen lässt. Es zerfiel nämlich in zwei (kirchen-) politische Fraktionen.[13] Idealtypisch gesprochen existierten konservativ-positiver und liberaler Protestantismus nebeneinander. Zwar dürfte Gangolf Hübingers These von der innerprotestantischen *Versäulung*[14] der wilhelminischen Gesellschaft ein wenig zu weit gehen: Es gibt m.E. gute Gründe dafür, eine gewisse innerevangelische Diskursfähig- und – willigkeit anzunehmen.[15] Für eine geschlechterdifferente

---

10 Jochen Christoph Kaiser, Frauen in der Kirche. Evangelische Frauenverbände im Spannungsfeld von Kirche und Gesellschaft 1890–1945. Quellen und Materialien, Düsseldorf 1985; Jochen Christoph Kaiser, Konfessionelle Verbände im 19. Jahrhundert. Versuch einer Typologie, in: Helmut Baier (Hrsg.), Kirche in Staat und Gesellschaft im 19. Jahrhundert. Referate und Fachvorträge des 6. Internationalen Kirchenarchivtags Rom 1991, Neustadt a.d. Aisch 1992, 187–209.

11 Doris Kaufmann, Frauen zwischen Aufbruch und Reaktion – Protestantische Frauenbewegung in der ersten Hälfte des 20. Jahrhunderts, München/Zürich 1988.

12 Ursula Baumann, Protestantismus und Frauenemanzipation in Deutschland. 1850–1920, Frankfurt a.M./New York 1992.

13 Rainer M. Lepsius, Parteiensystem und Sozialstruktur. Zum Problem der deutschen Gesellschaft, in: Rainer M. Lepsius, Demokratie in Deutschland. Soziologisch-historische Konstellationsanalysen. Ausgewählte Aufsätze, Göttingen 1993, 25–50.

14 Gangolf Hübinger, Kulturprotestantismus und Politik. Zum Verhältnis von Liberalismus und Protestantismus im wilhelminischen Deutschland, Tübingen 1994.

15 Vgl. Frank-Michael Kuhlemann, Das protestantische Milieu auf dem Prüfstand, in: Zeitschrift für neuere Theologiegeschichte/Journal for the history of modern theology, Berlin/New York 1996, 303–312.

Ventilierung des zur Diskussion anstehenden Problems ist die Existenz der zwei unterschiedlichen Flügel aber von nicht unerheblicher Bedeutung.

Ich möchte im folgenden an zwei ausgewählten Positionen darstellen, inwiefern die Zugehörigkeit zu den unterschiedlichen Flügeln die Diskussion über Fragen weiblicher Erziehung und Bildung beeinflusst hat. Die dem liberalen Protestantismus zuzurechnende Marie Martin (1856–1926)[16] und die einem konservativen Milieu entstammende Paula Mueller (-Otfried) (1865–1946)[17] gehörten beide dem bis 1918 paritätisch ausgerichteten *Deutsch-Evangelischen Frauenbund* (DEF) an.[18] Ihre Position lässt sich grundsätzlich folgendermaßen charakterisieren: Der sittliche Verfall der Gesamtgesellschaft und die ›innere Leere‹ der von häuslichen Verpflichtungen weitgehend entlasteten bürgerlichen Frau drängten zu einer Änderung bisheriger Konzepte: Frauen sollten mehr Verantwortung im öffentlichen Leben erhalten.[19]

Nun sahen sich Martin und Mueller (-Otfried) einem protestantischen mainstream gegenüber, der ein öffentliches Engagement von Frauen unter Hinweis auf die biblischen Schöpfungserzählungen zu verhindern trachtete. Man interpretierte insbesondere den zweiten Schöpfungsbericht im Sinne eines Unterordnungsverhältnisses: »Viele von uns hören das älteste Wort der Frauenfrage ›Ich will ihm eine Gehilfin machen, die um ihn sei‹, mit nervöser Ungeduld«[20].

---

16 BAUMANN, Frauenemanzipation, 136f. Marie Martin ist – offensichtlich durch Vermittlung Adolf von Harnacks – an der preußischen Neuordnung des höheren Schulwesens direkt beteiligt. Vgl. ›Staatsbibliothek zu Berlin-Preußischer Kulturbesitz-Handschriftenabteilung‹ Acc. ms. 1937, 189: Nachlaß Adolf von Harnack, Kasten 22: Mädchenschulreform.

17 PAULA MUELLER (-OTFRIED), die vermögenden Verhältnissen entstammte, war 1899 Mitbegründerin des DEF, von 1901–1934 wurde sie dessen Vorsitzende. Sie kandidierte 1919 als Mitglied der DNVP für den Reichstag. Nach ihrer Wahl benannte sie sich nach ihrem Großvater in Paula Mueller-Otfried um. Vgl. etwa KAUFMANN, Aufbruch; BAUMANN, Frauenemanzipation.

18 Nach 1918 schied die liberale Fraktion aus dem DEF aus. Vgl. KAUFMANN, Aufbruch, 43ff., 50f.

19 Vgl. etwa PAULA MUELLER (-OTFRIED), Die Frauen im kirchlichen Gemeindeleben. Beitrag zur Frage des kirchlichen Stimmrechts, Hannover 1904, 5.

20 MARIE MARTIN, Die Frau als Gehilfin bei sozialen Zeitaufgaben, Vortrag auf dem 13. Evangelisch-Sozialen Kongress am 23. Mai 1902 in Dortmund gehalten, Göttingen 1902, 5.

Marie Martin setzte sich mit dieser Position öffentlich auf dem von Friedrich Naumann geleiteten *Evangelisch-Sozialen Kongress* auseinander: Im Jahr 1902 referierte sie hier zum Thema: »Die Frau als Gehilfin bei sozialen Zeitaufgaben«[21]. Wichtigste Aufgabe sei die Beseitigung der inneren Not der (bürgerlichen) Frau. Diese innere Not sei mit dem *horror vacui* identisch, auf den bereits 1895 Elisabeth Gnauck vor demselben Forum hingewiesen habe: Er treibe »viele Frauen so zur Verzweiflung (...), daß sie in Selbstmord, im Übertritt zur katholischen Kirche oder gar in sittlichen Abwegen schlimmster Art vor sich selbst zu flüchten suchten«[22]. Für Marie Martin war diese Situation Folge einer bestimmten Interpretation von Genesis 2, 18. Man habe nämlich den »Ehrentitel« der Frau, Gehilfin des Mannes zu sein, in einem Unterordnungsverhältnis interpretiert. Den Frauen sei damit aber die Chance auf Entfaltung der eigenen Anlagen genommen. Der traditionellen Interpretation des zweiten Schöpfungsberichtes stellte sie daher den ersten Schöpfungsbericht entgegen: »›Gott schuf den Menschen *ihm* zum Bilde, zum Bilde Gottes schuf er ihn.‹ *Seines* Geistes müssen wir einen Hauch gespürt haben, wollen wir auf wahre Bildung Anspruch machen.«[23] Von hier aus legitimierte sie ihre Forderungen nach gleicher Bildung für beide Geschlechter: »Da (in der ersten Schöpfungserzählung, A. R.) haben wir für beide Geschlechter einen gemeinsamen Bildungskern, und hier gilt nicht Mann noch Weib, wir sind allzumal einer in Christo. *Gleichwertig* und *gleichartig*!«[24] Nun steht ihre Interpretation des ersten Schöpfungsberichts zwar unter einem eschatologischen Vorbehalt. Erst am Ende aller Zeiten sei das Verhältnis von Mann und Frau als ein vollkommenes wieder hergestellt. Der Rückgriff auf die einschlägigen biblischen Textstellen – Gen. 1, 27 und Gal. 3, 28 – verhalf ihr aber dazu, das Geschlechterverhältnis neu zu bedenken: »nur als wahre Frau und als ganzer Mann können beide Geschlechter zur Ewigkeitsvollendung gelangen. Den Männern *gleich* im Werden, *gleich* in den Lebensbedingungen

---

[21] Ebd.

[22] A.a.O., 4.

[23] A.a.O., 10.

[24] Ebd. Martin wandte sich an dieser Stelle implizit gegen Helene Langes Konzept der geistigen bzw. organisierten Mütterlichkeit, das die Spezifika weiblicher Bildungsarbeit folgendermaßen konturierte: Weibliche Bildung sei männlicher Bildung zwar gleichwertig, aber nicht gleichartig. Vgl. Helene Lange (Hrsg.), Kampfzeiten, 2 Bde., Berlin 1928.

und *gleich* im ewigen Ziel, sind wir Frauen um so vollere Menschen, je mehr wir *Ergänzungen* und *nicht Nachahmungen* der Männer sind. Mann und Weib stehen ihrer innersten Natur nach im *Polaritätenverhältnis*, nur dieses löst gegenseitig die *vollen* Kräfte aus.«[25]

Nun spekulierte Martin zwar über den Ursprung der Verschiedenheit der Geschlechter nicht, dieser liege als Geheimnis am Anfang der Entwicklung.[26] Es sollte sich aber zeigen, dass sie die Geschlechterdifferenz auf spezifische Weise bestimmte. Insistierte sie doch schließlich auf der natürlichen Überlegenheit der Frau.[27] Während die Frauen nämlich aus biologischen Gründen an die Grenzen ihrer Natur stießen und dadurch genötigt werden, Kultur zu entwickeln, lebten viele Männer ihre Triebe – wie in der freien Natur – ungezügelt aus. Insofern nun die (bürgerlichen) Frauen ein entsprechendes Verhältnis duldeten, seien sie den Männern »Gehilfinnen zur Sünde«[28]. Die wahre gebildete Frau müsse dem Mann zu einer wirklichen Gehilfin werden, ihm den Unterschied zwischen Unnatur und Kultur – also: die wahre höher entwickelte Natur – ins Bewußtsein rücken[29]: Nur als seine Gehilfin zur wahren Erkenntnis von Gut und Böse sei die Frau wirkliche Ergänzung des Mannes.[30] Die Forderung mach höherer Mädchen- und Frauenbildung ergab sich von hier aus gewissermaßen zwangsläufig: »Ist diese Sache von den Menschen, so wird sie untergehen, ist sie aber aus Gott, so könnt *ihr* sie nicht dämpfen«[31].

---

25 A.a.O., 11f.

26 A.a.O., 12.

27 »›Fürchten Sie niemals männliche Stärken, sondern immer nur weibliche Schwächen bei unsrer Erziehung.‹ Das Experiment, damit sie ja nicht Mann oder männlich werde, bei der Frau das ›Gefühlsvermögen‹ – entschuldigen Sie den veralteten Ausdruck! – auf Kosten des Denkvermögens zu entwickeln durch die berühmte aesthetisch-litterarisch-religiöse Bildung, ist der Gesellschaft ebenso schlecht bekommen als der Versuch: ›dem Volk muß die Religion erhalten werden‹, als die oberen Zehntausend über den Bibelgott lachten.« Vgl. a.a.O, 13.

28 Ebd.

29 »(...) ist es ›Unnatur‹ oder ist es ›Kultur‹, höher entwickelte Natur, die wir fordern vom Mann, wenn er sich ›der‹ Moral unterwerfen soll, die zur Frauenreinheit gehört und immer gehören wird.« Vgl. a.a.O, 20.

30 »Erst volle Gleichberechtigung kann uns die volle Möglichkeit verschaffen, freie starke Menschen zu werden«. Vgl. a.a.O, 23.

31 Ebd.

Die 1902 auf dem *Evangelisch-Sozialen Kongress* versammelten Männer zeigten sich unbeeindruckt von Martins Argumentation. Sie nahmen den von ihr angeschnittenen Zusammenhang von Bildung und Sittlichkeit zwar zur Kenntnis, wiesen im übrigen aber darauf hin, dass ihre Forderung nach voller Gleichberechtigung allein durch Verbesserung der wirtschaftlichen Verhältnisse zu realisieren sei.[32]

Paula Mueller (-Otfried) trug demgegenüber verschiedentlich auf der positiv gerichteten (Freien) *Kirchlich Sozialen Konferenz* zum Problem des kirchlichen Stimmrechts vor.[33] Sie argumentierte dabei zunächst pragmatisch: Insofern eine (ehrenamtliche) Mitarbeit der (bürgerlichen) Frau auch von den anwesenden Männern gefordert werde, müsse man sich Gedanken über ihre Beteiligung an der Mitgestaltung öffentlicher Räume machen. Nur durch ein Mitspracherecht in den kommunalen und kirchlichen Gemeinden wäre eine größere Anzahl von Frauen zur Übernahme sozialer Aufgaben zu bewegen. Im Unterschied zu Martin nahm Mueller (-Otfried) die ›männliche‹ Sicht der Dinge zunächst auf: »Wenn wir darauf hingewiesen werden, daß nach göttlichem Willen das Weib die Gehülfin des Mannes sein solle, so können wir nur erklären, daß es diese Stellung grade ist, die wir erstreben«[34]. Von hier aus konnte sie zwar den ausdrücklichen Verzicht auf öffentliche Lehrtätigkeit der Frau in der Gemeinde erklären. Dies hinderte sie aber nicht daran, die Forderung nach öffentlicher und amtlicher Anerkennung der Hilfeleistung von Frauen zu erheben.[35] Mueller (-Otfried) sicherte ihre Darlegungen dabei biblisch-theologisch ab: Sie machte nämlich auf die Bedeutung des »Wertes der christlich-sittlichen Persönlichkeit« aufmerksam, der eine »Wertschätzung der Frau« nach sich ziehe und rekurrierte jetzt ihrerseits auf Gal. 3, 28: »Hier ist kein Jude noch Grieche, hier ist kein Knecht noch Freier, hier ist kein Mann noch Weib; denn ihr seid allzumal Einer in Christo Je-

32 Martin, Nachwort, in: a.a.O., 23f.

33 Martin, Die Frauen im kirchlichen Gemeindeleben. Beitrag zur Frage des kirchlichen Stimmrechts, Hannover 1904, 7f.

34 A.a.O., 14.

35 Ebd.: »Wir treten ›nicht‹ ein für die Lehrtätigkeit der Frau in der Gemeinde, für die Erschließung des geistlichen Amtes, wir möchten aber die Hülfeleistung der Frau als anerkannte, berechtigte Tätigkeit organisiert und nicht nur als gelegentliche Aushülfe willkommen geheißen sehen.« Vgl. auch a.a.O, 17: »Es ist selbstverständlich, daß – wir Frauen auf diesem Gebiet nicht die Resultate eigenen Studiums bringen können, haben wir uns hier lediglich auf die Forschungen der Männer der Wissenschaft zu berufen, und wir können das sicherlich da ganz unbesorgt tun, wo wir Übereinstimmung in den Schlußfolgerungen bei den Vertretern der verschiedensten Richtungen sehen.«

su«[36]. Von hier aus konnte sie ihre Forderung nach Zutritt des weiblichen Geschlechts zu öffentlichen Räumen – sie verlangte namentlich das aktive und passive Wahlrecht für die Gemeindevertretung und den Kirchenvorstand[37] – bekräftigen. Die Inangriffnahme der »Frauenfrage«[38] wurde ihr schließlich zum Schibboleth für die Modernität von Kirche und Christentum: »Die Feinde unserer Kirche, unseres Glauben sind heute mächtig am Werk. Sollten da nicht alle diejenigen *viel mehr* zusammenstehen, sich weit enger verknüpfen, die doch durch ein geeinigtes Band zusammengehalten werden?«[39] Und es will scheinen, als hätte sie mit dieser Strategie ›Erfolg‹ gehabt: Machten sich doch in der Folgezeit nicht wenige (männliche) Mitglieder der *Kirchlich-Sozialen Konferenz* Mueller (-Otfrieds) Anliegen öffentlich zu eigen.[40]

In ihren Bemühungen um Veränderung der gesellschaftlichen Rahmenbedingungen weiblichen Handelns wählten Martin und Mueller (-Otfried) unterschiedliche Strategien: Während Martin das Problem der weiblichen Bildung offensiv in Angriff nahm und somit eine Form des *undoing gender* zu wählen schien, passte sich Mueller (-Otfried) zunächst an entsprechende Erwartungshaltungen an. Sie praktizierte damit vordergründig eine Form von *doing gender*, die sie alsbald durch ihren Hinweis auf die Gleichwertigkeit beider Geschlechter in Christus geschickt unterlief. Auf diese Weise scheint sie – im Unterschied zu Martin – zu erreicht zu haben, dass ihr Anliegen in die öffentliche Diskussion hinein getragen wurde: Nicht wenige Männer der *Kirchlich-Sozialen Konferenz* unterstützten ihre Forderung nach Beteiligung der Frauen an der Gestaltung öffentlicher Räume.

---

[36] A.a.O., 5. Dem paulinischen Schweigegebot setzt sie die zeitgenössische Exegese entgegen: »Nach Seeberg, Zscharnack und anderen bezieht sich 1. Korinther 14, 34: ›Wie in allen Gemeinden der Heiligen, lasset eure Weiber schweigen unter der Gemeinde; denn es soll ihnen nicht zugelassen werden, daß sie reden, sondern sollen unterthan sein, wie auch das Gesetzt saget‹, auf die bei den Korinthern zur Sitte gewordene besondere Art der Unterweisung. Es wurden in Korinth im öffentlichen Gottesdienst Fragen gestellt und Antworten gegeben, um die Gemeinde zu belehren. In diesem Lehrgottesdienst verbot der Apostel Paulus den Frauen das Wort zu ergreifen, indem er sie darauf hinwies, daß sie zu Hause ihre Männer um Belehrung angehen könnten.« Vgl. MÜLLER, Frauen, 17f.

[37] A.a.O., 12ff.

[38] »Nein, die Religion der Liebe, die uns die gemeinsame Gotteskindschaft vermittelt, verlangt diese Zurückhaltung der Frau nicht.« Vgl. a.a.O., 21.

[39] A.a.O., 23f.

[40] Namentlich nannte Paula Mueller (-Otfried) die Pastoren Ludwig Weber, Fritsch, Mätzold und Sardemann. Vgl. PAULA MUELLER (-OTFRIED) (Hrsg.), 25 Jahre Deutsch-Evangelischer Frauenbund, Hannover 1924, 6f.

2. Religiöse Erziehung und Bildung im späten Kaiserreich

Im engeren Bereich von religiöser Erziehung und Bildung lassen sich weitere Positionen nachweisen, die der Fraktionierung des Protestantismus auf spezifische Weise Rechnung trugen.

So gründeten (Gast-)Studentinnen der Theologie 1905 in Göttingen die *Konferenz von Religionslehrerinnen*. Die verschiedenen Frauen, die an diesem Zusammenschluss beteiligt waren – es handelte sich u.a. um Magdalene von Tiling, Elisabeth Neuse und Catharina Gleiß[41] – besuchten nicht nur die Kurse von Anna Vorwerk. Sie verfügten auch über Erfahrungen im Volksschuldienst.[42] Sinn und Zweck ihrer Vereinigung bestimmten sie folgendermaßen: »Die Konferenz von Religionslehrerinnen ist ein Zusammenschluß von evangelischen Lehrerinnen, die der lutherischen, unierten und reformierten Kirche angehören und fest auf dem Grunde des Wortes Gottes und der kirchlichen Bekenntnisse stehen. Sie betrachtet es als ihr Ziel, den Religionsunterricht auf diesem Grunde zu erhalten und an der lebensvollen Gestaltung desselben zu arbeiten«[43].

Womit aber beschäftigte sich die *Konferenz* nun inhaltlich? Zunächst trat das Studium selbst ins Zentrum der Diskussionen. Magdalene von Tiling führte diesbezüglich etwa im Jahre 1908 aus: »Ich denke, es muß dem Verständnis des Christentums in unserem Berufskreise dienen, wenn zwischen der wissenschaftlichen Theologie als solcher und uns Lehrerinnen nicht durch *Volksbücher*, sei es *biblische*, sei es *religionsgeschichtliche*, eine Vermittlung hergestellt ist, sondern durch lebendige Menschen (...)«[44]. Sie ließ also zunächst eine Frontstellung zur männlichen, überwiegend liberal einge-

---

41 Vgl. dazu etwa Ada Weinel, Die Konferenz evangelischer Religionslehrerinnen, in: Die Christliche Welt (Christliche Welt) 1910, 330–332.

42 Vgl. dazu Antje Roggenkamp, Zum verbandspolitischen Engagement der ›Religionspädagogin‹ Elisabeth Neuse (1874–1956): Überlegungen zur (Vor-) Geschichte der Religionspädagogik als akademisch-theologischer Disziplin, in: Gerhard Besier/Günter R. Schmidt, Widerstehen und Erziehen im christlichen Glauben. Festgabe für Gerhard Ringshausen zum 60. Geburtstag, Holzgerlingen 1999, 77–97 und 319–328.

43 Vgl. etwa Auszug aus den Statuten der Konferenz, in: Denkschrift über die III. Konferenz von Religionslehrerinnen zu Hildesheim vom 20.–22. Mai 1907, Bielefeld 1907, 79–80, 79.

44 Magdalene von Tiling, Das theologische Studium der Lehrerin, in: Denkschrift über die V. Konferenz von Religionslehrerinnen zu Cassel vom 8.–10. Juni 1908, Leipzig 1908, 55–70, 70.

stellten Lehrerschaft an Volks- und Mädchenschulen erkennen. Vor diesem Hintergrund ging sie auf das künftige Berufsprofil ein: »Es wird uns vielfach als Mangel vorgeworfen, daß wir nicht rein um der Wissenschaft willen studieren: mir scheint, das darf für uns gar nicht anders sein, wenn wir nicht die besten Anlagen der Frau aufgeben wollen«[45]. Ihre Position, die im Grundsatz derjenigen von Mueller(-Otfried) ähnelt, begründete von Tiling folgendermaßen: »Ich glaube – natürlich abgesehen von Ausnahmen – nicht recht an die Befähigung und an das *Recht* der Frau zu studieren rein um der Wissenschaft willen oder rein um ihrer selbst willen, d.h. so lange eine Frau Frau ist (...), wird sie wohl immer als Ziel des Studiums das lebendige, tägliche Geben und Dienen«[46] vor Augen haben.

Vor diesem Hintergrund erschien es daher fast naheliegend, dass die Lehrerinnen Universitätsprofessoren über theologische Fragestellungen referieren ließen.[47] Religionspädagogische Themen waren demgegenüber weiblichen Referentinnen vorbehalten. So entwickelte etwa die Breslauer Oberlehrerin Aust für den Unterricht im Neuen Testament ein moderat-heilsgeschichtliches Konzept,[48] während es der Hamburger Oberlehrerin Catharina Gleiß um eine Verbesserung des Religionsunterrichts insgesamt ging: Man habe sich nicht nur »jede Vervollkommnung auf technischem, methodischem und psychologischem Gebiete zunutze«[49] zu machen, auch der apologetische Aspekt sei zu bedenken, der sich u.a. in der Pflege des seelsorgerischen Elementes äußere.[50]

Indem die Frauen ihr Studium von vornherein in den Dienst des späteren Berufslebens stellten, rückten sie gewissermaßen von sich aus in eine untergeordnete Position ein: Ein professionelles Konkurrenzverhältnis zu den männlichen Kollegen erstrebten sie nicht. Und gleichwohl: Die eigenständige Erörterung religionspädagogischer Belange schien ihnen selbstverständlich.

---

45 A.a.O., 56.

46 Ebd.

47 So äußern sich auf den ersten Konferenzen u.a. die Professoren Haußleiter, Hoppe, Bornhäuser, Stange. Vgl. dazu etwa Denkschrift über die II. Konferenz von Religionslehrerinnen zu Stettin vom 5.–7. Juni 1906, Leipzig 1906; Denkschrift über die III. Konferenz von Religionslehrerinnen zu Hildesheim vom 20.–22. Mai 1907, Bielefeld 1907; Denkschrift über die IV. Konferenz von Religionslehrerinnen zu Cassel vom 8.–10. Juni 1908, Leipzig 1908; ZEvRU 21/1910, 322–323. Ähnlich auch Weinel, Konferenz, 330.

48 Zur 5. Tagung der Konferenz von Religionslehrerinnen in Dresden vom 16.–18. Mai 1910 vgl. auch ZEvRU 21/1910, 321–323.

49 Vgl. a.a.O., 323.

50 Ebd.

Am 7. April 1908 gründeten Gertrud Bäumer, Ada (Thoenes-) Weinel, Carola Barth u.a. in Bonn den *Verein für religiöse Erziehung.*[51] Die Lehrerinnen entstammten alle dem liberalen Protestantismus und gaben sich ein entsprechendes Programm. So plädierten sie etwa dafür, »religiöse Erziehung in Schule und Haus frei von dogmatischer Gebundenheit, tiefer und wirksamer zu gestalten«[52]. Im Einzelnen bedeutete dies, dass »(e)wiger Inhalt und vergängliche Form, wertvoller Kern und äußere Schale auseinander«[53] zu halten seien. Schließlich sollte der Religionsunterricht »(n)icht isoliert oder gar im Gegensatz zu aller andern Erkenntnis und Weltanschauung« stehen, sondern den Kindern sei Religion als »die große Kraft, die in der Geschichte der Menschheit in innigster Wechselbeziehung zu allen anderen Gebieten wirkt«, nahe zu bringen.[54]

In professioneller Hinsicht forderten die Lehrerinnen, dass der Religionsunterricht an Mädchenschulen von Frauen erteilt und der Frau eine besondere Verantwortung für religiöse Mädchenbildung zugesprochen werde.[55] Damit nahm der *Verein* nun allerdings nicht nur religionsdidaktische Richtlinienkompetenzen für sich in Anspruch. Die hier versammelten Frauen ließen auch deutlich werden, dass sie in ein Konkurrenzverhältnis zu ihren männlichen Kollegen eintreten wollten.

Dieses Vorgehen rief allerdings den massiven Widerstand der liberalen Lehrerschaft hervor, die die Gründung des *Vereins für religiöse Erziehung* zunächst begrüßt hatte: »Die neue Vereinigung ist Fleisch von unserem Fleisch«[56]. Man sah jetzt aber das ureigene Anliegen in Gefahr. Nicht zuletzt der Herausgeber der seit 1908 erscheinenden *Monatsblätter für den evangelischen Religionsunterricht*, Heinrich Spanuth, brachte seinen Protest zum Ausdruck: Es handele sich bei dem *Verein für religiöse Erziehung* im wesentlichen »um eine Vereinigung von Religionslehrerinnen und Müttern. Und diese Beschränkung muß in der Tat nach unserer Meinung gewahrt bleiben«[57].

---

[51] Antje Roggenkamp, Art.: Verein für religiöse Erziehung, in: Lexikon für Religionspädagogik (LexRP) 2168.

[52] Monatsblätter für den evangelischen Religionsunterricht (MERU) 1/1908, 228–230, 229.

[53] Ebd.

[54] Ebd.

[55] Ada Weinel, Der Religionsunterricht und die Frauen, in: Die Religion und die Frau. Sieben Vorträge, gehalten beim 5. Weltkongress für Freies Christentum und religiösen Fortschritt, Berlin 1910, Berlin 1911, 25–33, 31f.

[56] MERU 1/1908, 229.

[57] A.a.O., 230.

Spanuth nahm die Forderungen der Frauen aber auch zum Anlass, fortan nachdrücklich die Gründung einer eigenen (männlichen) Organisation zu betreiben: »die frei gerichteten Religionslehrer (...) müssen zu selbstständiger, starker Organisation Raum behalten. Je mehr sich der ›Verein für religiöse Erziehung‹ auf die Arbeit mit den religiösen Erzieherinnen bewußt konzentriert, um so größer wird seine Kraft sein«[58]. Ein wesentlicher Teil der Forderungen des Vereins wurde also bei Seite geschoben.

Und es will scheinen, als resignierten die Frauen zunehmend. Die schulischen Belange wurden jetzt fast ausnahmslos von Männern behandelt: Ernst Troeltsch referierte im Jahr 1911 über das Verhältnis von Religion und Moral,[59] 1912 behandelte der Zürcher Theologieprofessor Arnold Meyer die Konfirmationsfrage,[60] 1913 beschäftigte sich Friedrich Niebergall mit dem Verhältnis von Religion und Pädagogik,[61] August Reukauf mit der geistlichen Schulaufsicht[62] und 1914 referierte Ulrich Peters zum Verhältnis von Erlebnis und Reflexion.[63] Else Zurhellen-Pfleiderer[64] und Helene Glaue,[65] die einzigen Frauen, die mit längeren Redebeiträgen in Erscheinung traten, beschränkten sich 1911 bzw. 1913 auf den Bereich häuslicher religiöser Erziehung.[66]

Nachdem es Heinrich Spanuth und Wilhelm Rein dann endlich gelungen war, die liberalen Lehrer im *Bund für Reform des Religionsunterrichts*[67] zusammenzuschließen, drängten diese auf eine entsprechende Aufgabenverteilung. Eine gemeinsame Resolution der zwei liberalen Organisationen hielt im Jahr 1913 diesbezüglich fest: »Während der *Verein für religiöse Erziehung*

58 Ebd.

59 Zeitschrift für den evangelischen Religionsunterricht (ZEvRU) 22/1911, 328f.

60 ZEvRU 23/1912, 328f.

61 ZEvRU 24/1913, 265f.

62 A.a.O., 266f.

63 ZEvRU 25/1914, 338.

64 ZEvRU 22/1911, 329f.

65 ZEvRU 24/1913, 266.

66 Zum Ganzen vgl. die Sitzungsberichte in: ZEvRU 22/1911, 328–330; ZEvRU 23/1912, 328–330; ZEvRU 24/1913, 264–267; ZEvRU 25/1914, 336–339.

67 Vgl. ANTJE ROGGENKAMP, Art: Bund für Reform des Religionsunterrichts, in: LexRP 234.

neben der Reform des Religionsunterrichts besonders auch Fragen der häuslichen Erziehung und der religiösen Jugendpflege vertritt, sich also an Eltern ebenso wie an Lehrer wendet, stützt sich der *Bund für Reform* in erster Linien auf die Lehrer und hat neben den Problemen des Religionsunterrichts vor allem auch die schulpolitischen Fragen in sein Arbeitsprogramm aufgenommen«[68].

In der Folgezeit verblieb den liberalen Lehrerinnen im wesentlichen das internationale Engagement: »Gelegentlich der in Verbindung mit dem Weltkongreß für freies Christentum und religiösen Fortschritt in Paris tagenden Versammlung der *Union of Liberal Christian Women* haben sich die Frauen unseres Vereins diesem Verband angeschlossen, (...). Durch Austausch unitarischer Literatur zum Religionsunterricht und der Arbeiten der von der Union unterstützten Guild of friendship«[69] erhoffte man sich 1914 reiche Anregungen.

Während die in der *Konferenz* zusammengeschlossenen Frauen durch eine vordergründige, zumindest aber partielle Erfüllung gesellschaftlicher Erwartungshaltungen, also durch die Praxis des *doing gender*, offensichtlich Freiräume gewannen, in denen sie über religionsdidaktische Belange diskutieren konnten, gelang dies den liberalen Frauen nicht. Ihr Anspruch, professionelle und didaktische Maßstäbe zu setzen, wurde von den männlichen Kollegen nicht nur öffentlich in Frage gestellt. Der 1911 gegründete *Bund für Reform des Religionsunterrichts* übernahm am Ende des Kaiserreichs die alleinige Vertretung der schulpolitischen Belange. Damit erwies sich aber das internationale *undoing gender* jetzt deutlich als eine gedankliche Konstruktion.

3. Religiöse Erziehung und Bildung in der Weimarer Republik

Zu Beginn der Weimarer Republik fusionierten die liberalen Organisationen, nämlich der *Verein für religiöse Erziehung* und der *Bund für Reform des Religionsunterrichts* zum *Reichsbund für Religionsunterricht und religiöse Erziehung.*[70] Dieser nahm zwar die internationalen Beziehungen Carola

---

68 ZEvRU 24/1913, 267.

69 ZEvRU 25/1914, 339.

70 Vgl. ANTJE ROGGENKAMP, Art.: Reichsbund für Religionsunterricht und religiöse Erziehung, in: LexRP 1604.

Barths, der letzten Vorsitzenden des Vereins für religiöse Erziehung, gerne in Anspruch. Verfügte sie doch über finanzielle Mittel, die ein Erscheinen des neuen Reichsbundorgans, der *Monatsblätter für den evangelischen Religionsunterricht* sicherstellten.[71] Öffentlich aber trat Carola Barth hier nicht mehr in Erscheinung,[72] zu politischen Belangen des Religionsunterrichts äußerten sich andere.[73]

Diese Entwicklung blieb nicht ohne Folgen: Der *Reichsbund* selbst verlor nämlich die Mädchenschulen aus dem Blick. Sein Interesse galt fortan dem Religionsunterricht an Volksschulen, dessen Belange er als einzige Organisation zu vertreten beanspruchte. Es erstaunt insofern nicht, dass die verschiedenen, im Zusammenhang der Reichsschulgesetzentwürfe[74] aufgestellten Resolutionen ausnahmslos von Männern, von Hans Schlemmer, Heinrich Spanuth und Gustav Plath unterzeichnet wurden.[75] Das genuine Anliegen des ehemaligen Vereins für religiöse Erziehung, die Gestaltung des Mädchenschulreligionsunterrichts nach liberalen Grundsätzen, kam öffentlich nicht mehr zur Sprache.[76]

Anders verhielt es sich mit der *Konferenz von Religionslehrerinnen*, die sich 1916/17 auf Grund interner Differenzen umbenannte: Die jetzt im *Verband evangelischer Religionslehrerinnen* organisierten Frauen erhielten einen nicht unerheblichen öffentlichen Einfluss. Dieser zeigte sich insbesondere

---

71 Vgl. etwa die im ›Archiv Vandenhoeck und Ruprecht‹ befindlichen Briefe von Heinrich Spanuth an die Gebrüder Ruprecht vom 20.01.1923 (Frau Barth sendet 100 Gulden zur Unterstützung der Monatsblätter), 19.02.1923, 04.04.1923, 07.11.1923, 09.11.1923, 24.11.1923 (Barth sendet 25 Gulden), 07.03.1924, u.ö.

72 Sie referierte allerdings im Jahr 1919 auf der paritätisch besetzten Verbandstagung des deutschen Religionslehrerverbands. Vgl. CAROLA BARTH, Der Inhalt des Religionsunterrichts. in: ZEvRU 30/1919, 195–196, ZEvRU 31/1920, 4–17.

73 So etwa HEINRICH SPANUTH. Vgl. ZEvRU 32/1921, 184ff. Zur Religionsdidaktik von Carola Barth vgl. DAGMAR HENZE, Carola Barth (1879–1959). Karriere zwischen Engagement und Anpassung, in: ANNEBELLE PITHAN, Religionspädagoginnen im 20. Jahrhundert, Göttingen 1997, 40–52, 48f. und den Beitrag von Michael Wermke in diesem Band.

74 Im Hintergrund stand dabei die verbindliche Auslegung des § 149 der Weimarer Reichsverfassung. Zum letzten Reichsschulgesetzentwurf vgl. GERHARDT GIESE (Hrsg.), Quellen zur deutschen Schulgeschichte seit 1800, Göttingen 1961, 244ff. Vgl. auch ZEvRU 34/1923, 254ff.

75 Dies gilt etwa für die Diskussionen um die Religionsunterrichtsbeiratsfragen. Vgl. nur ZEvRU 37/1926, 305f.

76 Dies gilt zumindest für die einschlägigen Organe MERU, ZEvRU, aber auch für die Deutsche Mädchenbildung 1/1925–6/1930.

in den Mitte der 1920er Jahre einsetzenden Diskussionen um die deutsche Bildungseinheit[77]: So änderte etwa das preußische Ministerium etliche Passagen der 1925 erscheinenden Richtlinien auf Druck des Verbandes hin ab.

Aus der »Gegenüberstellung von weiblicher Frömmigkeit, deren Grundform die alles tragende Liebe und männlicher Frömmigkeit, deren Grundform der alles wagende Glaube ist«[78], wurde in der Version von 1926/27 die »Eigenart des männlichen und weiblichen Glaubenslebens«[79]. Gleichzeitig erreichte der Verband, dass fortan auch im Religionsunterricht an Knabenschulen soziale Fragen behandelt wurden.[80]

Zwar schlossen sich die positiven Religionslehrerinnen im Jahr 1926 mit einzelnen an höheren Knabenschulen unterrichtenden Kollegen zusammen – fortan tagte man als *Verband für evangelischen Religionsunterricht und Pädagogik*.[81] Dies geschah aber aus einer Position offensichtlicher Stärke heraus.

---

77 Vgl. Hans Richert, Denkschrift über die grundständige deutsche Oberschule, in: Hans Richert, Die Ober- und Aufbauschule, Leipzig 1923, 118–125; Hans Richert, Denkschrift über die Aufbauschule, in: a.a.O., 126–131.

78 Vgl. dazu Hans Richert (Hrsg.), Richtlinien für die Lehrpläne der höheren Schulen Preußens. Mit Anmerkungen und Literaturnachweisen, 1.Teil Grundsätzliches und Methodisches, Berlin 1925.

79 Die Richtlinien vom 1. März 1927 führten dazu später Folgendes aus: »Der Unterricht darf auch nicht die Verschiedenheit der Geschlechter übersehen. Er wird an die Eigenart des männlichen und weiblichen Glaubenslebens anknüpfen und sie pflegen müssen, aber auch falscher Einseitigkeit entgegentreten.« Hans Richert (Hrsg.) Richtlinien für die Lehrpläne der höheren Schulen Preußens – Neue Ausgabe Bd. 1., Berlin 1927, 117.

80 Vgl. ›Geheimes Preußisches Staatsarchiv Berlin‹, HA I, Rep. 76 VI, Sekt. 1, Genz., Nr. 305, Bd. 2, 158 r/159 r: »Immer wieder wird betont, dass die Mädchen für die Aufgaben der Frau vorbereitet werden sollen. Es wäre dringend zu wünschen, dass für die U II und die O I auch ein Hinweis in die Richtlinien käme, dass der Religionslehrer die Knaben auf ihre Aufgaben in Staat, im Volk, in der Kirche, den sozialen Nöten gegenüber hinweise. Der Wille der Frauen allein kann zum Beispiel die Wohnungsnot nicht beheben, kann auch nicht eine Versöhnung der sozialen Gegensätze schaffen. Es wäre durchaus im Sinne der Stockholmer Weltkonferenz, wenn das Gewissen der ›männlichen Jugend‹ im Religionsunterricht den sozialen Nöten gegenüber und ihren Pflichten Volk und Kirche gegenüber geschärft würde.«

81 Gury Schneider-Ludorff, Art.: Verband für evangelischen Religionsunterricht und Pädagogik, in: LexRP, 2166.

Den strukturellen Entwicklungen lassen sich nun allerdings auch materiale Positionen an die Seite stellen. Dies sei im folgenden exemplarisch an den Mädchenbildungskonzepten von Carola Barth und Magdalene von Tiling erläutert.

Nach Auskunft ihrer Biographin Dagmar Henze äußerte sich die letzte Vorsitzende des *Vereins für religiöse Erziehung*, Carola Barth, nach 1925 zu entsprechenden Fragen nicht mehr in literarischer Form. Ihre unveröffentlichten Vorträge ließen aber Rückschlüsse auf ihr spezifisches Bild der Geschlechterverhältnisse zu. Setzte doch Carola Barth »ähnlich wie Helene Lange, Gertrud Bäumer oder andere Frauen der bürgerlichen Frauenbewegung«[82] auf die besondere Eigenart der Frau: Sie vertrat nämlich »ein Erziehungskonzept, das die Frauen selbstbewußt und qualifiziert zur ›Mitarbeit an der Weiterentwicklung der Kultur‹ befähigen«[83] sollte. So erwartete sie etwa »von dem beruflichen und gesellschaftlichen Engagement von Frauen qualitative Veränderungen«[84]. Worin diese Veränderungen allerdings bestehen, bleibt Dagmar Henze zufolge unklar.[85]

Sieht man sich die Äußerungen Carola Barths nun im Einzelnen an, so lässt sich die von Henze aufgewiesene Leerstelle füllen: Insofern Carola Barth nämlich sowohl eine Angleichung an männliches Rollenverhalten als auch eine Zurücknahme der eigenen Person der Frau als Fehlentwicklungen auffasste, wird man postulieren müssen, dass auch sie von einer natürlichen Überlegenheit der Frau ausging. Zwar bewertete sie die häusliche Mädchenerziehung überwiegend negativ: Viele Mädchen ließen »sich noch immer durch starke Minderwertigkeitsgefühle hemmen, durch das früh eingeprägte Bewusstsein, doch nur ein Mädchen zu sein, das naturgemäß zurückstehen müsse. (...) mangelndes Selbstvertrauen (...) hindert sie, das Eigenste, das auch sie nach ihrer Begabung und Vorbildung zu geben hätten, zu verwirklichen.«[86] Ins Positive gewendet kann dies aber nur bedeuten, dass Minderwer-

---

82 HENZE, Karriere, 51; vgl. auch Dagmar Henze, Zwei Schritte vor und einer zurück. Carola Barth – eine Theologin auf dem Weg zwischen Christentum und Frauenbewegung, Neukirchen-Vluyn 1996, 149.

83 A.a.O., 149.

84 HENZE, Karriere, 51.

85 Ebd.

86 CAROLA BARTH, Gegenwartsaufgaben, 1930 (unveröffentlichtes Manuskript, zitiert nach HENZE, Carola Barth, 149).

tigkeitsgefühlen und mangelndem Selbstvertrauen durch Aufweis der natürlichen Überlegenheit der Frau in Begabung und Vorbildung zu begegnen sei.[87] Damit dürfte aber auch Carola Barth ein Konzept von Mädchenbildung vertreten haben, das am Ende reine Konstruktion bleiben mußte.

Und Magdalene von Tiling? Als Vorsitzende des *Verbandes evangelischer Religionslehrerinnen* entwickelte sie zu Beginn der Weimarer Republik ein Modell, das faktisch die ursprünglichen Forderungen liberaler Religionslehrerinnen aufnahm. Insofern die heranwachsenden Mädchen in beständiger Gefahr stünden, sich dem Überschwang eigener Gefühle hin- und damit als eigenständige Persönlichkeit preiszugeben,[88] sei in Mädchenschulen besonderes Lehrpersonal einzusetzen: Nur starke mütterliche Erscheinungen sollten hier (Religions-) Unterricht erteilen.[89] Abgesehen davon, dass diese Argumentation zumindest strukturell an das aktuell diskutierte Konzept des affidamento, das Sich-Anvertrauen erinnert,[90] erlebte von Tilings Ansatz öffentliche Anerkennung. Nicht wenige der an höheren Knabenschulen unterrichtenden Religionslehrer machten sich ihre Forderungen zu eigen.[91]
Anders sah es aus, als sich Magdalene von Tiling anheischig machte, ihre Überlegungen auf den weiteren Bereich der evangelischen Frauenschaft zu übertragen. Ihr Konzept, das Gury Schneider-Ludorff als »Theologie der Geschlechterbeziehungen«[92] rekonstruiert, scheiterte Doris Kaufmann zufolge an ihrer öffentlichen Stellung: Als Vorsitzende der *Vereinigung Evangelischer Frauenverbände Deutschlands* und als Landtagsabgeordnete verkörperte sie nämlich einen Frauentypus, den die von ihr repräsentierten mehr als zweieinhalb Millionen Frauen als unweiblich ablehnten.[93]

---

[87] Ebd.

[88] CAROLA BARTH, Psyche und Erziehung der weiblichen Jugend, Langensalza 1921, 9–30.

[89] A.a.O., 31–35.

[90] Vgl. dazu DIOTIMA, Mettere il mondo al mondo, Mailand 1990; ANNEBELLE PITHAN, Einleitung, in: ANNEBELLE PITHAN, Religionspädagoginnen im 20. Jahrhundert, Göttingen 1997, 9–19, 13.

[91] Zum Ganzen vgl. etwa LIESEL-LOTTE HERKENRATH, Politik, Theologie und Erziehung – Untersuchungen zu Magdalene von Tilings Pädagogik, Heidelberg 1972, 250, 275 u.ö.

[92] Die Geschlechterbeziehungen treten als eine weitere Schöpfungsordnung neben diejenige der Ehe. Vgl. GURY SCHNEIDER-LUDORFF, Magdalene von Tiling. Ordnungstheologie und Geschlechterbeziehungen, Göttingen 2001, 146ff.

[93] KAUFMANN, Aufbruch, 73–78.

Vielleicht folgte die überwiegende Mehrheit evangelischer Frauen Magdalene von Tiling aber auch deshalb nicht, weil sie deren faktische Situation allzu klarsichtig ansprach: »Es hat ja gar keinen Zweck sich über sich selbst zu täuschen. Die evangelische christliche Frau war weithin gewöhnt, nicht selbständig zu denken und zu handeln, und sie liebte diese Gewohnheit, die sie vor Kämpfen des selbständigen Menschen bewahrte. Sie war noch nicht zur Freiheit des evangelischen Christengewissens erwacht.«[94] Den Karrieresprung, den Magdalene von Tiling 1930 mit ihrem Einzug in den Deutschen Reichstag erlebte, scheint sie jedenfalls nicht oder nicht primär ihren Geschlechtsgenossinnen verdankt zu haben.

4. UNDOING GENDER? ODER: WAS TRÄGT EIN GESCHLECHTERDIFFERENTER ANSATZ FÜR DIE EVANGELISCHE RELIGIONSPÄDAGOGIK AUS?

Die Analyse der vorstehend skizzierten Positionen legt nahe, dass Ansätze, die auf Grund der Annahme biologisch-natürlicher Geschlechtsdifferenzen von einer Überlegenheit der Frau ausgehen, nicht rezipiert oder sogar energisch zurückgewiesen werden: Der bewusste intentionale Verstoß gegen gesellschaftlich vorgegebene Rollenmodelle, das *Undoing gender*, erwies sich auf der Handlungsebene als wirkungslos. *Undoing gender* blieb gedankliche Konstruktion bzw. programmatische Forderung.

Veränderungen vorgegebener geschlechtsspezifischer Muster scheinen demgegenüber dort möglich gewesen zu sein, wo man gesellschaftlichen Erwartungshaltungen zunächst entsprach, in diesem Rahmen dann aber auf der Gleichwertigkeit von Mann und Frau insistierte. Auf diese Weise schien es möglich, langfristige Veränderungen vorgegebener Rollenmuster zu erzielen. Insofern erreichte also offensichtlich nicht ein ›*undoing*‹, sondern nur ein modifiziertes ›*doing gender*‹ die Veränderung gesellschaftlicher Rollenvorgaben bzw. -konzepte. Diese Beobachtungen seien im folgenden noch einmal kurz auf das Problemfeld weiblicher religiöser Erziehung und Bildung hin gespiegelt:

- Das weitere Spektrum des weiblichen Verbandsprotestantismus eröffnet Einblicke in Modelle und Vorgehensweisen, mit denen liberale und positive Protestantinnen das Problem weiblicher Erziehung und Bildung in

---

94 MAGDALENE VON TILING, Evangelische Frauenbewegung, Berlin 1924, 9.

den Blick nahmen. Während für Marie Martin die grundsätzliche Gleichwertigkeit der Geschlechter in der Gottebenbildlichkeit des Menschen begründet war, stellte sie in moralischer Hinsicht die Überlegenheit weiblicher Eigenart heraus: Nur die gebildete Frau könne dem Manne wahre Gehilfin sein. Paula Mueller (-Otfried) machte sich demgegenüber zunächst die öffentliche Meinung zu eigen: Frauen seien für bestimmte Leitungsfunktionen ungeeignet. Insofern die anstehenden sozialen Probleme aber nur von Mann und Frau gemeinsam gelöst werden könnten, sei es nicht länger hinzunehmen, dass der öffentliche Raum für Frauen verschlossen sei. Während Martin mit ihrem Anliegen nicht durchdringen konnte, fand Mueller (-Otfried) öffentlich Gehör.

- Ähnliches gilt für die professionellen Vereinigungen, die im Zuge der Neuordnung des höheren Mädchen- und Frauenbildungswesens ins Leben traten. Während sich die positiven Religionslehrerinnen durch ihre anfängliche Unterordnung öffentliche Räume für entsprechende Diskussionen schufen, wurde den Lehrerinnen die offensive Inangriffnahme religionspädagogischer Fragen sowie ihre Forderung nach ausschließlichem Einsatz weiblicher Religionslehrkräfte in Mädchenschulen bereits im Kaiserreich zum Verhängnis.
- Während die positiven Lehrerinnen in den 1920er Jahren einen nicht unerheblichen schulpolitischen Einfluss auf den Religionsunterricht an Mädchenschulen erhielten, sind entsprechende liberale Belange nach 1921 selbst im Ansatz nicht mehr vertreten. Das Interesse des liberalen *Reichsbundes für Religionsunterricht und religiöse Erziehung* konzentrierte sich ganz auf den Bereich der Volksschule.
- Die Beobachtungen lassen sich auch durch eine Analyse ausgewählter Mädchenbildungsmodelle bestätigen. So favorisierte Carola Barth in ihren unveröffentlichten Vorträgen ein asymmetrisches Geschlechtermodell. Sie erwartete von der Eigenart der Frau die Fortentwicklung der Kultur, setzte damit aber faktisch auf die natürliche Überlegenheit des weiblichen Geschlechts. Magdalene von Tiling orientierte sich demgegenüber an der besonderen Befindlichkeit heranwachsender Mädchen, die nach starken mütterlichen Erscheinungen verlange. Dieser Ansatz, den sie später im Rahmen einer ›Theologie der Geschlechterbeziehungen‹ reformulieren sollte, fand zumindest den Zuspruch von Oberlehrern, die an höheren Knabenschulen Religion unterrichteten.
- Insgesamt hilft ein geschlechtersensibilisierter Ansatz, bestimmte Lücken in der Geschichte der Religionspädagogik zu schließen bzw. ihre Existenz zu erklären. So ist ein nachhaltiger Einfluss der Religionsleh-

rerschaft an Volks- und höheren Mädchenschulen auf die entstehende Disziplin Religionspädagogik bis heute nicht nachweisbar. Dieser Sachverhalt lässt sich nun allerdings dadurch erklären, dass liberale Lehrer und positive Lehrerinnen die schulpolitischen Einsatzfelder untereinander ›aufteilten‹. Während die positiven Lehrerinnen auf den Religionsunterricht an höheren Mädchenschulen Einfluss nahmen, setzten sich die liberalen Männer, nachdem sie den *Verein für religiöse Erziehung* faktisch ausgeschaltet hatten, nahezu ausschließlich für die Belange des Religionsunterrichts an Volksschulen ein. Zur Ausbildung öffentlicher Räume, die eine religionsdidaktische Verständigung ermöglicht hätten, kam es nicht. Der religionspädagogische Diskurs, der liberale und positive Stimmen zum kritischen Dialog vereinte, fand andernorts statt, nämlich im (preußischen) *Verband akademisch gebildeter Religionslehrer und -innen*.[95]

95 ANTJE ROGGENKAMP, Religionspädagogik als »Praktische Theologie«, Leipzig 2001.

Carola Barth

Eine Fallstudie über die akademische Frauenbildung und die Rolle der Frauen in der religionspädagogischen Verbandspolitik im ersten Drittel des 20. Jahrhunderts

Michael Wermke

Carola Barth, geboren am 24. September 1879 in Bad Salzschlirf (Kreis Fulda), gehörte vor noch nicht langer Zeit zu den *vergessenen Müttern der modernen Religionspädagogik*; dass dem nicht mehr so ist, verdankt sich insgesamt einem wachsenden Interesse an der Historie der Religionspädagogik und der Frauenforschung im Bereich der Theologie.[1] Ein besonderer Verdienst kommt hierbei den Arbeiten von Dagmar Henze, Mitglied im *Göttinger Frauenforschungsprojekt zur Geschichte der Theologinnen* und der Tübinger Theologin Anke Edelbrock zu.[2]

---

1 Es handelt sich um den erweiterten und aktualisierten Beitrag Michael Wermke, Was heißt bekenntnismäßiger Religionsunterricht? Carola Barths religionspädagogisches Engagement in den Anfängen der Weimarer Republik, in: Klaus Petzold/Michael Wermke, Einhundert Jahre Religionspädagogik und Katechetik in Ostdeutschland, Leipzig 2007, 226–243; vgl. Michael Wermke, Was kann man aus der Beschäftigung mit dem Verhältnis von Staat und Kirche in der Weimarer Republik lernen? Oder: Das Verhältnis zu Staat und Kirche als Grundproblem religionspädagogischer Verbandspolitik, in: ZPT 57 (2007), 347–350.

2 Dagmar Henze, Zwei Schritte vor und einer zurück. Carola Barth – eine Theologin auf dem Weg zwischen Christentum und Frauenbewegung, Neukirchen-Vluyn 1996. Anke Edelbrock, Mädchenbildung und Religion in Kaiserreich und Weimarer Republik. Eine Untersuchung zum Evangelischen Religionsunterricht und zur Vereinsarbeit der Religionslehrerinnen, Neukirchen-Vluyn 2006. Während sich Henze wissenschaftsbiografisch mit Carola Barth beschäftigt, wählt Edelbrock einen professions- und institutionsgeschichtlichen Zugang zur Mädchenbildung im ersten Drittel des 20. Jahrhunderts. A.a.O. 22, weist daraufhin, dass in der allgemeinpädagogischen Historiografie der Mädchenbildung die Bedeutung der Religionspädagogik bislang unterschätzt wurde. Der Forschung zur Geschichte des Frauenstudiums in Jena ist Carola Barth noch nicht in den Blick geraten, so fehlt sie z.B. bei Ursula Martin, Im Bewusstsein weiblicher Art leben und arbeiten.

Die folgende Studie über Carola Barth kann sich daher auf drei Schwerpunkte konzentrieren. Zunächst wird die schulische und akademische Laufbahn von Carola Barth im Kontext weiblicher Bildungs- und Berufschancen im ersten Viertel des 20. Jahrhunderts eingeordnet; ein besonderer Akzent wird auf den Umständen ihrer Promotion an der Universität Jena liegen. In einem zweiten Schritt soll Barths verbandspolitisches Engagement für einen *modernen* Religionsunterricht und für die Einheit der Religionslehrerschaft beleuchtet werden. Schließlich wird ihr Beitrag *Was heißt bekenntnismäßiger Religionsunterricht*? auf dem Hintergrund der Anfang der 1920er-Jahre geführten Debatte um die Bekenntnisorientierung des Religionsunterrichts vorgestellt. Es wird sich hierbei erweisen, dass dieser Text von Carola Barth eine entscheidende Fragestellung moderner Religionspädagogik zum Verhältnis des Religionsunterrichts und der Religionslehrerschaft zu Kirche und Bekenntnis formuliert. Abschließend wird die Frage nach der Stimme der Frauen in der Konstituierungsphase der modernen Religionspädagogik zu Beginn des 20. Jahrhunderts aufgeworfen.

I. Schul- und Studienzeit im Umbruch der Mädchen- und Frauenbildung

Für die Entwicklung der Mädchen- und Frauenbildung in Deutschland markiert die Wende vom 19. ins 20. Jahrhundert eine entscheidende Zäsur. Die

---

Frauenstudium und Jenaer Studentinnenverein bis 1918, Jena 1997. Die geringe Wertschätzung mag durch die kurze Verweildauer von Carola Barth an der Universität Jena bedingt sein; dies trifft aber auch auf Rowena Morse (1872–1958) zu, die 1904 als erste Frau an der Jenaer Universität promoviert wurde, ohne dort jedoch studiert zu haben. In dem Beitrag von Ines Fischer, Selbstlosigkeit im Zeichen von Wissenschaft und Menschlichkeit. Die Jenaer Theologieprofessorin Hanna Jursch, in: Gisela Horn (Hrsg.), Die Töchter der Alma mater Jenesis. Neunzig Jahre Frauenstudium an der Universität von Jena, Rudolstadt, Jena 1999, 157–174, 158 wird Hanna Jursch (1902–1972) irrtümlicherweise als erste Frau in Deutschland bezeichnet, die an einer theologischen Fakultät promoviert wurde. Jursch wurde 1933 mit einer kirchengeschichtlichen Arbeit ›Schleiermacher als Kirchenhistoriker‹ bei Karl Heussi (1877–1961) promoviert und übernahm 1956 als Nachfolgerin von Heussi den Lehrstuhl für Kirchengeschichte und Christliche Archäologie an der Theologischen Fakultät der Universität Jena. Damit war Hanna Jursch die erste deutsche Professorin an einer Theologischen Fakultät; s. Dietz Lange, Hanna Jursch (1902–1972), in: Inge Mager (Hrsg.), Frauen-Profile des Luthertums. Lebensgeschichten im 20. Jahrhundert, Gütersloh 2005, 501–506.

Forderungen der sich im 19. Jahrhundert etablierenden Frauenverbände nach einer gleichwertigen schulischen Ausbildung für Mädchen und Jungen sowie nach dem Zugang junger Frauen zum Universitätsstudium konnten allmählich durchgesetzt werden. So bestand in Preußen seit 1895 für Mädchen die Möglichkeit, nach privater Vorbereitung als Externe ihr Abitur an einem Jungengymnasiums abzulegen. Eher zögerlich ließen zu Beginn des 20. Jahrhundertes die deutschen Universitäten eine Immatrikulation von Frauen zu: Zwischen 1899 und 1909 wurden an den Universitäten in Baden, Bayern, Württemberg, Sachsen, Hessen, Preußen und schließlich in Elsaß-Lothringen sowie in Mecklenburg Frauen der Zugang gestattet. An der Universität Jena, die territorial dem Großherzog von Sachsen-Weimar-Eisenach unterstand, der auch den Kurator der Universität einsetzte, wurde das Frauenstudium 1907 eingeführt. Mit der Zulassung von Frauen zum Universitätsstudium ging ein zentrales Anliegen der Frauenbewegung im Deutschen Kaiserreich nach Aufhebung der Geschlechterunterschiede im Bildungswesen und damit der Öffnung der akademischen Bildungswege für Frauen in Erfüllung.[3]

Im Zuge der Professionalisierung der Lehrerinnenbildung kommt es 1890 zur Gründung der reichsweit agierenden *Allgemeinen Deutsche Lehrerinnen-Vereinigung* (ADLV), die sich neben der berufsständischen Selbstorganisation der Lehrerinnen die Vertretung einer modernen Mädchenbildung zur Aufgabe stellte.[4] Die ADLV verstand sich als überkonfessionell; Gründungen evangelischer wie katholischer Lehrerinnenvereine folgten, die sich der religiösen Bildung und Erziehung von Mädchen in Familie und Schule widmeten.[5] Gleichwohl war noch Anfang des 20. Jahrhunderts die Möglichkeit,

---

[3] Zur Geschichte des Frauenstudiums s. CLAUDIA HUERKAMP, Bildungsbürgerinnen. Frauen im Studium und in akademischen Berufen 1900–1945, Göttingen 1996. Huerkamp beschränkt ihren Untersuchungszeitraum nicht auf die Zeit bis zum Ende der Weimarer Republik; damit gelingt es ihr, die Umbrüche, aber auch die Kontinuitäten in der Geschichte der Frauenbildung von der Kaiserzeit bis in die Zeit des Nationalsozialismus hinein zu verfolgen.

[4] A.a.O., 206ff.

[5] Institutionelle Lehrerseminare für Frauen gab es seit 1832 (Berlin). Vielfach waren die oberen Klassen der Lyceen (höhere Mädchenschulen) mit einer Volksschullehrerausbildung verbunden (Selecta-Klassen). Mit der Aufhebung der Lehrerseminare im Laufe der 1920er-Jahre vollzog sich auch die Akademisierung der Volksschullehrer(innen)bildung; in Preußen durch die Einrichtung der Pädagogischen Akademien; hierzu DAVID KÄBISCH/MICHAEL WERMKE, Einleitung, in: DAVID KÄBISCH/MICHAEL WERMKE, Gerhard Bohne. Religionspädagogik als Kulturkritik. Texte aus der Weimarer Republik, Leipzig 2007, 33–45; ebenso MICHAEL WERMKE, ›Religionspädagogik‹ als Disziplin an den preußischen

als Lehrerin an höheren Schulen zu arbeiten, kaum gegeben; der *Oberlehrer* war allein akademisch gebildeten Männern vorbehalten.[6]

Die Schul- und Studienzeit von Carola Barth fiel in die Umbruchphase der Mädchen- und Frauenbildung in Deutschland.[7] In ihrer schulischen, akademischen und beruflichen Karriere zeigt sich, dass sie häufig mit als erste Frau die sich eröffnenden, sich vielfach aber noch als Ausnahme darstellenden Chancen weiblicher akademischer Bildung und Berufstätigkeit ergriff. Sie war jedoch nicht nur Nutznießerin der sich wandelnden gesellschaftlichen Stellung der Frau, sondern auch eine Protagonistin der bürgerlich-protestantischen Frauenbewegung.

Barth stammte aus einem bildungsnahen bürgerlichen Elternhaus. Als Schülerin besuchte sie die Elisabethenschule sowie eine private Bildungseinrichtung in Frankfurt a.M. Ostern 1899 legte sie das Examen am Frankfurter Lehrerinnenseminar ab. Damit war ihr zwar die Unterrichtsbefähigung an Volksschulen erteilt, der Zugang zu einem Hochschulstudium allerdings noch nicht eröffnet. Als Hospitantin des privaten Mädchengymnasiums zu Karlsruhe und gefördert durch Privatunterricht, bestand sie 1902 am humanistischen Gymnasium in Hadamar als Externe die Abiturprüfung.[8] Als *Studentin der zweiten Generation* brauchte sie sich zwar nicht mehr den Zugang zur Universität politisch und juristisch zu erstreiten, war jedoch in der Studienwahl deutlich eingeschränkt; das Lehramtsstudium war neben dem Medizinstudium die einzige Möglichkeit der universitären Bildung für Frauen zu Beginn des 20. Jahrhunderts. Ungewöhnlich die Wahl des Studienfaches Evangelische Theologie: Frauen bildeten im Theologiestudium bis in die 1920er-Jahre hinein eine Seltenheit; allerdings wird dieser Umstand sowie der Verzicht von Frauen auf kirchliche Ämter ihre Akzeptanz in der *Männerdomäne* Theologie unterstützt haben. Carola Barth nahm ihr Studium der

---

Pädagogischen Akademien, in: BERND SCHRÖDER (Hrsg.), Institutionalisierung und Profil der Religionspädagogik. Historisch-systematische Studien zu ihrer Genese als Wissenschaft (Praktische Theologie in Geschichte und Gegenwart 8), Tübingen 2009, 277–297.

[6] Vgl. hierzu die berufliche Karriere von Ilse Peters, die 1920 in Essen zur Oberlehrerin ernannt wurde, CHRISTINE REENTS, Ilse Peters (1893–1980) »Gegen das Vergessen« – Erste Professorin für Religionspädagogik und Mitgestalterin der Konzeption der evangelischen Unterweisung, in: ANNEBELLE PITHAN (Hrsg.), Religionspädagoginnen des 20. Jahrhunderts, Göttingen 1997, 53–79.

[7] Die folgenden berufsbiografischen Angaben beziehen sich im Wesentlichen auf HENZE, Schritte.

[8] Das Karlsruher Mädchengymnasium war einer der ersten und wenigen Schulen, an denen sich Mädchen auf das externe Abitur vorbereiten konnten.

evangelischen Theologie und der Geschichte 1902 an der Universität Bonn auf.[9] Im Winter 1906/07 studierte sie ein Semester in Marburg. Beide Universitäten galten gegenüber dem Frauenstudium als aufgeschlossen. Als eine der ersten Frauen in Deutschland bestand Barth am 2. März 1907 in Bonn die Prüfung *pro facultate docendi* für das Lehramt an höheren Schulen und erhielt die Lehrbefähigung in den Fächern Religion sowie Geschichte für die Oberstufe und im Fach Deutsch für die Mittelstufe zuerkannt.[10]

1.1 Die Anfänge des Frauenstudiums in Jena und das Promotionsverfahren der Carola Barth

Jena stellt für Carola Barth lediglich eine, wenngleich entscheidende Durchgangsstation als Theologin und mithin als Religionspädagogin dar: 1907 erwarb sie mit einer neutestamentlichen Qualifikationsschrift an der Universität Jena als erste Frau die Licentiatenwürde an einer deutschen Theologischen Fakultät.[11] An der Theologischen Fakultät in Bonn war es seinerzeit Frauen noch nicht möglich, promoviert zu werden. Desto auffallender ist der reibungslose und zügige Ablauf des Promotionsverfahrens in Jena. Die Immatrikulation und den Aufenthalt in Jena machte Carola Barth von einer positiven Entscheidung über ihr Promotionsbegehren durch den Fakultätsrat der Theologischen Fakultät abhängig.[12] Ob sie ebenfalls ein Promotionsbegehren an die Marburger Fakultät gestellt hat, ist nicht bekannt. Vermutlich waren die persönlichen Beziehungen zwischen den beiden Fakultäten ausschlaggebend für ihren Wechsel nach Jena.[13] Die erste Promotion einer

[9] Zur Geschichte des Frauenstudiums in Bonn, Annette Kuhn/Brigitte Mühlenbruch/Valentine Rothe (Hrsg.), 100 Jahre Frauenstudium. Frauen der Rheinischen Friedrich-Wilhelms-Universität Bonn, Dortmund 1996.

[10] In Preußen war seit 1905 Frauen die Prüfung ›pro facultate docendi‹, die Abschlussprüfung nach einem wissenschaftlichen Philologiestudium und Voraussetzung für den Beruf des akademisch gebildeten Lehrers, gestattet; s. a.a.O. 176ff.

[11] Carola Barth, Die Interpretation des Neuen Testaments in der Valentianischen Gnosis. Inaugural-Dissertation zur Erlangung der Licentiatenwürde der Theologischen Fakultät Jena, Leipzig 1908. UA Jena, Bestand J, Nr. 83 Bl. 195.

[12] S. Entwurf zu einem Schreiben an den Kurator in Betreff der Lic.-Promotion von Frl. Carola Barth vom 10. Mai 1907, UA Jena, Bestand J, Nr. 83 Bl. 174. Vgl. Henze, Schritte, 53.

[13] Ihr Bonner Lehrer, der Neutestamentler Eduard Grafe (1855–1922), war ein enger Freund des späteren Gutachters ihrer Dissertation, Hans Lietzmann (1872–1955). Auch den seit 1904 in Jena lehrenden Neutestamentler Heinrich Weinel (1874–1936) kannte

Frau an einer deutschen theologischen Fakultät mag in damaliger Sicht als ein singuläres Ereignis gewertet worden sein, das das Selbstbewusstsein der Männerdomäne Universität – Abteilung Theologie (Henze) kaum erschüttern konnte.

Jena war noch bis zur Jahrhundertwende für seine ablehnende Haltung gegenüber dem Frauenstudium bekannt. Erst 1904 wurde an der Universität die erste Frau, Rowena Morse, durch die Philosophische Fakultät promoviert. Die volle Immatrikulation war Frauen aufgrund eines ministeriellen Erlasses vom 4. April 1907 in Jena möglich. Insbesondere der Kurator der Universität, Heinrich von Eggeling, der von 1884 bis 1909 dieses Amt innehatte, galt als entschiedener Gegner des Frauenstudiums.[14] Auf seiner Sitzung vom 10. Mai 1907 stimmte das Professorium der Theologischen Fakultät Barths Zulassungsantrag zur Promotion zu und richtete am gleichen Tage ein Schreiben an den Kurator. Dieser gab seine Zustimmung und leitete das Promotionsbegehren befürwortend an die Großherzoglich und Herzoglich Sächsische Regierung in Weimar weiter. Am 14. Mai lag die ministerielle Zustimmung vor und bereits einen Tag später immatrikulierte sich Barth in Jena. Ein halbes Jahr später, am 6. November 1907, reichte sie den Antrag auf Zulassung zur Licentiatenprüfung an den Dekan der theologischen Fakultät, Bruno Baentsch, und Hans Lietzmann wurde mit dem Gutachten betraut. Das Kolloquium fand am 14. Dezember 1907 statt; die Licentiatenprüfung bestand Carola Barth mit *cum laude*.[15]

---

sie noch aus dessen Bonner Zeit als Stiftsinspektor. Das Thema der Dissertation über die Interpretation der Valentianischen Gnosis wurde in ihrer Marburger Studienzeit durch den dortigen Neutestamentler Adolf Jülicher (1857–1938) angeregt und, so die berechtigte Annahme von Dagmar Henze, schon vor der Immatrikulation in Jena begonnen.

14 S. Sandra Altwasser, Gesuchstellerinnen, Hörerinnen und immatrikulierte Studentinnen in den Anfangsjahren des Frauenstudiums an der Universität Jena, in: Horn, Töchter, 57–68.

15 Vgl. Dagmar Henze, Die Anfänge des Frauenstudiums in Deutschland, in: Dietlind Fischer/Juliane Jacobi/Barbara Koch-Priewe, Schulentwicklung von Lehrerinnen an Schulreformen aus professionsgeschichtlicher, biografischer, religionspädagogischer und fortbildungsdidaktischer Perspektive, Weinheim 1996, 19–40, 36ff.

Dagmar Henze beschreibt die wissenschaftliche Karriere der Carola Barth als das Gegenbeispiel »für die oft vertretene These, die Geschichte des Frauenstudiums sei auch die Geschichte seiner Bekämpfung«.[16] Diese Auffassung kann mit Blick auf Jena vollauf bestätigt werden. Bereits Anfang 1906, also deutlich vor dem Promotionsverfahren von Carola Barth, hatte sich die Theologische Fakultät im Zusammenhang mit der Diskussion um die Immatrikulation von Frauen an der Universität Jena eindeutig für deren uneingeschränkte Zulassung für das Studium der Theologie ausgesprochen. In diesem Zusammenhang befürwortete Dekan Baentsch in einem Schreiben an den Rektor der Universität ausdrücklich die Zulassung von Frauen zum Lehramtsstudium für höhere Schulen:

> »Jedenfalls legt die theologische Fakultät Wert darauf, daß solchen Frauen und Mädchen, die sich später dem Unterricht in höheren Schulanstalten und Lehrerinnen-Seminarien widmen und sich in der Oberlehrer-Prüfung auch in der Religion eine facultas erwerben wollen, die Möglichkeit des Hörens der für sie in Betracht kommenden theologischen Vorlesung geboten werde.«[17]

Die dann in der Fakultät mehrheitsfähige Argumentation für die Annahme des Promotionsantrags von Carla Barth mit der Begründung, dass eine Immatrikulation von Frauen ihnen auch die Promotion ermöglichen müsse, ist dann nur konsequent gewesen.[18]

---

[16] Henze, Schritte, 64, mit Bezug auf Irmgard Weyrather, ›Die Frau im Lebensraum des Mannes‹. Studentinnen in der Weimarer Republik, in: Dokumentation des 3. Historikerinnentreffens in Bielefeld April 1981, Beiträge zur feministischen Theorie und Praxis 5, München 1981, 25–39.

[17] S. Schreiben des Dekans der Theologischen Fakultät an den Rektor der Universität zum Frauenstudium vom 25.02.1907, UA Jena BA 528, Bl. 113; abgedruckt in: Leni Arnold, Der Weg zum Frauenstudium an der Universität Jena 1894–1907. Ausgewählte Dokumente und Daten, in: Horn, Töchter, 263–300, 296; nicht bei Henze. In einem Rundschreiben des Prorektors vom 17.02.1906 sollten sich die Fakultäten zu einem Beschluss der Erhalterstaaten der Universität äußern, Frauen zur Immatrikulation zuzulassen. Die Philosophische Fakultät hatte sich kurz zuvor ebenfalls positiv zur Immatrikulation von Frauen geäußert.

[18] So die Mehrheit in der Fakultätssitzung, die »die prinzipielle Zulassung von Frauen auch zur theol. Promotion für eine unausweichliche Konsequenz der neuerdings eingeführten Immatrikulation von Frauen in der theol. Fakultät« erachtet, s. UA Jena, Bestand J, Nr. 83 Bl. 172f.

Dass das binnenuniversitäre Klima in Jena für die Zulassung des Frauenstudiums und damit auch der Weg zur Promotion von Frauen günstig war und bereits Ende des 19. Jahrhunderts als neue Aufgabe erkannt wurde, bestätigen zudem die dezidiert auf Frauenbildung ausgerichteten Jenaer Ferienkurse, an denen sich unter Leitung von Heinrich Weinel auch Professoren der Theologie beteiligten.[19]

1.2 Der Strukturwandel des höheren Mädchenschulwesens und die berufliche Karriere der Carola Barth

Nach dem Studium und ihrer Promotion in Jena begann für Barth ein zügiger beruflicher Aufstieg. Ostern 1908 nahm sie ihren Dienst als Lehrerin an der humanistischen Merlo-Mevissenschule in Köln auf, die vermutlich im gleichen Jahr in staatliche Trägerschaft übernommen wurde.[20] Im Herbst führte die Gewährung eines Stipendiums für eine Forschungsreise zu Ausgrabungsstätten im Libanon, in Palästina und Ägypten zu einer kurzzeitigen Unterbrechung ihrer schulischen Tätigkeit. Nach ihrer Rückkehr 1909 unterrichtete sie zunächst in Frankfurt a.M. und wurde dort 1911 zur Oberlehrerin ernannt. 1921 zur Direktorin des städtischen Lyzeums in Köln-Mülheim und 1925 der Mevissenschule ernannt, wurde sie schließlich 1926 zur Oberstudiendirektorin befördert. Die rasche Karriere war wiederum auch den Zeitumständen geschuldet: Durch die 1908 erlassene *Bestimmungen über die Neuordnung des höheren Mädchenschulwesen* in Preußen, die die Erlangung der Hochschulreife an Mädchenschulen ab dem Wintersemester 1908/09 nunmehr ermöglichte, war ein hoher Bedarf an Oberlehrerinnen entstanden,

---

[19] Den Veranstaltern der 1889 erstmalig stattfindenden Jenaer Ferienkurse war seitens des Universitätskurators die Benutzung von Universitätsinstituten nur unter der Bedingung gestattet, dass keine Volksschullehrer und keine Frauen zugelassen würden. Ab 1896 konnten Frauen und nicht akademisch gebildete Volksschullehrer teilnehmen; s. Georg Mentz, Geschichte der Jenaer Ferienkurse, in: Festschrift zum 25jährigen Bestehen der Ferienkurse in Jena, Jena 1913, 13–24, 15f.

[20] Die 1903 eröffnete Merlo-Mevissenschule war die erste gymnasiale Studienanstalt für Mädchen in Preußen und wurde aus der Stiftung Mathilde von Mevissens finanziert, s. Henze, Töchter, 37. Die Finanzierung höherer Mädchenschulen war bis zur ihrer Eingliederung in das öffentliche Schulwesen (Preußen 1908) die Regel, vgl. a.a.O., 92ff.

die, so auch die Vorstellung der Lehrerinnenverbände, Mädchen eine ihnen angemessene Bildung zuteil werden lassen sollten. Ebenso entsprach Barths Beförderung zur Schulleiterin einer von den Lehrerinnenverbänden in den 1920er Jahren erhobene Forderung, dass Mädchenschulen von Frauen zu leiten seien.[21]

1934 verfügten die Nationalsozialisten die Schließung der Mevissenschule und Barth wurde aus dem Schuldienst entlassen.[22] Sie trat im selben Jahr in den NS-Lehrerbund ein, weil sie, wie sie später erklärte, »eine gewisse Bindung zur Schule aufrecht zu erhalten wünschte.«[23] Aus der schulpolitischen Öffentlichkeit zog sie sich jedoch zurück.[24] Verheiratet war Carola Barth nicht; für eine im Schuldienst tätige Frau galt faktisch ein Eheverbot, auch wenn in Preußen die Zölibatsklausel seit 1920 aufgehoben war.[25]

---

21 S. Huerkamp, Bildungsbürgerinnen, 179ff. Huerkamp, 180, spricht mit Blick auf Preußen von einer »verschwindend geringe[n] Zahl weiblicher Direktoren an öffentlichen Mädchenschulen« in dem erhobenen Zeitrum von 1921 bis 1941.

22 Nach 1933 wurde die Anzahl der weiblichen Schulleiter an höheren Mädchenschulen aufgrund des am 07.04.1933 erlassenen ›Gesetzes zur Wiederherstellung des Berufsbeamtentums‹ (GWBB) um die Hälfte auf 34 Schulleiterinnen reduziert; d.h. die betroffenen Frauen wurden entweder dienstlich zurückgestuft oder pensioniert. Nach Huerkamp, a.a.O., 182f., geschah dies in den meisten Fällen nicht aus Gründen einer nicht-arischen Abstammung oder politischer Unzuverlässigkeit (so die §§ 3 u. 4 GWBB), sondern aus »dienstliche[m] Bedürfnis« (§ 5 GWBB) oder »zur Vereinfachung der Verwaltung« (§ 6 GWBB).

23 Erklärung Carola Barths in einem Fragebogen des Military Government of Germany 1945. Historisches Archiv Köln, Bestand 40/228 Bl. 129, zitiert nach Dagmar Henze, Carola Barth (1879–1974). Karriere zwischen Engagement und Anpassung, in: Pithan, Religionspädagoginnen, 40–52, 46; vgl. Henze, Schritte, 244–248.

24 Nach dem Krieg trat sie 1946 in die CDU ein und wurde in das Frankfurter Stadtparlament gewählt; 1947 war sie Mitbegründerin des Frankfurter Frauenverbandes und 1948 Gründungsmitglied im ›Bund für freies Christentum‹. 1952 wurde ihr das Bundesverdienstkreuz verliehen. Am 17. Mai 1959 verstarb sie in Frankfurt a.M.

25 1920 wurde auf Reichsebene das geltende Eheverbot für Lehrerinnen aufgehoben; allerdings unterliefen die Länder die neue Regelung, indem sie die Schulgesetze, in denen die Zölibatsklausel enthalten war, unverändert ließen; s. Huerkamp, Bildungsbürgerinnen, 215ff.; Edelbrock, Mädchenbildung, 159.

2. Fachpolitisches und religionspädagogisches Engagement für christliche Bildung und Erziehung

Carola Barth gehört zu den führenden Religionspädagoginnen im ersten Drittel des 20. Jahrhunderts. Aufgrund ihrer Verdienste ernannte sie die Universität Königsberg 1927 zur Ehrendoktorin. In einer großen Zahl an Publikationen, zu denen Monografien, Aufsätze, Vorträge, Tagungsberichte, Rezensionen und Unterrichtswerke gehören, trat sie für einen entwicklungspsychologisch und religionsgeschichtlich begründeten Religionsunterricht ein. Zudem galt ihr religionspädagogisches Interesse der Mädchenbildung. Dagmar Henze deutet das mädchenpädagogische Konzept Carola Barths im Kontext der bürgerlichen Frauenbildungsbewegung und hebt u.a. in Abgrenzung zu Magdalene von Tiling (1877–1974) als Barths wesentliches mädchenpädagogisches Ziel hervor, »die Spannung zwischen gleichberechtigter Integration der Frauen in die Gesellschaft und der Wahrung einer eigenständigen geschlechtsspezifischen Identität aufrechtzuerhalten.«[26] Auch im Bereich der Theologinnenausbildung engagierte sich Barth. 1927 wurde sie Mitglied im *Verband Evangelischer Theologinnen Deutschlands*. Aus diesem Verband trat sie 1930 aus und wechselte in die *Vereinigung Evangelischer Theologinnen*. Der 1930 gegründete Verband, der das volle Pfarramt für Frauen forderte, war eine Abspaltung des Verbandes *evangelischer Theologinnen*, der in dieser Frage zurückhaltender agierte. Carola Barth wurde zur ersten Vorsitzendes der Vereinigung gewählt, die 1933 faktisch aufgelöst wurde.[27]

---

[26] Dagmar Henze, Weiblichkeitskonstruktionen in den pädagogischen Entwürfen der Religionslehrerin Carola Barth, in: Dietlind Fischer/Juliane Jacobi/Barbara Koch-Priewe, Schulentwicklung von Lehrerinnen an Schulreformen aus professionsgeschichtlicher, biografischer, religionspädagogischer und fortbildungsdidaktischer Perspektive, Weinheim 1996, 79–93, 91.

[27] S. Dagmar Henze, Die Konflikte zwischen dem ›Verband evangelischer Theologinnen Deutschlands‹ und die ›Vereinigung evangelischer Theologinnen‹ um die Frage des vollen Pfarramtes für die Frau, in: Frauenforschungsprojekt zur Geschichte der Theologinnen, Göttingen (Hrsg.), ›Darum wagt es, Schwestern...‹ Zur Geschichte evangelischer Theologinnen in Deutschland, Neukirchen-Vluyn ^{2}1994, 129–150.

2.1 CAROLA BARTHS LEITUNGSTÄTIGKEIT IM ›BUND FÜR RELIGIONSUNTERRICHT UND RELIGIÖSE ERZIEHUNG‹

Früh erkannte Barth die Notwendigkeit politischer Arbeit in Religionslehrerverbänden und kirchlichen Gremien.[28] Ab 1913 war sie Vorsitzende des protestantisch-liberalen *Vereins für religiöse Erziehung*, der 1920 mit dem 1911 gegründeten *Bund für die Reform des Religionsunterrichts* zum *Bund für Religionsunterricht und religiöse Erziehung* vereinigt wurde, in dessen Vorstand Carola Barth ebenfalls tätig war und hierbei auch überregionale Aufgaben übernahm.[29]

Die Zusammensetzung der Vorstände des *Vereins für religiöse Erziehung* und des *Bundes für die Reform des Religionsunterrichts*, in denen Carola Barth tätig war, zeigt eine enge personelle Verflechtung, für die die Universitätsstadt Jena eine wichtige Rolle spielte und die der späteren, 1920 erfolgten Fusion beider Verbände dienlich war.

Als programmatisches Ziel strebte der Verein für religiöse Erziehung eine am Kind ausgerichtete religiöse Erziehung in Familie und Schule an. 1913 formulierte Carola Barth: »Unter religiöser Erziehung verstehen wir [...] die Weckung und Entwicklung einer Lebenskraft, die den jungen Menschen tüchtig macht, sein Leben tiefer und heiliger zu erfassen, die das Gefühl in ihm weckt, dass unser ganzes Wesen getragen und gehalten sei von Gottes Kraft und Liebe.«[30]

---

28 Auch auf internationaler Ebene: Seit 1913 war sie Vorstandsmitglied der freichristlichen ›International Union of Liberal Christian Women‹ und nahm an Tagungen des ›Weltbundes für freies Christentum und religiösen Fortschritt‹ (1913 Paris, 1927 Prag) teil. 1919 wurde sie als Abgeordnete der liberalen Deutschen Demokratischen Partei (DDP) in das Stadtparlament von Frankfurt a.M. gewählt.

29 1919 war sie Mitglied im Deutschen Evangelischen Kirchenausschuss (DEKA) und wurde 1925 als dessen Delegierte zur ›Allgemeinen Konferenz für Praktisches Christentum‹, einer Vorläuferorganisation des Ökumenischen Rates der Kirchen, nach Stockholm entsandt. Als Fachvertreterin für den evangelischen Religionsunterricht nahm sie an den Deutschen evangelischen Kirchentagen (DEKT) von Dresden (1919), Bethel (1924), Königsberg (1927) und Nürnberg (1930) teil. Zur Beteiligung der organisierten Religionslehrerschaft an den verschiedenen Kirchentagen s. ANTJE ROGGENKAMP-KAUFMANN, Religionspädagogik als ›Praktische Theologie‹. Zur Entstehung der Religionspädagogik in Kaiserreich und Weimarer Republik, Leipzig 2001, 155–163.

30 CAROLA BARTH, Das freie Christentum und die Frauen, in: Blätter für religiöse Erziehung, 1913, 65–69, 66. Zur Organisation und Programmatik des Vereins s. EDELBROCK, Mädchenbildung, 293ff.

Im Gründungsvorstand des 1907/08 gegründeten V*ereins für religiöse Erziehung* waren neben der Vorsitzenden Ada Thönes (1875–1939), die spätere Ehefrau von Heinrich Weinel, auch die Ehefrau des in Jena von 1911 bis 1938 lehrenden Praktischen Theologen Paul Glaue (1872–1944), Helene Glaue (1876–1967), tätig, die als eine der führenden Sozialpolitikerinnen und Pädagoginnen jener Zeit gilt.[31] Ab 1910 waren in dem Verein auch Männer als ordentliche Mitglieder zugelassen; zu ihnen gehörten neben Heinrich Weinel auch der Göttinger Neutestamentler Wilhelm Bousset (1865–1920) und der Religionspädagoge Ernst Thrändorf (1851–1926). Bousset, Thrändorf, Ada und Heinrich Weinel boten seit 1905 regelmäßig theologische und religionspädagogische Lehrangebote im Rahmen der von dem Pädagogen Wilhelm Rein (1847–1929) initiierten Jenaer Ferienkurse an. Rein gehörte seinerseits bis 1913 gemeinsam mit Heinrich Weinel und Heinrich Spanuth (1873–1958) dem 1911 in Jena gegründeten Vorstand des *Bundes für die Reform des Religionsunterrichts* an.[32] 1909 fand die zweite Hauptversammlung des Bundes im direkten Anschluss an den Ferienkurs in Jena statt; Carola Barth wird an der Jenaer Tagung nicht teilgenommen haben, da sie sich zur gleichen Zeit im Vorderen Orient aufhielt. Wie Barth, die nach ihrer Rückkehr die praktische Lehrerausbildung in Frankfurt abschloss und dort eine Anstellung erhielt, den Weg zum *Verein für religiöse Erziehung* gefunden hat, ist nicht gesichert; möglicherweise war hierfür die Bekanntschaft mit Ada Weinel ausschlaggebend.[33]

Auf der sechsten Hauptversammlung 1913 in Wiesbaden gab Ada Weinel den Vorsitz an Carola Barth ab; die damalige Versammlung tagte bereits gemeinsam mit dem *Bund für die Reform des Religionsunterrichts*.[34]

---

31 Zu Ada Weinel s. Andrea Schulte, Ada Weinel, geb. Thoenes , in: Petzold/Wermke, Jahre, 192–209.

32 Zu dem 1912 in Dresden verabschiedeten Programm des Bundes s. Heinrich Weinel, Leitsätze über Reform des Religionsunterrichts, in: MERU 5/1912, 63–74. Die Leitsätze enthalten als zentrale Forderung, den Religionsunterricht allein schulpädagogisch zu begründen und die kirchliche Aufsicht aufzuheben. Zur zentralen Bedeutung Wilhelm Reins für den ›Bund für die Reform des Religionsunterrichts‹ s. Michael Wermke, Wilhelm Rein und die Reformdebatten um den Religionsunterricht, in: Ralf Koerrenz/Michael Wermke, Wilhelm Rein. Protestantische Schulgestaltung, Schriften zu Religion und Religionsunterricht, Jena 2012, 27–45.

33 Bereits ab 1910 übernimmt Barth die Aufgabe, Tagungsberichte zu verfassen, s. Carola Barth, Die vierte Jahresversammlung des Vereins für religiöse Erziehung, in: ZfdeRU 12, 1910/11, 328–330.

34 Zeitgleich trat Friedrich Niebergall die Nachfolge von Wilhelm Rein als Vorsitzen-

Vermutlich kam der Zusammenschluss der beiden Verbände, die 1921 in Erfurt ihre erste gemeinsame Jahresversammlung abhielten, auf Initiative des Kreises um Ada und Heinrich Weinel sowie Wilhelm Rein zustande, die in der Jenaer Ortsgruppe des Reformbundes zusammen arbeiteten.[35] Ada Weinel hatte zuvor schon wiederholt auf die programmatische Nähe beider Vereinigungen verwiesen. Der Zusammenschluss lag in den scharfen schul- und kirchenpolitischen Auseinandersetzungen um Schule und Religionsunterricht zu Beginn der Weimarer Republik begründet.[36] Nach der Vorstellung des Bundes sollte der künftige Religionsunterricht konfessionell ausgerichtet sein, aber nicht unter kirchlicher Aufsicht stehen.[37] Abgelehnt wurden ein dogmatisch gebundener *engkonfessioneller* Religionsunterrichts, ebenso wie die Vorstellungen eines *objektiven* religionsgeschichtlichen oder eines *inter-* oder *überkonfessionellen* Religionsunterrichts, mit denen die Religionslehrkräfte zunehmend sympathisierten.[38]

Im Vorstand befanden sich neben Carola Barth u.a. der Praktische Theologe Friedrich Niebergall (1866–1932), der Herausgeber der *Monatsblätter für den evangelischen Religionsunterricht* (MERU), Heinrich Spanuth, sowie

der des ›Bundes für Reform der Religionsunterrichts‹ an, s. Carola Barth, Tagung des Vereins für religiöse Erziehung und des Bundes für Reform des Religionsunterrichts, in: ZfdeRU, 15, 1913, 264–267, 267.

35 Nach Peter C. Bloth, Religion in den Schulen Preußens. Der Gegenstand des evangelischen Religionsunterrichts von der Reaktionszeit bis zum Nationalsozialismus, Heidelberg 1968, 205, Anm. 18, geht die Gründung des Reichsbundes auf einen Vorschlag von Barth zurück.

36 Zum Schulkampf in der Weimarer Republik mit Schwerpunkt auf Thüringen s. David Käbisch/Michael Wermke, Gerhard Bohne, 79–100.

37 Zu ›Zweck und Aufgabe‹ des Reichsbundes heißt es in § 2 seiner Satzung: »Der Zweck des Reichsbundes ist, durch Zusammenschluss aller an der religiösen Erziehung beteiligten Kräfte einzutreten für einen selbständigen, kirchlich nicht gebundenen Religionsunterricht im Geiste protestantischer Frömmigkeit, Freiheit und Weltoffenheit nach den Grundsätzen der modernen Pädagogik in den verfassungsmäßigen Schulformen, in diesem Geist die Wege praktischer Zusammenarbeit mit der organisierten Kirche zu ebnen und in freier Arbeitsgemeinschaft mit ihr zur Stärkung und Verinnerlichung des deutschen Protestantismus beizutragen.« zitiert nach Bloth, Religion. Auf eine bestimmte Schulform, ob nun Bekenntnisschule, Gemeinschaftsschule oder bekenntnisfreie Schulen, wollte sich der Bund nicht festlegen, solange die Erteilung des Religionsunterrichts nach Art. 149 WRV möglich ist.

38 S. Carola Barth, Was heißt bekenntnismäßiger Religionsunterricht?, in: MERU 15, 1922, 173–183; vgl. Friedrich Schweitzer/Henrik Simojoki, Moderne Religionspädagogik. Ihre Entwicklung und Identität, Gütersloh 2005, 105ff.

dessen Mitherausgeber und erster Vorsitzende des Reichsbundes, Hans Schlemmer (1885–1958). Der Bund, der sich ab 1924 als *Reichsbund für Religionsunterricht und religiöse Erziehung* neu organisierte, verzeichnete einen raschen Mitgliederzuwachs: Der Reichsbund vermochte im Lauf der 1920er Jahre »zu einem einflussreichen bildungspol[itischen] Faktor avancieren«.[39]

2.2 Carola Barths Konzept religiöser Erziehung im Kontext der liberalen Theologie

In den *Leitsätzen über Ziel und Inhalt des Religionsunterrichts* des *Bundes für Religionsunterricht und religiöse Erziehung* fasste Carola Barth auf der Erfurter Jahresversammlung 1921 ihr religionspädagogisches Konzept wie folgt zusammen:

> »Der R. U. der Schule darf nicht im Dienst irgendeiner bestimmten kirchlichen oder religiösen Richtung stehen. Seine Aufgabe ist es:
> Die Jugend zu den Quellen religiöser Erfahrung und Erkenntnis zu führen,
> ihre eigenen religiösen Anlagen zu wecken, zu stärken und zu pflegen
> und
> in ihr das Gefühl der Mitverantwortlichkeit für andere auch auf dem Gebiet des religiösen Lebens zu wecken und dadurch Willenantrieb auszulösen, das tägliche Leben im Geist tatkräftigen Christentums für die Gemeinschaft zu führen.
> Aus diesen drei Aufgaben ergibt sich:
> Die Ablehnung jedes nur intellektuell wirkenden R. U., möge sein Stoff nun aus kühl neutraler Religionskunde oder überliefertem Bekenntnisstoff bestehen;
> die Zielsetzung, das Streben, Religion im R. U. als lebendig wirkende Lebenskraft erfassen zu lehren, die in Vergangenheit und Gegenwart, im fremden und eigenen Leben sich offenbart und heute wirksam ist, wie in den Tagen der Propheten und Apostel.«[40]

Carola Barths religionspädagogisches Denken bewegt sich im Rahmen der liberalen Theologie und Religionspädagogik jener Zeit. Sie beobachtete eine wachsende Entfremdung der Jugend gegenüber der institutionalisierten Kir-

---

[39] Antje Roggenkamp-Kaufmann, Art. Reichsbund für Religionsunterricht und religiöse Erziehung, in: LexRP 2001, 1604.

[40] Carola Barth, Leitsätze über Ziel und Inhalt des Religionsunterrichts, in: MERU 14,1921, 190f., 190; ebenso Carola Barth, Pfingsttagung des Bundes für Religionsunterricht und religiöse Erziehung, in: ZfdeRU 32, 1921, 184–187; vgl. Friedrich Schweitzer/Hendrik Simojoki, Religionspädagogik, 108f.

che und stellte zugleich deren *ehrliches Verlangen nach Religion* fest. Im Sinne der Einsicht Friedrich Schleiermachers, dass Religion nicht lehrbar sei, formuliert sie als ihre religionspädagogische Grundüberzeugung: »Religion im eigentlichen, höchsten Sinn aber lässt sich nicht erarbeiten, sie ist Offenbarung und Gnade.«[41] Im schulischen Religionsunterricht könne es daher zunächst nur darum gehen, Verständnis für die Dimension des Religiösen zu fördern:

> »Mit Religion bezeichnen wir das Gefühl der Gottverbundenheit, d.h. das Gefühl dafür, daß unser Wesen im engen physischen Gebundensein vergänglichen Menschendaseins sich nicht restlos erschöpft, sondern in einer unerschöpflichen Kraft wurzelt, die, wie Luther sagt, ‚die Person stärkt, aus Blödigkeit ein unerschrocken Herz macht, aus einem unruhigen ein friedsam still Gewissen, daß ein solcher Mensch in den Sachen keck, mutig und freudig ist, in denen sonst alle Welt erschrickt‹. Da aber nun der Glaube als Gefühls- und Bewußtseinszustand nur erlebbar, aber nicht unmittelbar faßbar ist, ringt die Menschheit von jeher nach dem gedanklichen Ausdruck für das seelisch Erlebte und innerlich Offenbarte, sei es um andere teilnehmen zu lassen an der eigenen Erfahrung, oder sei es, um selbst zur Klarheit zu kommen.«[42]

Weil Religion, so Barths Konzept, zwar als religiöse Erlebtes vorauszusetzen, aber nicht objektiv *fassbar* ist, muss es im Religionsunterricht darum bestellt sein, »den SchülerInnen Mittel an die Hand zu geben, mit deren Hilfe Anforderungen, die christliche Theologie und Tradition auf intellektuellem Gebiet an sie stellen, begegnen zu können.«[43] Der gedankliche *Ausdruck für das seelisch Erlebte und innerlich Offenbarte* gewinnt in unterschiedlichen Formen zeitliche Gestalt, z.B. in Bibel oder Bekenntnisschriften. Diese gilt es unterrichtlich mit Methoden der Historischen Kritik und der Religionsgeschichte zu erschließen und »das Zeitgebundene, geschichtlich Bedingte in unserer Religion von ihrem ewigen geistigen Inhalt zu trennen.«[44] Das Ziel ist die *religiöse Bildung* der Schüler, indem der Religionsunterricht dazu beiträgt, »den Blick der Schüler für das Eine, das nottut, für die Kundgebung des Göttlichen zu schärfen«[45] und »die in den Glaubenzeugnissen verschlossenen Kräften

---

41 Carola Barth, Religionsunterricht als religiöse Erziehung, Aus der Praxis meines Religionsunterrichts, Göttingen 1931, 1.

42 Barth, bekenntnismäßiger Religionsunterricht, 176.

43 Henze, Schritte, 152.

44 Barth, Religionsunterricht, 25.

45 Barth, bekenntnismäßiger Religionsunterricht, 175.

in ihrer Gegenwartsbedeutung lebendig werden zu lassen.«[46] Gleichwohl ist damit keine intellektualistisch-kognitive Verengung des Religionsunterrichts intendiert. Neben der gedankliche Durchdringung und Aneignung des Unterrichtsstoffs dürfe, so Barth, »das religiöse Erziehungsziel niemals verloren werden.«[47] Auch wenn der Glaube unterrichtlich nicht verfügbar ist, sollte ein »Ahnen davon, dass durch Jesus Christus auch uns sich ein Zugang zu einer neuen Welt der Kraft und der Freudigkeit erschließt, [...] ihnen [d. i. den Schüler] aufgehen.«[48] Barths religionsdidaktische Konzeption folgt damit entwicklungspsychologischen Erkenntnissen und räumt der Religionsgeschichte als Methode den Vorrang ein:

> »Es gilt dem jungen Menschen die Wege zu ebnen, die ihn zu ernstlicher Beschäftigung mit den Urkunden unseres Glaubens führen, es gilt in ihm das Vertrauen zu stärken, dass auch sein Leben im innersten Wesenkern mit Gott verbunden ist und in seiner Liebe ruht.«[49]

Religionsdidaktisch verzichtet Barth auf eine ekklesiologische und katechetische Begründung des Religionsunterrichts; der schulische Religionsunterricht wird bei ihr weder von der *Kirche her* noch auf *Kirche hin* gedacht. Religionsunterricht betreibe zwar Mission, er habe aber

> »wohl verstanden nicht durch Glaubenszwang zur Bekenntniskirche hin zu missionieren, sondern dafür zu wirken, dass unser ermattetes, im tiefsten Lebensmark durch Krieg und Not erschöpfte Volk, Glauben im reinsten Sinn, Lebens- und Gottesglaube gewinne, dass die Liebe eine Lebensmacht unter uns werde.«[50]

Der Religionsunterricht ist damit für Barth nicht auf die Vermittlung und Aneignung eines bestimmten Bekenntnisses ausgerichtet, sondern primär auf die Befähigung zur Urteilsbildung über das eigene religiöse Befinden.[51]

---

[46] BARTH, Religionsunterricht als religiöse Erziehung, Göttingen 1931, 25.

[47] Ebd.

[48] Ebd.

[49] A.a.O., 26.

[50] CAROLA BARTH, Der Inhalt des Religionsunterrichts. (Lehrplanfragen.), in: ZfdeRU 31, 1920, 4–17, 5f.

[51] Zur Kritik an Barth s. ANTJE ROGGENKAMP-KAUFMANN, Religionspädagogik als ›Praktische Theologie‹. Zur Entstehung der Religionspädagogik in Kaiserreich und Weimarer Republik, Leipzig 2001, 621ff. Roggenkamp-Kaufmann hält dem Konzept vor, dass ihm in letzter Konsequenz ein theologisch-kriteriologisches Prinzip fehle.

3. ›Bekenntnismässiger Religionsunterricht‹ und das Verhältnis von Kirche und Religionsunterricht

Der von Carola Barth in ihrer Eigenschaft als Vorsitzende des *Bundes für Religionsunterricht und religiöse Erziehung* verfasste Beitrag *Was heißt bekenntnismäßiger Religionsunterricht?* ist 1922 in der August/Septemberausgabe der *Monatsblätter für den evangelischen Religionsunterricht* (MERU), dem Mitteilungsblatt des Bundes, erschienen.[52] Der Beitrag stellt die Frage nach der Bekenntnisorientierung des Religionsunterrichts und damit auch die Frage nach dem Verhältnis zwischen Religionslehrerschaft und Kirche. Er entstand im zeitlichen Zusammenhang mit der Erklärung zum Religionsunterricht auf dem Stuttgarter Kirchentag 1921[53] und der im Sommer 1922 von der verfassungsgebenden Kirchenversammlung der altpreußischen Union (APU) verabschiedeten Präambel der neuen Kirchenverfassung.

Mit der Weimarer Reichsverfassung von 1919 wurde ein schon seit Ende des 19. Jahrhunderts geführte Kontroverse um die Abschaffung der geistlichen Schulaufsicht und die Verstaatlichung des Schulwesens zum Abschluss gebracht. Hierbei hatte auch der Religionsunterricht zur Disposition gestanden, dessen Ersetzung durch ein lebenskundliches Schulfach von den sozialistischen Parteien, den Freidenkervereinen und auch von Lehrerverbänden, gefordert wurde. Nach 1918 war die konzeptionelle Haltung zur Begründung eines schulischen Religionsunterrichts im Lager der Religionslehrer keinesfalls geschlossen. Die Positionen changierten zwischen einem rein religionskundlichen bis zu einem – wenngleich deutlich seltener geforderten – kirchlich begründeten Religionsunterricht; auch Stimmen nach Abschaffung des

---

52 In: MERU 15, 1922, 173–183.

53 In der Entschließung des Stuttgarter Kirchentages 1921 für den Religionsunterricht heißt es: »Dem Religionsunterricht wollen wir Wert und Stellung bewahrt wissen. Als die Grundsätze, nach denen er gemäß der Reichsverfassung zu erteilen ist, gelten die Normen des christlichen Glaubens und Lebens, wie sie in dem in der Hl. Schrift gegebenen und in den Bekenntnissen der Reformation bezeugten Evangelium enthalten sind. Ob der Religionsunterricht diesen Grundsätzen entspricht, kann der Staat nicht von sich aus entscheiden. Es sind daher von seiten der Kirche unter gebührender Berücksichtigung der Religionslehrer Organe zu bilden, die den inneren Zusammenhang zwischen der Kirche und der Schule zu wahren und der Kirche den für sie unentbehrlichen Einfluß gewährleistet.« Kundgebung des II. Deutschen Evangelischen Kirchentages über die Stellung der evangelischen Kirche zur Schule, in: ZEvRU 32, 1921, 190.

Religionsunterrichts wurden laut.[54] Die innerhalb der Religionslehrerschaft äußerst kontrovers geführte Debatte stürzte den Bund für die Reform des Religionsunterrichts in eine tiefe Krise, die 1924 schließlich zu seiner bereits erwähnten Neukonstitution als *Reichsbund für Religionsunterricht und religiöse Erziehung* führte.[55]

3.1 Die Auseinandersetzung um das kirchliche Aufsichtsrecht über den Religionsunterricht

Barths Beitrag *Was heißt bekenntnismäßiger Religionsunterricht?* setzt mit einer Auseinandersetzung mit den Forderungen nach einem konfessionslosen und gesinnungsbildenden Unterrichtsfach ein. Namentlich erwähnt wird der Moralpädagoge Rudolph Penzig (1855–1931), dessen Vorstellungen eines lebenskundlichen Unterrichts in den Konzeptionsdebatten um LER (Lebenskunde-Ethik-Religionen) in Brandenburg während der 1990er-Jahre und in der 2009 in Berlin geführten Diskussion um den Religionsunterricht weiterwirkten.[56] Die in der Reichsverfassung vorgenommene Neubestimmung des Verhältnisses von Staat und Kirche löste die Verbindung zwischen Staat und Kirche (Art. 137 WRV: »Es besteht keine Staatskirche.«) im Grundsatz auf und das Schulwesen wurde der staatlichen Schulaufsicht unterstellt (Art. 144 WRV). Die auf den evangelischen Theologen und liberalen Politiker Friedrich Naumann (1860–1919) zurückgehende *geniale Kompromissformulierung* (R. Lachmann) von Art. 149 WRV entsprach zur Hälfte den Forderungen v.a. der

---

[54] So beschloss der Deutsche Lehrerverband (DLV) im Mai 1919 die Abschaffung des bekenntnisorientierten Religionsunterrichts im öffentlichen Schulwesen.

[55] S. auch Friedrich Schweitzer/Henrik Simojoki, Religionspädagogik, 102–110.

[56] Rudolph Penzig stand der bürgerlichen Freidenkerbewegung nahe und bekleidete verschiedene Vorstandsämter freigeistiger und humanistischer Organisationen, u.a. war er Vorsitzender der Deutschen Gesellschaft für Ethische Kultur und des Deutschen Bundes für weltliche Schule und Moralunterricht. Schulpolitisch setzte er sich für die Öffnung des Religionsunterrichts zu einem religions- und kulturkundlichen Fach (›Lebenskunst‹) ein. Seine Publikationen, insb. die Schrift Zum Kulturkampf um die Schule. Ein Mahnwort an Denkende, Berlin 1905; s. Horst Groschopp, Art. Lebenskunde, Humanistische; Lebenskunde, historisch; Deutscher Bund für weltliche Schule und Moralunterricht; Penzig, Rudolph, Dr. (1855–1931), in: LexRP, hg. von Norbert Mette/Folkert Rickers 2001, 317–318, 1167–1170; Rudolph Penzig, Zum Kulturkampf um die Schule. Historische Anmerkungen zum Berliner Streit um den Religionsunterricht, in: Sigrid Blömeke u.a. (Hrsg.), Jahrbuch für Pädagogik 2005. Religion, Staat, Bildung, Frankfurt a.M. u.a. 2006, 225–234.

Sozialisten und Freidenker, die Einrichtung sog. bekenntnisfreier Schulen zu ermöglichen.[57] Zugleich wurde jedoch eine radikale Trennung von Staat und Kirche ausgeschlossen und der schulische Religionsunterricht als rex mixta von Staat und Kirche etabliert. In der Folgezeit setzten sich die schulpolitischen Auseinandersetzungen auf zwei Ebenen fort. Innenpolitisch wurde die Frage nach der Einrichtung von bekenntnisfreien Schulen zum heiß umkämpften Thema. Kirchenpolitisch und theologisch war zu klären, wie die *Grundsätze der betreffenden Religionsgesellschaft* zu definieren seien und wer deren Einhaltung im Religionsunterricht überprüfen dürfe. Zwar war der Religionsunterricht nach Art 149,1 WRV in Übereinstimmung mit den Grundsätzen der betreffenden Religionsgesellschaft zu erteilen, allerdings stand der Religionsunterricht nicht mehr unter der unmittelbaren Aufsicht durch die Kirchen.[58] Durch die Reichsverfassung war nunmehr festgelegt, dass die fachliche Schulaufsicht allein durch *hauptamtlich tätige, fachmännisch vorgebildete Beamte* auszuüben sei (Art. 144 WRV), womit de jure jegliche Form der geistlichen Schulaufsicht beseitigt war.[59] Die Verfassungsbestimmungen legten jedoch nicht fest, dass den Kirchen bzw. den Religionsgesellschaften

---

[57] Friedrich Naumann wurde nach dem ersten Weltkrieg Vorsitzender der Deutschen Demokratischen Partei (DDP). Als Mitglied der Weimarer Nationalversammlung gehörte er zum Ausschuss zur Vorberatung einer Verfassung für das Deutsche Reiche an. Der nahezu wörtlich in die Grundgesetzgebung übernommen Art. 149 (1) der Weimarer Reichsverfassung lautet: »Der Religionsunterricht ist ordentliches Lehrfach der Schulen mit Ausnahme der bekenntnisfreien (weltlichen) Schulen. Seine Erteilung wird im Rahmen der Schulgesetzgebung geregelt. Der Religionsunterricht wird in Übereinstimmung mit den Grundsätzen der betreffenden Religionsgemeinschaft unbeschadet des Aufsichtsrechts des Staates erteilt.« S. im Einzelnen RAINER LACHMANN, Die Weimarer Republik, in: RAINER LACHMANN/BERND SCHRÖDER (Hrsg.), Geschichte des evangelischen Religionsunterrichts in Deutschland. Ein Studienbuch, Neukirchen 2007, 203–232.

[58] Dies ist in den Ländern freilich unterschiedlich gehandhabt worden; im Gegensatz zu Ländern wie Braunschweig, Sachsen, Thüringen, Bremen und Hamburg blieb in Bayern, Baden und Württemberg die Beaufsichtigung des Religionsunterrichts weiterhin den Kirchen überlassen; s. a.a.O. 207.

[59] Bis zur Verkündigung der neuen Reichsverfassung galt in Preußen der Ministerialerlass vom 18.02.1876 und 21.01.1880 betr. Stellung und Leitung des planmäßigen Religionsunterrichts in den Volksschulen. Die Rechtslage unterschied zwischen dem Recht der staatlichen Aufsicht über und dem Recht der kirchlichen Einsicht in den Religionsunterricht. So war der Pfarrer berechtigt, sich persönlich zu überzeugen, ob der Religionsunterricht vom Lehrer vollständig und sachgemäß erteilt wird und welche Lernfortschritte die Schülerinnen und Schüler gemacht haben, Beschwerden an die staatliche Aufsichtsbehörde weiter zu leiten und ggf. an der Entlassung des Lehrers mitzuwirken.

das Recht zustand, den Religionsunterricht dahingehend zu überprüfen, ob er in Übereinstimmung mit ihren Bekenntnisgrundlagen erteilt werde. An dieser Stelle liegt die Ursache für den tiefen Konflikt zwischen den evangelischen Landeskirchen, die das Aufsichtsrecht für sich beanspruchten, und dem Reichsbund für Religionsunterricht und religiöse Erziehung, der die kirchliche Aufsicht mit Hinweis auf die Gebundenheit der Religionslehrkräfte allein an ihr christliches Gewissen ablehnte. Wie langwierig dieser Konflikt zwischen der organisierten Religionslehrerschaft und der größten preußischen Kirche, der evangelischen Landeskirche der Altpreußischen Union (APU), gewesen ist, zeigt die Tatsache, dass erst zwölf Jahre nach Verkündigung der Reichsverfassung, am 2. August 1932, die Frage rechtlich und politisch geklärt werden konnte und die kirchliche Visitationsrecht über den Religionsunterricht wieder Gesetzeslage in Preußen wurde.[60]

3.2 Die Auseinandersetzung um die ›Grundsätze der Religionsgemeinschaft‹

Die Kontroverse mit den Freidenkern spielt in Barths Beitrag allerdings eine eher untergeordnete Rolle. Im Zentrum steht die seit Anfang der 1920er-Jahre geführte Auseinandersetzung um die Präambel der neuen Kirchenverfassung, der sog. Präambelstreit, zwischen den liberalen und konservativen Kirchenparteien in der Altpreußischen Union. Die Präambel war für die künftige konzeptionelle Ausrichtung des Religionsunterrichts insofern von vitaler Bedeutung, weil deren theologische Implikationen für die durch die Reichsverfassung gebotene Bekenntnisorientierung des Religionsunterrichts richtungsweisend werden konnten.

Aufgrund des 1919 zusammengebrochenen Summepiskopats war es unumgänglich geworden, dass sich die einzelnen Landeskirchen neue Verfassungen zu geben hatten. So trat die verfassungsgebende Kirchenversammlung der altpreußischen Union (Constituante) am 24. September 1921 in Berlin zusammen. Der Verfassungsausschuss wurde nach dem Proporz der Kirchenparteien zusammengesetzt; die größte Fraktion bildeten die Anhänger der *Bekenntnistreuen Vereinigung*, ein Zusammenschluss aus Anhängern der Positiven Union bzw. der konfessionell-lutherischen Richtung und der pietistischen Gemeinschaftskreise. Die zweitgrößte Fraktion setzte sich aus Anhängern der liberalen Parteien *Freunde der freien Volkskirche* und

---

[60] S. Einsichtnahme in den evangelischen Religionsunterricht, in: Zentralblatt für die gesamte Unterrichtsverwaltung in Preußen 74, 1932, 233.

der *Volkskirchlichen Evangelischen Vereinigung* zusammen.[61] Das Interesse der *bekenntnistreuen* Parteien bestand darin, die Präambel der neuen Kirchenverfassung auf die altkirchlichen Bekenntnisse und die lutherischen Bekenntnisschriften bzw. den Heidelberger Katechismus auszurichten. Die liberal-kirchlichen Parteien sprachen sich gegen eine Verschränkung von Bekenntnis- mit Rechtsaussagen aus und befürchteten die Etablierung einer volksfernen Amtskirche.[62]

Mit den Stimmen der Mehrheit des konservativen Lagers verabschiedete die Kirchenversammlung im August 1922 eine Präambel für die neue Kirchenordnung, die sich den liberalen kirchlichen Kräften jedoch in ihrer verfassungsmäßigen Verknüpfung von Rechts- und Bekenntnisaussagen als eine Beschränkung des volkskirchlichen Charakters der Landeskirche und der Glaubensfreiheit darstellte.[63] Treffend formuliert Eckhard Lessing die Problemlage:

> »Das Verhältnis von Geist- und Rechtskirche bleibt ungeklärt. Ungeklärt bleibt damit auch die historisch-soziologische Frage: Kann dem Volk, insbesondere dem neuzeitlichen Menschen, noch eine ausdrückliche Bindung an die traditionellen Bekenntnisse zugemutet werden[,] oder zeigt sich darin eine überholte konservative Denkweise?«[64]

---

[61] Zur Auseinandersetzung um die Präambel s. ECKHARD LESSING, Zwischen Bekenntnis und Volkskirche, Bielefeld 1922, 21ff.; vgl. GERHARD BESIER/ECKHARD LESSING, Die Geschichte der Evangelischen Kirche der Union Bd. 3, Trennung von Staat und Kirche – Kirchenpolitische Krisen – Erneuerung kirchlicher Gemeinschaft, 1918–1992, Leipzig 1999, 79ff.

[62] So HANS FREIHERR VON SODEN, Das Ende der evangelischen Volkskirche Preußens?, Berlin 1992, 11, »Das Bekenntnis ist Voraussetzung, nicht Gegenstand der Verfassung; es ist ihr religiöses Prinzip.«

[63] Die Präambel lautet: »Getreu dem Erbe der Väter steht die evangelische Kirche der älteren Provinzen Preußens auf dem in der Heiligen Schrift gegebenen Evangelium von Jesus Christus, dem für uns Gekreuzigten und Auferstandenen, dem Herrn der Kirche, und erkennt die fortdauernde Geltung ihrer Bekenntnisse an: der apostolischen und der altkirchlichen, ferner der Augsburgischen Konfession, der Apologie, der Schmalkaldischen Artikel und des Kleinen und Großen Katechismus Luthers in den lutherischen Gemeinden, des Heidelberger Katechismus in den reformierten, sowie der sonstigen Bekenntnisse, wo solche in Kraft stehen. Das in diesen Bekenntnissen bezeugte Evangelium ist die unantastbare Grundlage für die Lehre, Arbeit und Gemeinschaft der Kirche.« Zitiert nach EDUARD FREIHERR VON DER GOLTZ, Die Verfassungsurkunde der evangelischen Kirche der altpreußischen Union, Halle (Saale) 1925, 21.

[64] BESSIER/LESSING, Bekenntnis, 26.

Barth wie auch Spanuth und andere im Umfeld des *Bundes für die Reform des Religionsunterrichts* befürchteten einen wachsenden Einfluss konservativer protestantischer Kräfte und damit eine Verschärfung des Konflikts zwischen der modern-liberalen Religionslehrerschaft und der Kirche. »In den *Monatsblättern* sah man darin [d. i. die Präambel der neuen APU-Verfassung] das Fanal einer neuen Orthodoxie und befürchtete eine Neubelebung des Katechismusunterrichts und eine Bekenntnisverpflichtung der Religionslehrer«[65] sowie eine Wiederkehr der kirchlichen Schulaufsicht über den Religionsunterricht.

Barth zielt in der Argumentation ihres Beitrags auf eine Stärkung des Religionslehrers ab, der sich in seinem Unterrichten *in seinem Gewissen gebunden fühlen* müsse, um *bekenntnismäßigen Unterricht* zu erteilen. Hier zeichnen sich bereits wesentliche Elemente der veränderten Programmatik des 1924 neukonstituierten *Reichsbundes für Religionsunterricht und religiöse Erziehung* ab. Der Reichsbund stellte sich nun ausdrücklich die Aufgabe, »das Verhältnis der offiziellen Kirche zum R. U. positiv zu regeln« und rief die Religionslehrkräfte zur aktiven Mitarbeit in den kirchlichen Gremien auf:

> »Dabei muß sowohl unser Verlangen nach rechtlicher Selbständigkeit des R. U. und der R.Lehrer, aber auch die Bereitwilligkeit zur Zusammenarbeit und friedlichen Verständigung mit der Kirche, der wir als freie Glieder an der Sache dienen wollen, zur Geltung gebracht werden.«[66]

Die von der Reichsverfassung vorgegebene Übereinstimmung des Religionsunterrichts *mit den Grundsätzen der betreffenden Religionsgemeinschaft* sah der *Reichsbund für Religionsunterricht und religiöse Erziehung* durch die Bekenntnisorientierung des evangelischen Religionslehrers als hinreichend gegeben an. Eine kirchliche Observanz des konfessionellen Religionsunterrichts lehnte der Reichsbund aus verfassungsrechtlichen wie theologischen Gründen weiterhin strikt ab[67], zugleich betonte er die bekenntnismäßige Bin-

---

[65] Schweitzer/Simojoki, Religionspädagogik, 112.

[66] Heinrich Spanuth, Mitteilungen des Reichsbundes für R. U. und religiöse Erziehung, in: MERU 17, 1924, 176.

[67] So heißt es in den 1924 verabschiedeten ›Vorschlägen zur Regelung des Verhältnisses von Schule und Kirche‹ des Reichsbundes: »Da also die Gebundenheit des R. U. und Religionslehrers an den Geist der evang. Kirche nur eine innere Gewissensbildung sein kann, ist jede kirchliche Leitung, Aufsicht oder Kontrolle – auch in Form einer ›Kenntnisnahme‹ – abzulehnen.« Vorschläge zur Regelung des Verhältnisses von Schule und Kirche, in: MERU 17, 1924, 266.

dung des Religionslehrers an Kirche und Evangelium und forderte die Verbundenheit der Kirche mit der Religionslehrerschaft.[68] Wie nun die Kirche ihrerseits auf das Kooperationsangebot der Religionslehrerschaft einging, ist freilich eine andere Geschichte.[69]

4. Rückblick als Ausblick

Die Studie von Dagmar Henze über Carola Barth belegt, dass die wenigen Konflikte in Barths akademischer und beruflicher Karriere bis 1934 nicht auf dem Hintergrund einer wie auch immer gearteten *patriachalischen Weiblichkeitsideologie* zu deuten, sondern auf ihre theologische Verortung im liberalen Christentum zurückzuführen sind: »Die ihr entgegengebrachten Ressentiments bezogen sich nicht auf ihr *Frau sein*, sondern auf ihre liberal-theologische Identität.«[70] Dieser Befund mag überraschen, findet aber eine Bestätigung z.B. in der Detailrecherche zu Barths unproblematischem Verlauf des Promotionsverfahren an der liberal-theologischen ausgerichteten Jenaer Fakultät. Gleichwohl gilt es zu bedenken, dass mit Carola Barth für Frauen eben nicht die Türen für höhere akademische Qualifikationen oder wenigstens für das Theologiestudium geöffnet wurden. Bis weit in die späten 1960er Jahre war das Theologiestudium eine reine *Männerdomäne* und erst in der Gegenwart gleicht sich der Anteil weiblicher dem der männlichen Studierenden und Promovenden an. Somit war in vielen Bereichen Carola Barth die erste, in vielem aber auch für lange Zeit die einzige.

Für die religionspädagogische Disziplingeschichtsschreibung ist Barths biografischer Bruch um den ersten Weltkrieg bedeutsam. Nach der Niederlage des Deutschen Reiches sah sich Barth offensichtlich dazu verpflichtet, ihre bisherige Verbandstätigkeit im *Verein für religiöse Erziehung* einzustellen bzw. dessen Fusionierung, die sich bereits vor Kriegsbeginn abzeichnete, mit dem bislang männlich dominierten *Bund für die Reform des Religionsunterrichts* voranzutreiben. Mit ihren Verbindungen zu verschiedenen Frauenverbänden im Ausland konnte sie in den Nachkriegsjahren vermutlich das

---

68 So fordert bspw. Hans Schlemmer, Aufruf. An die evangelischen Lehrer und Lehrerinnen, in: MERU 18, 1925, 41, die Religionslehrerschaft zur aktiven Wahrnehmung ihres Wahlrechtes bei den anstehenden Kirchenwahlen auf: »So liegt unser Ziel und Erfolg mehr in der Arbeit *mit* und *in* der Kirche, als im Kampf *gegen* sie.«

69 S. hierzu Schweitzer/Simojoki, Religionspädagogik, 115.

70 Henze, Schritte, 250, mit Bezug auf Barths Berufung als Direktorin des Lyzeums Köln-Mülheim.

finanzielle Überleben des Reformbundes sichern. Sie stellte sich dann bald auch persönlich für wichtige Führungsaufgaben innerhalb des Bundes zur Verfügung, um mit vereinigten Kräften für die Etablierung eines überkonfessionellen christlichen Religionsunterrichts zu kämpfen. So erklärte Carola Barth 1921 den Zusammenschluss beider Verbände aus der schulpolitischen Notwendigkeit, wie sie sich Anfang der 1920er-Jahre stellte: »Maßgebend für diesen Schritt war die Erkenntnis, daß die schweren Kämpfe, in denen ein enges Zusammenarbeiten aller gleichstrebenden Vereine zwecks kraftvoller Vertretung ihrer Ziele fordern. Für uns gilt es die Erhaltung und den Ausbau eines freien, aber christlichen R. U.«[71] Damit half sie in entscheidender Weise mit, den Bund zum größten Religionslehrerverband seiner Zeit aufzubauen. Aber mit der faktischen Auflösung des *Vereins für religiöse Erziehung* ging eine wichtige Stimme der liberal-protestantischen Frauen verloren. Zugleich schwand der Einfluss der Religionslehrerinnen auf die religionspädagogischen Diskurse und damit verbunden auch das Wissen um die genderbewusste Konzeptionsbildung in der Konstituierungsphase der modernen Religionspädagogik zu Beginn des letzten Jahrhunderts.[72]

---

[71] Carola Barth, Mitteilungen für Reform des R. U. und religiöse Erziehung, in: MERU 14, 1921, 141–142, 141.

[72] Ein spannendes Forschungsfeld könnte beispielsweise die Untersuchung des ›Weiblichkeitsbildes‹ in den von Carola Barth zwischen 1913 und 1915 bearbeiteten Religionsbücher mit den damaligen Lehrplanvorgaben darstellen; vgl. Edelbrock, Mädchenbildung, 371f.

Verbandsinterne Strategien und Entscheidungen: Rückwirkungen auf die Religionspädagogik

Genderbewusstsein

Ein Aspekt in der Vielfalt religionspädagogischer Anfänge

Anke Edelbrock

Die Vielfalt religionspädagogischer Anfänge haben engagierte Religionspädagoginnen mitgestaltet. Da diese Frauen lange übersehen wurden und so in Vergessenheit gerieten, lohnt es sich, einmal explizit nach ihrer Bedeutung und ihren Beiträgen innerhalb der Vielfalt religionspädagogischer Anfänge zu fragen. Der spezielle Fokus liegt im Zusammenhang mit dem im vorliegenden Buchkapitel gesetzten Schwerpunkt *Geschlechterdifferenzen in der Vielfalt religionspädagogischer Anfänge* auf den Fragen, welche Religionspädagoginnen sich wie in die Gestaltung religionspädagogischer Anfänge eingebracht haben und ob sie dabei Geschlechterdifferenzen thematisiert haben.

1. Frauen erhalten Zugang zur Religionspädagogik

Einen Zugang zur Religionspädagogik zu haben, ist eine grundsätzliche Voraussetzung, um an der Gestaltung religionspädagogischer Anfänge partizipieren zu können. Wann und wie hat sich Frauen dieser Zugang eröffnet?

Lange Zeit war Frauen aufgrund ihres Geschlechts der Zugang zum Studium verwehrt. Fragen wir nach weiblicher Beteiligung an der Gestaltung religionspädagogischer Anfänge, rückt die Zeit des ausgehenden 19. Jahrhunderts und des beginnenden 20. Jahrhunderts in den Fokus, denn zu jener Zeit öffnen pädagogische Institutionen den Frauen langsam ihre Pforten. Frauen steht nun die Möglichkeit offen, Lehrerin zu werden. Da die Öffnung im sog. niederen und höheren Bildungswesen unterschiedlich verläuft, seien diese hier zunächst kurz skizziert:

Die Ausbildung der in den Volksschulen tätigen Lehrer erfolgt an sogenannten Seminaren. Volksschulen, damals auch Elementarschulen genannt, gehören neben den schulgeldfreien Armen- und Stiftungsschulen zum niederen Bildungswesen. In Preußen besteht seit der Seminarreform 1806 eine standardisierte Ausbildung der Volksschullehrer. Lehrerinnenseminare hingegen gibt es in der ersten Hälfte des 19. Jahrhunderts nicht. Um 1860 sind einige wenige Frauen als Volksschullehrerinnen tätig. Benötigt die männliche Volksschullehrerschaft eine Seminarausbildung, sind die Zugangsvoraussetzungen für die Volksschullehrerinnen eine Herkunft aus guter Familie und eine höhere Allgemeinbildung. Erst in der zweiten Hälfte des 19. Jahrhunderts werden Zugangsvoraussetzungen auch für die Frauen in Form von Prüfungen eingeführt und private und staatliche Lehrerinnenseminare gegründet.[1] Zu Beginn des 20. Jahrhunderts haben die Volksschullehrerinnen dann einen festen Anteil am Volksschulwesen, der kontinuierlich steigt: 1901 sind im Deutschen Reich 15,5 % aller vollbeschäftigten Lehrkräfte an den Volksschulen Frauen.[2] 1906 ist der Frauenanteil überall gestiegen: Der Reichsdurchschnitt liegt bei 17,6 %.[3] 1911 liegt der Anteil im Reichsdurchschnitt bereits bei 20,9 %, sodass nun rund jede fünfte im Volksschulwesen tätige Lehrkraft eine Frau ist.[4] Im Kaiserreich gelingt den Lehrerinnen ein rasanter Einstieg in das Volksschulwesen. Die Seminarausbildung sieht keine Spezialisierung in einzelnen Fächern vor. Es werden keine Fachlehrerinnen, sondern Volksschullehrerinnen ausgebildet, die auch Religionsunterricht halten werden.

Auch für Frauen, die im höheren Schulwesen unterrichten wollten, bringen das Kaiserreich und die Weimarer Republik enorme Umbrüche. Aber der Weg ist steinig: Der Zugang zur Universität ist den Frauen im 19. Jahrhundert noch verwehrt. Eine Möglichkeit der Ausbildung besteht im Besuch eines höheren Lehrerinnenseminars, das meist von privater Hand geleitet wird. Der Staat engagiert sich kaum im höheren Mädchenbildungswesen. Wie wenig es be- und geachtet wird, zeigt z.B. die Tatsache, dass in Preußen die sog. höheren Mädchenschulen bis 1908 dem Schulreferat des niederen Schulwesens zugeordnet sind.

---

[1] Vgl. Ilse Gahlings/Elle Moering, Die Volksschullehrerin. Sozialgeschichte und Gegenwartslage, Heidelberg 1961, 26.

[2] Kaiserliches Statistisches Amt (Hrsg.), Statistisches Jahrbuch für das Deutsche Reich, 24, Berlin 1903, 208.

[3] Kaiserliches Statistisches Amt (Hrsg.), Statistisches Jahrbuch für das Deutsche Reich 29, Berlin 1908, 252f.

[4] Hartmut Titze, Art. Lehrerbildung und Professionalisierung, in: Handbuch der deutschen Bildungsgeschichte, Bd. 4, 1991, 345–370, 364.

Die Lehrerinnen müssen sich ihre Prüfungen erkämpfen: Erst auf ihre eindringlichen Bemühungen werden 1894 amtliche Bestimmungen für eine *Oberlehrerinnenprüfung* in Kraft gesetzt.[5] Anders als bei den Volksschullehrerinnen werden zwar bereits Prüfungen abgenommen, aber es bestehen keine inhaltlichen Vorgaben. Es wird lediglich ein allgemeines Grundwissen geprüft, was zu einer Willkür führen kann. Die 1894 eingeführte Prüfungsordnung gibt einheitliche Richtlinien vor: Eine Prüfung muss in zwei von den Lehrerinnen selbst gewählten Fächern stattfinden. Die Vorbereitung für diese Prüfung findet oft im Selbststudium oder auch in dafür eingerichteten akademischen Kursen statt, die um die Jahrhundertwende an den Universitäten Göttingen, Bonn und Königsberg und am Berliner Viktoria-Lyzeum angeboten werden.[6] Ab 1894 gibt es für die Frauen somit auch die Möglichkeit, Theologie als ein Prüfungsfach zu wählen. Bei den Männern ist dies bereits seit 1866 obligatorisch. Die in diesem Jahr erlassene preußische Prüfungsordnung differenziert sogar zwischen vier wissenschaftlichen Prüfungsfachgebieten. Aus einem solchen studierten Fachgebiet erwächst ein anderes theologisches Selbstverständnis, wie am Beispiel Gertrud Bäumer erkennbar wird, die sich am Berliner Viktoria-Lyzeum auf die Oberlehrerinnenprüfung mit den gewählten Fächern Deutsch und Theologie vorbereitet.[7] Als sie 1931 für das Schulreferat und die Jugendwohlfahrt zuständige Ministerialrätin im Reichsinnenministerium den Beitrag *Voraussetzungen und Möglichkeiten des evangelischen Religionsunterrichts* verfasst, erinnert sie ihre Leserschaft daran: »[I]ch spreche hier insofern nicht ganz als Laie, als ich Theologie als ein Hauptfach in meinem Staatsexamen hatte und viel Religionsunterricht in Volksschule und höherer Schule gegeben habe.«[8]

Die Oberlehrer verfolgen die Entwicklungen der Oberlehrerinnenausbildung kritisch. Erst 1892 haben sie sich erfolgreich von den Lehrern mit einer Seminarausbildung absetzen können. Bis zu diesem Zeitpunkt bezieht sich die Bezeichnung *Oberlehrer* auf alle in der Oberstufe unterrichtenden Lehrer

---

[5] Jakob Wychgram, Geschichte des höheren Mädchenschulwesens in Deutschland, in: Karl Adolf Schmid (Hrsg.), Geschichte der Erziehung vom Anfang bis auf unsere Zeit, Bd. 5, Stuttgart 1901, 222–284, 281.

[6] Anke Edelbrock, Mädchenbildung und Religion in Kaiserreich und Weimarer Republik. Eine Untersuchung zum evangelischen Religionsunterricht und zur Vereinsarbeit der Religionslehrerinnen, Neukirchen-Vluyn 2006, 156.

[7] Gertrud Bäumer, Lebensweg durch eine Zeitenwende, Tübingen 1933, 149.

[8] Gertrud Bäumer, Voraussetzungen und Möglichkeiten des evangelischen Religionsunterrichts, in: ZevRU 42 (1931), 248–251, 250.

– unabhängig von der Ausbildungsart. Ab 1892 darf die Amtsbezeichnung *Oberlehrer* nur tragen, wer über eine akademische Ausbildung und über eine Festanstellung an einer höheren Schule verfügt.[9] Die Oberlehrer sind darauf bedacht, ein Eindringen der Lehrerinnen in ihren Berufsstand zu vermeiden.

Anfang des 20. Jahrhunderts erhalten die Mädchen den Zugang zur akademischen Ausbildung: Mit der 1908 erlassenen *Bestimmungen über die Neuordnung des höheren Mädchenschulwesens*[10] wird den Mädchen in Preußen die Möglichkeit eröffnet, die Hochschulreife zu erlangen. Damit ist den Mädchen erstmals die formale Bedingung für ihren Eintritt in die Universität gegeben. Gleichzeitig werden die Frauen in Preußen zur Immatrikulation an allen preußischen Universitäten zugelassen. Wenn sich die Studentinnenzahlen im Kaiserreich auch erst langsam steigerten, beträgt der Frauenanteil an den Universitäten am Anfang der dreißiger Jahre rund 20 %.

2. Die Beteiligung der Religionspädagoginnen an der Entstehung der modernen Religionspädagogik

In Bezug auf die Frage nach religionspädagogischen Anfängen ist die Zeit des ausgehenden 19. und des beginnenden 20. Jahrhunderts, als Frauen langsam in der Lehrerausbildung Aufnahme finden, von drei Entwicklungen geprägt. Es ist die Zeit, in der der Begriff der Religionspädagogik eingeführt wird,[11] die Religionspädagogik nach und nach als wissenschaftliche Disziplin entsteht[12] und auf unterschiedlichsten Ebenen institutionalisiert wird.[13] Der

---

9 Hartmut Titze, Art. Lehrerbildung und Professionalisierung, in: Handbuch der deutschen Bildungsgeschichte, Bd. 4, 1991, 345–370, 347f.

10 Bestimmungen über die Neuordnung des höheren Mädchenschulwesens. In: Zentralblatt für die gesamte Unterrichtsverwaltung in Preußen. Hrsg. vom Ministerium der geistlichen, Unterrichts- und Medizinalangelegenheiten, 50. Jg. Berlin 1908, 694–717.

11 Vgl. Gerd Bockwoldt, Religionspädagogik. Eine Problemgeschichte, Stuttgart u.a. 1977, 9.

12 Karl Ernst Nipkow/Friedrich Schweitzer, Einführung, in: Karl Ernst Nipkow/Friedrich Schweitzer (Hrsg.), Religionspädagogik. Texte zur evangelischen Erziehungs- und Bildungsverantwortung seit der Reformation Bd. 1, Von Luther bis Schleiermacher (Studienbücher, Bd. 84), Gütersloh 1991, 19.

13 Vgl. Bernd Schröder (Hrsg.), Institutionalisierung und Profil der Religionspädagogik. Historisch-systematische Studie zur ihrer Genese als Wissenschaft (Praktische Theologie in Geschichte und Gegenwart 8), Tübingen 2009.

Sache nach hat das Programm der modernen Religionspädagogik[14] weiter zurückgreifende Wurzeln. Ideengeschichtliche Voraussetzungen der modernen Religionspädagogik werden bereits bei Schleichermacher fassbar.[15]

Wesentliche inhaltliche Aspekte der sich neu herausbildenden, modernen Religionspädagogik sind die *Berücksichtigung des Kindes*, um auch eine pädagogisch begründete Form der religiösen Erziehung zu erreichen und damit im Zusammenhang stehend *das Interesse an und der Bezug auf nicht-theologische Disziplinen* wie Pädagogik und Psychologie. Auch *die Ausdifferenzierung zwischen Staat und Kirche* ist eine wichtige und zu berücksichtigende Perspektive.[16]

Nehmen sich Religionspädagoginnen dieser Inhalte an? Dieser Fragestellung wird im Folgenden exemplarisch anhand der Arbeit zweier wichtiger Religionslehrerinnenvereine, dem *Verein für religiöse Erziehung* und der *Konferenz von Religionslehrerinnen*, deren späterer Name *Verband evangelischer Religionslehrerinnen* war, nachgegangen.[17]

Um die Wende in das 20. Jahrhundert existiert bereits ein breites Verbandswesen in der Lehrerschaft. Es gibt Professions-, Konfessions-, Fach-, Richtungs- und Ständevereine.[18] Manche Lehrkraft besitzt auch mehrere Mitgliedschaften in unterschiedlichen Vereinen. Die beiden hier ausgewählten Vereine gehören, um eine bessere Vergleichbarkeit zu ermöglichen, zum selben Vereinstypus, dem des Richtungsvereins. In dieser Vereinsart schließen sich Mitglieder zusammen, für deren Tätigkeit die theologische Richtung entscheidend ist. Andere Gruppen, für deren Selbstverständnis besonders der Lehrerberuf an sich ausschlaggebend ist, suchen am ehesten die Zugehörigkeit zu einem Professionsverein. Der 1890 gegründete *Allgemeine Deutsche Lehrerinnenverein* (ADLV), in dem die bereits erwähnte Gertrud Bäumer ab 1901 im Vorstand mitarbeitet, ist beispielsweise ein solcher weiblicher Professionsverein. Er ist für Mitglieder jeder Konfession offen. Der *Verein*

---

14 FRIEDRICH SCHWEITZER/HENRIK SIMOJOKI, Moderne Religionspädagogik. Ihre Entwicklung und Identität, Gütersloh u.a., 2006, bes. 27ff.

15 FRIEDRICH SCHWEITZER, Schleiermachers religionspädagogisches Programm – Ausgangspunkt der modernen Religionspädagogik?, in: WILFRIED HÄRLE/REINER PREUL (Hrsg.), Systematisch praktisch. Festschrift für Reiner Preul zum 65. Geburtstag, Marburg 2005, 259–266.

16 Vgl. FRIEDRICH SCHWEITZER, Religionspädagogik, Lehrbuch Praktische Theologie Bd. 1, Gütersloh 2005, 40ff.

17 Vgl. EDELBROCK, Mädchenbildung.

18 Vgl. ANKE EDELBROCK, Vereine und Kongresse von Religionslehrern und Religionslehrerinnen, in: SCHRÖDER, Institutionalisierung, 119–148.

evangelischer Lehrerinnen (gegründet 1908) hingegen ist zugleich ein Konfessions- und ein Professionsverein. Der erste Lehrerinnenverein, der *Pädagogische Zirkel*, wurde 1865 gegründet.[19] Er gilt als einer der ersten Professionsvereine bürgerlicher Frauen überhaupt.[20]

Welche Ziele und Interessen verfolgen die Religionslehrerinnen in dem jeweiligen Richtungsverein?

Der am 7. April 1908 in Bonn gegründete *Verein für religiöse Erziehung* hat als Gegenstand seines Interesses den schulischen Religionsunterricht und die häusliche religiöse Erziehung der Kinder. Diese Tatsache bedingt die Adressatinnen: Es sind die »Lehrerinnen und Mütter [...], da sie vor allem berufen sind, das religiöse Leben in den Kindern zu wecken, zu hüten und zu pflegen«.[21] Inhaltlich strebt der Verein für religiöse Erziehung eine Umstrukturierung und Verbesserung der religiösen Erziehung an. Folgende Definition der religiösen Erziehung ist für das Verständnis des Vereins richtungweisend: »Unter religiöser Erziehung verstehen wir [...] die Weckung und Entwicklung einer Lebenskraft, die den jungen Menschen tüchtig macht, sein Leben tiefer und heiliger zu erfassen, die das Gefühl in ihm weckt, dass unser ganzes Wesen getragen und gehalten sei von Gottes Kraft und Liebe.«[22] Ziel ist eine *Verinnerlichung des Religionsunterrichts und der ganzen religiösen Erziehung*,[23] d.h. , die Religion soll den Kindern zu einer in ihnen wohnenden, tiefe Sicherheit vermittelnden Kraft werden. Das Ziel, Religion bei den Kindern zu verinnerlichen, bedingte auch die Arbeitsform des Vereins: Maßnahmen, die *von außen* auf den Religionsunterricht einwirkten, lehnte der Verein ab. Man versuchte, »von innen heraus, [...] das zu leisten, was ohne große Umwälzungen auf dem Gebiet der Schulorganisationen und der äußeren behördlichen Anordnungen geschehen kann und geschehen muß, weil es nicht durch Schulaufsicht, Lehrplan und methodische Gewandtheit erreicht werden kann, sondern allein Sache der Persönlichkeit im eigentlichsten Sinne ist«.[24] So wird verständlich, warum der *Verein für religiöse Erziehung* – anders

---

[19] Eine Auflistung der Lehrerinnenvereine in Kaiserreich und Weimarer Republik findet sich bei Edelbrock, Mädchenbildung, 161–165.

[20] Brigitte Kerchner, Beruf und Geschlecht. Frauenberufsverbände in Deutschland 1848–1908, Kritische Studien zur Geschichtswissenschaft Bd. 97, Göttingen 1992, 75.

[21] Maria Kley, An unsere Leser, in: Blätter für religiöse Erziehung, 1908, 33 f., 33.

[22] Carola Barth, Das freie Christentum und die Frauen, in: Blätter für religiöse Erziehung 1913, 65–69, 66.

[23] Anonymer Bericht in der Rubrik Vereinsangelegenheiten: Verein für religiöse Erziehung, in: Die Lehrerin 25, 1909, 1247–1248, 1247.

[24] Ada Weinel, Die fünfte Hauptversammlung des Vereins für religiöse Erziehung, in:

als die *Konferenz von Religionslehrerinnen* – keine Resolutionen formulierte. Ein wichtiger Teil der Vereinsarbeit waren die zunächst jährlich stattfindenden Hauptversammlungen und die kontinuierlich stattfindende Arbeit in den unterschiedlichen Ortsgruppen. Eine weitere Arbeitsform des Vereins war sein Organ, die *Blätter für religiöse Erziehung*. Sie erschienen zum ersten Mal im Januar 1908. In der ersten Ausgabe beschreibt Ada Thönes seine Aufgaben: Die *Blätter* sollen zu einem *Sprechsaal* werden, in dem »alle Fragen und Schwierigkeiten der religiösen Erziehung offen zur Verhandlung kommen sollen«.[25] Die vier Kategorien *Wissenschaft, Praxis, Diskussion* und *Buchbesprechungen* bildeten die inhaltlichen Schwerpunkte. Hier wird bereits deutlich, dass auch dem *Verein für religiöse Erziehung* an der Auseinandersetzung mit der wissenschaftlichen Theologie liegt. In der Kategorie *Wissenschaft* erscheinen Aufsätze, »die in gemeinverständlicher Art die religionswissenschaftlichen Probleme der heutigen Zeit behandeln, um zur Klärung und Vertiefung der eigenen Ansichten zu helfen«.[26]

Die 1905 gegründete *Konferenz von Religionslehrerinnen* verfolgt das Ziel, »die positiv stehenden Lehrerinnen zu sammeln und zu stärken«[27] und positioniert sich theologisch entsprechend innerhalb der positiv-christlichen Richtung.[28] So sieht der Richtungsverein es auch als seine ausdrückliche Aufgabe, »dem Eindringen der liberalen Theologie und der religionsfeindlichen Strömungen der Gegenwart in die Schulen nach Kräften Einhalt zu tun«.[29] Das Gegeneinander der theologischen Richtungen ist – wie beim Typus der Richtungsvereine nicht anders zu erwarten – seit Vereinsgründung an ein grundlegender und wichtiger inhaltlicher Aspekt.

Die Arbeit der *positiven Religionslehrerinnen* fand auf regionaler Ebene in so genannten Ortsgruppen statt. Auf überregionaler Ebene trafen sich die Religionslehrerinnen am Pfingstfest zunächst jährlich, später im Zwei-Jahres-Turnus, zu ihren Konferenzen. Diese mehrtägigen Vereinstreffen waren gut besucht. Auf der ersten, im Juli 1905 stattfindenden Konferenz, waren

---

Blätter für religiöse Erziehung, 1912, 33–36, 33.

25 ADA THÖNES, An unsere Leser!, in: Blätter für religiöse Erziehung, 1908, 1.

26 Ebd.

27 KÄTHE CLAUS, Bericht über die 1. Konferenz von Religionslehrerinnen in Göttingen, in: Die Lehrerin 21, 1904/1905, 1178–1181, 1178.

28 Vgl. Denkschrift über die IV. Konferenz von Religionslehrerinnen zu Cassel vom 8. bis 10. Juni. Leipzig 1908, 83.

29 Auszug aus den Statuten der Konferenz von Religionslehrerinnen, in: Denkschrift über die III. Konferenz von Religionslehrerinnen zu Hildesheim vom 20. bis 22. Mai 1907, 79.

nach Angaben des Vorstandsmitglieds Käthe Claus rund 200 bis 250 Teilnehmerinnen und Teilnehmer anwesend.[30] Ab der dritten Konferenz, im Mai 1907, öffnete man sich für die Öffentlichkeit. Die Konferenzen stießen auf breite Resonanz: 1914, bei der siebten Konferenz in Bethel, waren 507 Frauen und Männer versammelt, von denen nur rund ein Viertel ordentliches bzw. außerordentliches Mitglied im Verein war.[31] In Form von Resolutionen suchte man bereits seit der ersten Konferenz öffentliche Wirksamkeit. Im Juni 1906 reagierten die Religionslehrerinnen auf die Bremer Denkschrift von 1905, in der die Volksschullehrerschaft erstmals öffentlich die Abschaffung des schulischen Religionsunterrichts gefordert hatte und formulierten folgende *Resolution*, die sie an sämtliche Regierungen Deutschlands gaben:

> »Angesichts der religionsfeindlichen Kundgebungen, die im Anschluß an die Denkschrift der Bremer Lehrerschaft und auch sonst in letzter Zeit laut geworden sind, halten die Teilnehmer der zweiten Konferenz von Religionslehrerinnen es für ihre Gewissenspflicht zu erklären, daß sie an der konfessionellen Schule und am Katechismusunterricht in Schule und Seminar festhalten.«[32]

Zwischen 1905 und 1931 kam es in der Vereinigung positiver Religionslehrerinnen zu einem Namenswechsel. Von 1905 bis 1916 hieß sie *Konferenz von Religionslehrerinnen*, danach trug sie bis 1931 den Namen *Verband evangelischer Religionslehrerinnen*. Auch das Organ wechselte zweimal seinen Titel. Von 1907 bis 1916 hieß es *Mitteilungen aus der Konferenz von Religionslehrerinnen*. Im Oktober 1916 erschien die erste Nummer der Zeitschrift *Verband evangelischer Religionslehrerinnen*, das letzte Heft unter diesem Namen erscheint im Februar 1926. Grund für das Ende dieser Zeitschrift war eine neu begonnene Zusammenarbeit, u.a. mit der *Vereinigung positiver Religionslehrer an höheren Schulen*. Im April 1926 erschien die erste Nummer der neuen Zeitschrift *Schule und Evangelium*.

Haben sich die Frauen dieser Vereine an der Gestaltung religionspädagogischer Anfänge beteiligt? Oder anders und differenzierter gefragt: a) In welchem Maß berücksichtigen sie das Kind? Kommt es auch zu einer pädagogisch begründeten Form der religiösen Erziehung und somit zu einer von

---

[30] Vgl. Claus, Bericht, 1178.

[31] Vgl. Liste der Teilnehmer: Pfingsttagung 1914, in: Mitteilungen aus der Konferenz von Religionslehrerinnen 8, 1914, Nr. 1, 15–19.

[32] G.[ertrud] P.[ape], Zweite Konferenz von Religionslehrerinnen, in: Die Lehrerin 22, 1905/1906, 1197–1200, 1199.

der Kirche unabhängigen Begründung der Religionspädagogik? b) Welche Bedeutung räumen sie in ihren Überlegungen und Argumentationen den nicht-theologischen Disziplinen ein? c) Findet die sich in der Diskussion befindliche und 1919 vollzogene Ausdifferenzierung zwischen Staat und Kirche eine Berücksichtigung?

2.1 Die Berücksichtigung des Kindes in den Religionslehrerinnenvereinen

Schon in der kurzen Charakterisierung des *Vereins für religiöse Erziehung* scheint, wenn es heißt, es gelte ein religiöses Leben im Kind zu wecken, ein Interesse am Kind wahrnehmbar zu sein. Lässt sich dieser Eindruck durch genauere Lektüre der *Blätter für religiöse Erziehung* bestätigen?

Ada Thönes, die erste Vereinsvorsitzende, schreibt im ersten Artikel der neugegründeten Zeitschrift *Blätter für religiöse Erziehung*:

> »Eine Zusammenarbeit von Schule und Haus ist auf keinem Gebiet so notwendig, wie auf dem des Religionsunterrichts. Wenn das Kind nicht Schaden leiden soll an seinem innersten religiösen Leben, so müssen die Einflüsse, die auf sein Gemüt einwirken, in gleicher Richtung gehen. Zwischen zwei einander entgegenstehende Autoritäten gestellt, wird es sich vielleicht von beiden abkehren.«[33]

Das Kind als Adressat der religiösen Erziehung steht hier im Zentrum der Überlegungen: Es wird die Befürchtung ausgesprochen, ein Kind, welches in der Schule und zu Hause unterschiedliche religiöse Einflüsse erlebe, könne gegebenenfalls ganz vom christlichen Glauben abrücken. Um dieser Gefahr entgegen zu wirken, wendet sich der Verein, wie oben bereits erläutert, an Lehrerinnen und Müttern. Im Vereinsorgan findet sich auch wiederholt die Aufforderung, die Kinder bewusst wahrzunehmen und ihnen zuzuhören, um einen ihnen entsprechenden und ihnen angemessenen Religionsunterricht halten zu können. Maria Kley fordert hierzu bereits im ersten Jahrgang der *Blätter für religiöse Erziehung* ausdrücklich auf. Auch empfiehlt sie zum besseren Verständnis der Kinder, den Austausch mit den Eltern zu suchen.[34] Hier liegt ein Interesse an individualisierten Formen von Religion vor.

---

[33] Ada Thönes, Leser, 1f.

[34] Maria Kley, Aus der Kinderstube und dem Religionsunterricht, in: Blätter für religiöse Erziehung, 1908, 31.

Ein Jahr später erläutert die gleiche Vorsitzende, nun nicht mehr unter ihrem Mädchennamen Ada Thönes, sondern als Ada Weinel, die Grundlage der religiösen Erziehung in einem weiteren Beitrag des Vereinsorgans. Darin hebt Weinel deutlich hervor, dass der Verein auf einen »der Religion selbst und der Kinderseele entsprechenden Religionsunterricht«[35] ziele. Diese zwei Faktoren, *die Religion* und *die Kinderseele*, stehen bei Überlegungen zur religiösen Erziehung im Zentrum. Wann immer religionspädagogische Fragestellungen reflektiert werden, rücken einerseits *die Inhalte des Religionsunterrichts* und andererseits *die Kinder als Adressaten des Religionsunterrichts* in den Fokus. So z.B. auch 1912 auf der fünften Hauptversammlung des *Vereins für religiöse Erziehung* in Bonn, als Carola Barth in einem Vortrag neuerschienene Religionsbücher vorstellt. Ein wichtiges Kriterium für die Eignung der Bücher ist für Barth die Fragestellung, ob der Inhalt und die Darstellungsart des Religionsbuches *dem Kinde gerecht werden*. Kindgerecht bedeutet für Barth eine verständliche Sprache, die dem Kinde entspricht. Die Lutherübersetzung lehnt Barth ab, da sie den Eindruck vermittle, als ob die Dinge gar nicht in unser Leben gehörten.[36] Auch die Auswahl der Texte solle an kindlichen Bedürfnissen ausgerichtet sein. So sei z.B. für die unteren Klassen »die Freude am Konkreten stärker zu berücksichtigen«.[37] Macht Barth dieses Kriterium besonders für die unteren Klassen stark, so ist ihr die Angemessenheit der Inhalte in höheren Klassen wichtig. Bei der Bewertung der Religionsbücher für die oberste Klasse beanstandet sie, dass bei der Behandlung ethischer Probleme »gewöhnlich jedes Eingehen auf die Lebensfragen der Mädchen«[38] fehle. Kindgerecht heißt in diesem Fall auch die Berücksichtigung jugendlicher Lebensthemen. Auch einen *Genderaspekt* klagt Barth unter dem Stichwort kindgerecht mit ein: So kritisiert sie, »daß die Aufgabe der christlichen Frau lediglich vom Standpunkt des Mannes aus erfaßt wird«.[39] Interessant ist, dass bei Barths Ausführungen Überlegungen zur kindlichen Entwicklung mit anklingen. Otto Baumgarten hatte bereits

---

35 Weinel, Leser, 9.

36 Vgl. Margarete Hipp, Verein für religiöse Erziehung, in: MERU 5, 1912, 153–157, 156.

37 A.a.O., 157.

38 Ebd.

39 Ebd.

drei Jahre zuvor auf der zweiten Vereinshauptversammlung in einem Vortrag auf eine Gesetzmäßigkeit religiöser Entwicklung hingewiesen.[40] Dieser Aspekt findet in den Beiträgen der *Blätter zur religiösen Erziehung* keine größere Berücksichtigung. Es sind mehr Reflexionen zur Frage der Lehrerinnenpersönlichkeit, wie unterschiedlich diese z.B. auf die Kinder wirke, die angesprochen werden.

Grundsätzlich – so lässt sich an dieser Stelle für den *Verein für religiöse Erziehung* zusammenfassen – stellt das Kind eine zu berücksichtigende Kategorie dar. Angestrebt wird ein Religionsunterricht, der sowohl den Inhalten der Religion als auch dem Kind entspricht. Kinder gelten als Subjekte des Religionsunterrichts. Weitere Umsetzungen dieser Grundhaltung sind in der Aufforderung zu einer bewussten Wahrnehmung der Kinder und in den Bemühungen, kindgerechte Religionsbücher zum Einsatz zu bringen, zu erkennen.

Wenden wir uns nun dem Verein der positiven Religionslehrerinnen zu und fragen, wie es sich mit der Berücksichtigung des Kindes dort verhielt.

Sichtet man die geführte religionspädagogische Diskussion fällt zunächst die Zentralstellung der Inhalte des christlichen Glaubens auf. Das Motto der Vereinigung, welches auf dem Titelblatt einer jeden Ausgabe der *Mitteilungen aus der Konferenz von Religionslehrerinnen* steht, heißt: »Nicht zurück zum Glauben der Väter, sondern vorwärts im Glauben der Väter«. Diesen Glauben gilt es in der Schule weiterzugeben. Entsprechend versteht sich die *Konferenz der Religionslehrerinnen* als ein »Zusammenschluß derjenigen Religionslehrerinnen, die noch für sich und die ihnen anvertrauten Kinder das alleinige Heil im Glauben an den gekreuzigten und auferstandenen Gottessohn sehen«.[41] Lehrerschaft und Schülerschaft sehen gemeinsam auf das Wort Gottes. Anders als im Verein für religiöse Erziehung wird die Schülerschaft hier nicht als ein religionspädagogisches Subjekt wahrgenommen. Es sind die christlichen Inhalte, die Bibel, der Katechismus und das Gesangbuch, welche die Konferenz ins Zentrum stellt. Fassbar wird dieser Grundsatz bereits in einer auf der ersten Versammlung im Jahr 1905 verfassten Resolution: »Der Religionsunterricht soll der Schule erhalten bleiben und zwar auf dem Grunde des geoffenbarten Gottesworts, dessen Mittel-

---

40 Vgl. OTTO BAUMGARTEN, Der Religionsunterricht und die moderne Theologie. Nach einem in Jena am 11. August 1909 auf dem Verein für religiöse Erziehung gehaltenem Vortrag, in: Blätter für religiöse Erziehung, 1910, 1–4 und 9–13, 2.

41 P.[APE], Konferenz, 1197.

punkt Jesus Christus, der gekreuzigte und auferstandene Heiland, ist.«[42] Ein gemeinsames Hören und Sehen auf dieses offenbarte Wort Gottes steht im Mittelpunkt des Religionsunterrichts.

Eine leichte Veränderung in Bezug auf die Berücksichtigung der Schülerschaft wird 1910 fassbar, als Catharina Gleiß auf der fünften *Konferenz von Religionslehrerinnen* in einem Vortrag eine Modernisierung des Religionsunterrichts fordert.[43] Methodische Fragestellungen sollen *mit Blick auf die Schülerinnen und Schüler reflektiert* werden. Ziele und Inhalte des Religionsunterrichts aber sollen ausdrücklich nicht nach einer entsprechenden Passung befragt werden. Gleiß kann mit ihrem Vortrag überzeugen. Ihr Anliegen einer methodischen Reform findet in der auf der Tagung erstellten Resolutionen Aufnahme:

> »Die Konferenz von Religionslehrerinnen vertritt energisch eine gesunde Reform des R.-U. und begrüßt freudig alle in diesen Dienst gestellten Bestrebungen unserer Zeit. Unter gesunder Reform versteht sie aber nie und nimmer die vielfachen modernen Reformvorschläge sachlicher und stofflicher Art, die an den bekenntnismäßigen Grundlagen des evangelischen Glaubens rütteln oder in Lehrplanfragen die heilige Schrift zugunsten von Erzeugnissen der Profanliteratur aus ihrer einzigartigen Stellung verdrängen. Nach wie vor hält die Konferenz von Religionslehrerinnen, wie sie es bereits in früheren Resolutionen zum Ausdruck gebracht hat, daran fest, daß der Katechismusunterricht ebenso notwendig wie zeitgemäß ist.«[44]

An dem Grundsatz einer Berücksichtigung von Schülerinnen und Schülern bei methodischen Fragen wird zukünftig festgehalten. In einem *Werbeblatt des Verbandes evangelischer Religionslehrerinnen* heißt es im Oktober 1916:

> »In einer Zeit, wo der Religionsunterricht mannigfach bedroht ist, wo viele daran arbeiten, ihn seines tiefsten Inhalts zu entleeren, wo sogar die Gefahr besteht, daß er völlig aus unseren Schulen verbannt wird, wollen die Mitglieder des *VeR* in umso größrer Treue sich den Aufgaben widmen, die der Religionsunterricht ihnen stellt, in der Gewißheit, daß das Evangelium von Jesus Christus doch das Größte und Schönste ist, was ein Volk besitzen kann. Rechter Religionsunterricht aber kann nur erteilt werden von Persönlichkeiten, die selbst in lebendigem

---

42 CLAUS, Bericht, 1179.

43 Sie fordert: »Unser Religionsunterricht soll *modern* sein«. ANONYMUS: Pfingsttagungen, in: Die Lehrerin 27, 1910/11, 102 (Hervorhebung im Original).

44 ANONYMUS, Stimmen und Gegenstimmen zur Reform des R.-U., in: MERU 3/1910, 251–255, 254f.

> Glauben stehen, klare Erkenntnis besitzen und methodisch geschult sind. Der Verband sieht es deshalb als seine Hauptaufgabe an, seine Mitglieder in dieser dreifachen Hinsicht durch gegenseitiges Geben und Nehmen zu fördern.«[45]

Neben der Persönlichkeits- und Erkenntnisförderung werden die positiven Religionslehrerinnen auch methodisch geschult.

Die Notwendigkeit einer *Berücksichtigung der Schülerschaft* im Zusammenhang mit den *Inhalten* des Religionsunterrichts wird 1921 diskutiert. Dies aber nicht in der Weise, dass Inhalte auch nach der Bedürfnislage der Schülerinnen und Schüler ausgewählt werden. Die Inhalte des Religionsunterrichts bilden die Bibel, das Gesangbuch und der Katechismus. Die Schülerinnen sollen mit dem Inhalt der Heiligen Schrift vertraut werden und ein lebendiges Verständnis der Heilsgeschichte bekommen.[46] Neu ist nun, dass bei der Zuordnung der feststehenden Inhalte zu den einzelnen Klassenstufen »*Anpassung des Stoffes an die Reife des Kindes*«[47] eingefordert wird. In der Diskussion eines neuen Lehrplanes tritt die Forderung auf, im Vergleich zum alten Lehrplan einige Inhalte erst zu einem späteren Zeitpunkt zu behandeln oder auch ganz wegfallen zu lassen. Einer Aufnahme lebensweltlicher Themen im Religionsunterricht wird deutlich widersprochen. So kann Magdalene von Tiling auch 1922 formulieren: »Aller Religionsunterricht ist nur, weil die Bibel ist.«[48]

Eine begrenzte Berücksichtigung der Schülerinnen und Schüler bei Fragen der Auswahl der Inhalte und bei methodischen Überlegungen bleibt auch im Weiteren bei den positiven Religionslehrerinnen erhalten. Gleichsam hält man am verkündigenden Konzept des Religionsunterrichts fest. Die Heilsgeschichte wirkt durch sich selbst und bedarf keiner Methodik oder Pädagogik. Dieser Grundsatz klingt auch 1929 durch:

---

45 Werbeblatt des Verbandes evangelischer Religionslehrerinnen, Elberfeld 1918, 1. Sonderbeilage in: Verband evangelischer Religionslehrerinnen 1, 1916/1917, Nr. 1.

46 »Entwurf eines Lehrplanes für den Religionsunterricht an höheren Mädchenbildungsanstalten«, als Beilage zu »Verband evangelischer Religionslehrerinnen« 5, 1921, Nr. 6, ohne Seitenangabe.

47 Ebd.

48 Gertrud Pape, Unsere 1. Tagung in Breslau vom 5.–7. Juni, in: Verband evangelischer Religionslehrerinnen 7, 1922/1923, Nr. 2, 1–7, 3.

> »Der Verband will ferner mitarbeiten an der inhaltlichen und methodischen Neugestaltung des Religionsunterrichts. Bei aller Aufgeschlossenheit für neue Wege wollen wir jedoch bei der Beurteilung von methodischen und pädagogischen Fragen wie von Lehrplänen stets daran festhalten, dass unser Religionsunterricht Wortverkündigung bleiben und wieder werden muß.«[49]

Im Verein der positiven Religionslehrerinnen bildet das Kind keine grundsätzlich eigenständig zu berücksichtigende Kategorie. Dies ändert sich nicht, auch wenn mit der Zeit bei methodischen Entscheidungen und später auch bei der Frage, wann feststehende Inhalte im Religionsunterricht behandelt werden sollen, die Schülerschaft mit in die religionspädagogischen Überlegungen einbezogen wird.

2.2 Die Bezugnahme auf nicht-theologische Disziplinen

Dem *Verein für religiöse Erziehung* ist neben der theologischen Wissenschaft auch eine Bezugnahme auf nicht-theologische Disziplinen wichtig. Ada Weinel beschreibt auf der zweiten Hauptversammlung in Jena 1909 als Ziel »die Vertiefung des Religionsunterrichts und der religiösen Erziehung [...] auf dem Grunde der heutigen Wissenschaft, der theologischen wie der psychologisch-pädagogischen Wissenschaft«.[50] Die Berücksichtigung der Psychologie und der Pädagogik werden als notwendig erachtet, weil sie wichtige Erkenntnisse über das Kind als Subjekt liefern können.

Das Interesse an Pädagogik und Psychologie zeigt sich im *Verein für religiöse Erziehung* auf verschiedenen Ebenen. So werden auf den Kongressen neben theologischen Vorträgen auch pädagogische Themen referiert und diskutiert. Die Berücksichtigung der beiden Disziplinen wird dabei so selbstverständlich, dass im Verein auch von dem bei ihnen favorisierten *pädagogisch-psychologischen Religionsunterricht* gesprochen wird.[51]

---

49 Selbstdarstellung des Vereins im Handbuch für evangelische Frauen, in: Nora Hartwich (Hrsg., im Auftrage der Vereinigung Evangelischer Frauenverbände Deutschlands), Handbuch für evangelische Frauen, Berlin 1929, 169.

50 Ada Weinel, Die zweite Hauptversammlung der Verein für religiöse Erziehung, in: Blätter für religiöse Erziehung, 1909, 73–75, 73.

51 Carola Barth, Jahresversammlung des Vereins für religiöse Erziehung, in: MERU 13, 1920, 284.

Nach dem Zusammenschluss mit dem *Bund für Reform des Religionsunterrichts* wird an diesem Grundzug festgehalten. So macht sich der neu entstandene *Bund für Religionsunterricht und religiöse Erziehung* 1921 auf seiner ersten Jahresversammlung *»für einen evangelischen R.-U. im Geist der modernen Religionswissenschaft und Pädagogik«*[52] stark.

Im *Verein für religiöse Erziehung* ist ein grundsätzliches Interesse an universitärer Wissenschaft vorhanden. So ermutigt der Verein seine Mitglieder auch, an universitären Ferienkursen teilzunehmen. Der Termin und der Ort der jährlichen Hauptversammlungen wurde oft so ausgewählt, dass eine gleichzeitige Teilnahme an einem universitären Ferienkurse möglich war.[53]

Vom Interesse am Kind herkommend nimmt der *Verein für religiöse Erziehung* Pädagogik und Psychologie als Bezugswissenschaft in seiner religionspädagogischen Diskussion auf.

Im Verein der positiven Lehrerinnen wird nicht nach Ergebnissen der Psychologie gefragt, wohl aber werden pädagogische Fragestellungen aufgenommen. Die Ablehnung der Beschäftigung mit individualisierten Formen der Religion geht mit dem mangelnden Interesse für die Psychologie einher.

Im Vergleich zum *Verein für religiöse Erziehung* fällt auf, dass Fragen der Pädagogik zeitlich später und auch im anderen Duktus diskutiert werden. Wurde im *Verein für religiöse Erziehung* von Anfang an der Bezug zur Pädagogik aufgenommen, geschieht dieses in der *Konferenz von Religionslehrerinnen* erst 1914 auf ihrer siebten Konferenz in Bethel. Catharina Gleiß fordert, es müsse der *Nachwuchs von positiven Religionslehrerinnen* gesichert werden, damit genug Lehrerinnen vorhanden seien, die der von ihr als *Liberalisierung des Religionsunterrichts* bezeichneten Tendenz entgegentreten können.[54] Um dies zu gewährleisten, müssten zukünftige Lehrerinnen eine universitäre Ausbildung erhalten und sie erwähnt hier ausdrücklich, »eine mit allem Rüstzeug modern-wissenschaftliche und pädagogisch-psychologische Ausbildung«.[55] So unterwiesen und ausgebildet seien die positiven Religionslehrerinnen in der Lage, Argumenten aus der liberalen Strömung fachkundig entgegen zu treten und sie zu entkräften.

---

52 CAROLA BARTH, Leitsätze über Ziel und Inhalt des Religionsunterrichts, in: MERU 14, 1921, 190–191, 190 (Hervorhebung im Original).

53 So z .B. 1909 in Jena und 1912 in Bonn, wo »religionswissenschaftliche Ferienkurse« stattfanden. Vgl. EDELBROCK, Mädchenbildung, 314 und 321.

54 ANONYMUS, Konferenz von Religionslehrerinnen: Nachrichten aus dem offiziell ausgegebenen Bericht der 7. Tagung der Konferenz von Religionslehrerinnen, in: MERU 7, 1914, 314 f., 314.

55 A.a.O., 315.

In den späten 1920er Jahren scheint der Verein der Pädagogik dann einen breiteren Raum einzuräumen. So organisiert der Verein 1928 an den Pfingsttagen in Spandau eine »theologisch-pädagogische [...] Tagung«.[56] Doch bei genauerer Prüfung wird deutlich, dass auch hier die Berücksichtigung der Pädagogik eher auf methodische Überlegungen begrenzt ist. Zunächst werden von der Theologie herkommend die Grundzüge des Religionsunterricht, seine Inhalte und Ziele festgesetzt, um dann in einem zweiten Schritt zu fragen, wie die Pädagogik bei der Umsetzung helfen kann. Dieses Nacheinander wird besonders gut in der Rückschau einer Tagungsteilnehmerin fassbar: A. Thormählen erinnert sich an die Frage, »die immer wieder auftauchte: Wir haben jetzt soviel Theologie gehört, sind an die Quellen geführt worden, aber wie bringen wir das jetzt in die Pädagogik?«[57]

Versucht der *Verein für religiöse Erziehung* seine Mitglieder an universitäre Ferienkurse heranzuführen, laden die positiven Religionslehrerinnen zu Rüstzeiten ein. Auch diese haben ihren Anfang erst in den 1920er Jahren. Hintergrund ist eine Umstrukturierung des Tagungswesens. Anstelle einer großen, zentralen Jahrestagung finden nun regionale und überregional kleinere Arbeitstagungen für Religionslehrerinnen statt, aus denen sich mit der Zeit fest institutionalisierte theologische, später auch pädagogische Rüstzeiten[58] entwickeln. Ziel der Rüstzeiten ist die Persönlichkeitsstärkung der Religionslehrerinnen.

Unter besonderem Einfluss der ersten Vorsitzenden, Magdalene von Tiling, verfolgt der Verein in den 1930er Jahren mehr und mehr das Interesse, *einen theologischen Beitrag zur Pädagogik* zu leisten. Auf den Grundlagen der neulutherischen Theologie soll es Aufgabe der Pädagogik sein, die von

---

[56] Magdalene von Tiling/Elise Pieplow, Einladung zur Theologisch-pädagogischen Tagung im Johannisstift bei Spandau vom 28. Mai bis 1. Juni 1928, in: Schule und Evangelium 3, 1928/1929, 43f., 43.

[57] A. Thormählen, Stimmen zur Spandauer Tagung, in: Schule und Evangelium 3, 1928/1929, 91–93, 92.

[58] Eine der ersten und für den Verband theologisch richtungweisenden Rüstzeiten findet vom 5.–8. April 1925 in Bethel statt. (Vgl. Anonymus, Berichte über die Rüstzeit, in: Verband evangelischer Religionslehrerinnen 10, 1925/1926, Nr. 2, 3–7). Friedrich Gogarten hält zum ersten Mal einen Vortrag und wird zukünftig Gedanken der Dialektischen Theologie in den Verband hineinbringen.

Gott gesetzten Ordnungen wie Volk, Staat, Familie oder auch Ehe zu erkennen und ihnen gemäß zu handeln.[59] Im Verein finden Tagungen zu Themen wie *Pädagogik auf reformatorischer Grundlage*[60] und *Evangelische Pädagogik*[61] statt. Im Oktober 1931 erfolgt eine erneute Namensänderung, die die Neuausrichtung auch aufnimmt: Wie oben bereits erwähnt, wird der *Verband evangelischer Religionslehrerinnen* zum *Verband für evangelischen Religionsunterricht und Pädagogik*.

Fassen wir an dieser Stelle zusammen, so kann festgehalten werden, dass der *Verein für religiöse Erziehung* vom Interesse am Kind herkommend die Pädagogik und Psychologie als feste Bezugswissenschaften in seiner religionspädagogischen Diskussion aufnimmt. In der *Konferenz von Religionslehrerinnen* und dem späteren *Verband evangelischer Religionslehrerinnen* finden Ergebnisse aus der Psychologie keine Aufnahme. Pädagogische Überlegungen werden im Vergleich zum *Verein für religiöse Erziehung* mit einer zeitlichen Verzögerung aufgenommen. Zunächst sind es eher apologetische Zwecke, die das Interesse wecken. Auch später wird die Pädagogik nicht als ebenbürtige Bezugswissenschaft, sondern als eine der Theologie nachgeordnete Wissenschaft aufgegriffen.

2.3 Die Berücksichtigung der Ausdifferenzierung zwischen Staat und Kirche

Im *Verein für eligiöse Erziehung* spielen Themen, die eine kirchliche und staatliche Ausdifferenzierung ansprechen, von Anfang an eine Rolle. So begründet Ada Thönes bereits 1908 auf der ersten Hauptversammlung die Vereinsgründung mit der Notwendigkeit einer *Neugestaltung des Religionsunterrichts*. Ja, es soll am schulischen Religionsunterricht festgehalten werden, aber in dogmatischer Ungebundenheit und ohne geistliche Schulaufsicht.[62] Thönes führt aus, dass der Religionsunterricht »nicht isoliert oder gar im

---

[59] Vgl. auch Magdalene von Tiling, Grundlagen pädagogischen Denkens, Stuttgart 1932. Die Ausführungen im Buch müden in das fünfte und letzte Kapitel: »Die Erziehungsfrage im Licht des Glaubens«, 198–238.

[60] Vgl. z.B. die zwei Einladungen zu pädagogischen Arbeitstagungen im Oktober 1930, in: Schule und Evangelium 5, 1930/1931, 132 f.

[61] So 1931 auf dem Stuttgarter Treffen vom »Verband evangelischer Religionslehrerinnen«. Vgl. Anonymus, Unsere Tagungen und Zusammenkünfte, in: Schule und Evangelium 5, 1930/1931, 322f.

[62] Anonymer Bericht in der Rubrik Vereinsangelegenheiten: Verein für religiöse Erziehung, in: Die Lehrerin 25, 1908/1909, 1247–1248, 1247.

Gegensatz zu aller anderen Erkenntnis und Weltanschauung« stehen solle, vielmehr sollten die Kinder »die Religion kennen lernen als eine große Kraft, die in der Geschichte der Menschheit in innigster Wechselbeziehung zu allen anderen Gebieten wirkt«[63].

1909 wird auf der zweiten Hauptversammlung das Verhältnis vom kirchlichen Konfirmandenunterricht und dem Religionsunterricht in der Schule diskutiert. Die Vortragende Hedwig Jahnow differenziert drei mögliche Formen, von denen sie zwei ablehnt. Sie will kein »Statteinander beider Unterrichtsarten«,[64] d.h. ein Entweder-Oder von Religions- und Konfirmandenunterricht. In der Praxis bedeute dies in den meisten Fällen die Befreiung der Konfirmanden vom Religionsunterricht. Zweitens lehnt Jahnow auch das in der Diskussion befindliche Modell ab, welches ein »Ineineinander«,[65] d.h. ein Zusammenwirken beider Unterrichtsarten bei genauer Stoffabgrenzung, erreichen wolle. Es sei wegen der »Schwierigkeit dauernder persönlicher Auseinandersetzung zwischen Pfarrern und Lehrern«[66] nicht geeignet. Hedwig Jahnow schlägt einen dritten Weg vor, nach dem Religionsunterricht und Konfirmandenunterricht im geordneten *Nebeneinander*[67] existieren sollen. Als Ordnungskriterien stellt sie das *Wertprinzip* für den Konfirmandenunterricht und das *geschichtliche Prinzip* für den Religionsunterricht auf.[68] Im Religionsunterricht gehe es darum, den Kindern die Geschichte des Christentums von den historischen Anfängen der alttestamentlichen Religion bis zur kirchlichen Gegenwart verständlich zu machen. Der Konfirmandenunterricht habe »den Kindern Lust zu machen zum Gemeindeleben, ihnen einen Sinn für die christlichen Werte zu erwecken, [...] und die Fähigkeit in ihnen zu pflegen, diese Werte gerade in ihrem Lebenskreise, für ihr persönliches inneres Erleben fruchtbar zu machen.«[69] Hier wird das Ringen um konkrete Formen der staatlichen und kirchlichen Ausdifferenzierung fassbar.

---

63 KLEY, Leser, 33.

64 HEDWIG JAHNOW, Der Religionsunterricht in der Schule und der Konfirmandenunterricht, in: Evangelische Freiheit. Monatsschrift für die kirchliche Praxis in der gegenwärtigen Kultur 10, 1910, 16–30, 19.

65 A.a.O., 21.

66 A.a.O., 24.

67 Ebd.

68 A.a.O., 26.

69 A.a.O., 25.

Als mit der Weimarer Reichsverfassung vom 11. August 1919 die Staatskirche aufgehoben wird (Art 137, 1), muss ganz konkret über die zukünftige Gestaltung des Religionsunterrichts nachgedacht werden, wobei das Verhältnis von Schule und Kirche diskutiert wird.

Der *Verein für religiöse Erziehung* macht sich *für einen von der Institution Kirche unabhängigen Religionsunterricht stark*, der frei von kirchlicher Aufsicht und kirchlichem Bekenntniszwang sein soll. An Bibel und Gesangbuch als Inhalte des Religionsunterrichts wird festgehalten, ein Katechismusunterricht aber wird abgelehnt. Vom Staat erwartet man eine positive Grundhaltung zum Religionsunterricht. Da die im Religionsunterricht behandelten religiösen Lebensäußerungen als gemeinschaftsbildender Kulturfaktor sehr eng mit dem gesamten gegenwärtigen Kultur- und Geistesleben verknüpft seien, würde der Staat mit einer neutralen Haltung seiner Kulturaufgabe nicht gerecht werden.[70] Einen Moralunterricht und damit eine inhaltliche Begrenzung des Religionsunterrichts auf Fragen der Ethik lehnt der *Verein für religiöse Erziehung* ab.[71] Auf der 1921 stattfindenden Tagung des Bundes des Religionsunterrichts und religiöser Erziehung engagiert man sich »*für einen selbstständigen, kirchlich nicht gebundenen R.-U. im Geiste protestantischer Frömmigkeit, Freiheit und Weltoffenheit nach den Grundsätzen der modernen Pädagogik in den verschiedenen Schulformen*«.[72]

Nach dem Wunsch der positiven Religionslehrerinnen hingegen soll der Religionsunterricht einen sehr engen Bezug zur Kirche haben, sodass es in diesen Kreisen auch nicht zur Kritik der kirchlichen Schulaufsicht kommt. Hier wird das Anliegen eines evangelischen Religionsunterrichts verfolgt, in dem Kirchlichkeit unmittelbar zum Tragen kommt. Auch am Katechismusunterricht wird festgehalten. Die im August 1919 vollzogene Aufhebung der Staatskirche ändert nichts an dieser Grundhaltung. Magdalene von Tiling erläutert auf der Vereinsjahrestagung in Breslau, dass die »Erziehung zu kirchlichem Bewußtsein und kirchlicher Gemeinschaft«[73] eine vorrangige Aufgabe des Religionsunterrichts sei. Sie bringt die Grundüberzeugung mit einer griffigen These auf den Punkt: »Hinein mit der Kirche in den Religionsun-

70 Vgl. Verein für religiöse Erziehung, Richtlinien für die Gestaltung des Religionsunterrichts, in: Die Lehrerin 36, 1919/1920, 5.

71 Ebd.

72 Heinrich Spanuth, Die Pfingsttagung des »Bundes«, in: MERU 14, 1921, 189–190, 189 (Hervorhebungen im Original).

73 Gertrud Pape, Unsere 1. Tagung in Breslau vom 5.–7. Juni, in: Verband evangelischer Religionslehrerinnen 7, 1922/1923, Nr. 2, 1–7, 2.

terricht.«[74] Überlegungen, wie zwischen einem kirchlichen und schulischen Religionsunterricht differenziert werden kann, sind bei diesem Grundsatz überflüssig.

An dieser Stelle kann resümierend festgehalten werden, dass innerhalb der *Konferenz von Religionslehrerinnen* bzw. des *Verbandes evangelischer Religionslehrerinnen* ein Ringen um konkrete Formen der staatlichen und kirchlichen Ausdifferenzierung nicht fassbar wird. Die positiven Religionslehrerinnen begründen – auch nach 1919 – kirchlichen und schulischen Religionsunterricht mit dem Argument eines kirchlichen Gesamtkatechumenats. Es liegt hier ein Festhalten an einer kirchlichen Katechetik vor.

Welche Antworten ergeben sich aufgrund dieser drei thematisch skizzierten Zusammenhänge auf die eingangs gestellte Frage, welche Religionspädagoginnen sich wie in die Gestaltung religionspädagogischer Anfänge eingebracht haben?

Alle drei hervorgehobenen Themenfelder finden im V*erein für religiöse Erziehung* eine Beachtung. Die Frauen in diesem Verein beziehen das Kind in ihren Diskussionen als eine grundsätzlich zu berücksichtigende Kategorie ein. Zugleich nehmen sie vom Interesse am Kind herkommend Pädagogik und Psychologie als feste Bezugswissenschaften wahr. Innerhalb der staatlichen und kirchlichen Ausdifferenzierung suchen sie nach einem zukunftsfähigen Modell für den Religionsunterricht, das sowohl den christlichen Inhalten als auch den neuen politischen und gesellschaftlichen Zusammenhängen entspricht. So lässt sich sagen, dass die Religionspädagoginnen des *Vereins für religiöse Erziehung* sehr aktiv an der Gestaltung religionspädagogischer Anfänge beteiligt waren.

In der *Konferenz der Religionslehrerinnen* und späterem *Verein evangelischer Religionslehrerinnen* hat eine eingeschränkte und im Vergleich zum *Verein für religiöse Erziehung* zeitlich spätere Berücksichtigung des Kindes und Bezugnahme auf Pädagogik als nicht-theologische Disziplin stattgefunden. Weder Kind noch Pädagogik werden zu einer eigenständig zu berücksichtigenden Kategorie. Letztendlich zeigt aber besonders das Festhalten am Hinein mit der Kirche in den Religionsunterricht-Konzept, die Nichtberücksichtigung der sich aufgrund der Ausdifferenzierung von Staat und Kirche

[74] A.a.O., 3.

neu ergebenen Begründungs- und Gestaltungsvoraussetzungen. Kann doch die Trennung von Staat und Kirche als einer der stärksten Gründe für die Herausbildung von Religionspädagogik gesehen werden.[75] Hier halten die positiven Religionslehrerinnen ganz deutlich an der Form einer kirchlichen Katechetik fest und beteiligen sich nicht an der Gestaltung der modernen Religionspädagogik.

Auf Professionalisierungsbestrebungen der beiden Vereine ist oben, mit Verweis auf die universitären Ferienkurse und Rüstzeiten, nur am Rande eingegangen worden. U.a. aufgrund der im Vergleich zu Männern verzögerten universitären Zugangsmöglichkeiten der Frauen verlief die Professionalisierungsgeschichte – wie oben bereits an einigen Details ausgeführt – der Religionslehrerinnen anders als die der Religionslehrer. Auch Individualisierungschancen boten sich Männern zeitlich wesentlich früher als Frauen dar.[76] Aufgrund solcher Genderdifferenzen waren die Möglichkeiten der Frauen, sich an der Vielfalt religionspädagogischer Anfänge zu beteiligen, von vornherein eingeschränkt.

Inwieweit in den Religionslehrerinnenvereinen Differenzen zwischen den Geschlechtern thematisiert worden sind, wird in dem sich nun anschließenden Abschnitt gefragt.

3. BERÜCKSICHTIGUNG MÖGLICHER GESCHLECHTERDIFFERENZEN

Die Frage nach einer Berücksichtigung möglicher Geschlechterdifferenzen wird in den beiden Vereinen besonders gut an den Diskussionsbeiträgen zur Frage greifbar, ob Mädchen und Jungen zukünftig den gleichen oder einen sich unterscheidenden Religionsunterricht erhalten sollen. Da sich bei diesem Thema die *Konferenz für Religionslehrerinnen* als erste zu Wort meldet, wenden wir uns an diesem Punkt zunächst den positiven Religionslehrerinnen zu.

---

75 SCHWEITZER/SIMOJOKI, Religionspädagogik, 183.

76 Pasero macht auf die grundsätzliche Ungleichzeitigkeit der Individualisierung von Männern und Frauen aufmerksam. Vgl. URSULA PASERO, Wandlungsprozesse im Arrangement der Geschlechter, in: FRIEDERIKE BRAUN (Hrsg.), Frauenforschung in universitären Disziplinen: »Man räume ihnen Kanzeln und Lehrstühle ein...«. Kieler Beiträge zur Politik und Sozialwissenschaft Bd. 5, Opladen 1993, 21–39, 30f.

Bereits 1907 setzt sich die *Konferenz für Religionslehrerinnen* auf ihrer dritten Jahresversammlung in einem Gesuch an die deutschen Regierungen erstmals offiziell für die Belange der Mädchen im Religionsunterricht ein: Sie wünscht sich, dass in der Oberstufe höherer Mädchenschulen akademisch ausgebildete Lehrerinnen im Religionsunterricht eingesetzt werden.[77] Zu Beginn der 1920er-Jahre beteiligt sich der *Verband evangelischer Religionslehrerinnen* an der verstärkt geführten Diskussion zum Mädchenschulwesen und zur Koedukation, wobei er betont, diese Thematik nicht zu seinen primären Aufgabengebieten zu zählen. Einen koedukativen Unterricht lehnt der Verband ab. Er verlangt ausdrücklich, dass mit dem Prinzip der Gleichheit von Mädchen- und Jungenerziehung gebrochen wird und der Erziehung der Mädchen ein einheitliches *christlichdeutsches Frauenideal* zugrunde gelegt werden soll.[78] An einem solchen weiblichen Bildungsprogramm soll sich besonders der Religionsunterricht an Mädchenschulen beteiligen, auch um zu einer Verbesserung der öffentlichen Moral beizutragen. Ausgangspunkt hierfür ist die These einer weiblichen Sittlichkeit, die das gesellschaftliche Ethos zu heben vermag.[79]

In der religionspädagogischen Diskussion, die im *Verein für religiöse Erziehung* geführt wurde, hat die Frage eines mädchenspezifischen Religionsunterrichts keinen großen Stellenwert. Der Verein macht sich zur Aufgabe, die religiöse Erziehung in Schule und Haus zu verbessern und zwar sowohl die der Mädchen als auch die der Jungen. Dabei wird die religiöse Erziehung in den Zuständigkeitsbereich der Frauen eingeordnet.[80] Im familiären Bereich sei es die Mutter, die die religiöse Erziehung der Kinder übernimmt, und im Religionsunterricht sollen es die Religionslehrerinnen sein. Dies wird besonders aus dem Grund für wichtig erachtet, weil eine gleiche Richtung in der häuslichen und schulischen religiösen Erziehung angestrebt wird und eine Zusammenarbeit zwischen zwei Frauen – zwischen Mutter und Religionslehrerin – für einfacher gehalten wird als die zwischen Mutter und Religionslehrer. Bemerkenswert ist dabei, dass, obwohl die Mutter in der Familie als die für die religiöse Erziehung Verantwortliche wahrgenommen wird, daraus für die Mädchenbildung nicht die Forderung erwächst, man möge die

---

77 Vgl. Margarete Stege, Die Konferenz von Religionslehrerinnen in Hildesheim, in: Die Lehrerin 23, 1906/1907, 1262–1266, 1264.

78 Pape, Tagung, 5.

79 Vgl. Magdalene von Tiling, Ausschußsitzung und Mitgliederversammlung in Bethel, in: Verband evangelischer Religionslehrerinnen 10, 1925, Nr. 2, 5–7, 6.

80 Vgl. Kley, Leser, 33.

Mädchen im Religionsunterricht auf diese Rolle vorbereiten. Es wird an den für Mädchen und Jungen gleichen Zielen des Religionsunterrichts festgehalten. Da die Mitglieder des *Vereins für religiöse Erziehung* zudem nicht von der Theorie einer spezifisch weiblichen Sittlichkeit ausgehen, besteht für sie auch kein Anlass, einen speziell auf das weibliche Geschlecht ausgerichteten Religionsunterricht zu fordern. Im Unterschied zum *Verband evangelischer Religionslehrerinnen* werden hier für den Religionsunterricht der Mädchen und Jungen dieselben Ziele formuliert.

Wie sind diese Ergebnisse im Zusammenhang mit der Vielfalt religionspädagogischer Anfänge zu deuten?

Eine Berücksichtigung der Genderkomponente hat in der Diskussion über die Anfänge der modernen Religionspädagogik nicht explizit stattgefunden. An dieser Stelle aber wird deutlich, dass die Frage, ob Erziehungs- und Bildungsziele geschlechterdifferent formuliert werden sollen, für die Entwicklung der modernen Religionspädagogik eine wichtige Bedeutung hat. Ein Festhalten an differenten Mädchen- und Jungenbildungszielen wäre nicht anschlussfähig gewesen an die gesellschaftlich-kulturellen Veränderungen hin zu einer Vielgestaltigkeit von männlichen und weiblichen Selbstverständnissen und Lebensentwürfen.

Kinder und Jugendliche leben heute in einer solchen genderpluralen Lebenswelt: Sie lernen Singles, gleichgeschlechtliche Partnerschaften, kinderlose Ehepaare und Familien, die auf unterschiedliche Art und Weise die Familien- und Erwerbsarbeit aufteilen, kennen. Diese Vielfalt wird von einer gendersensiblen Religionspädagogik reflektiert wahrgenommen und es wird z.B. berücksichtigt, dass Identitätsbildung auch die Auseinandersetzung mit der Genderperspektive inkludiert.[81]

So sind in der von dem *Verein für religiösen Entwicklung* ausgesprochenen Ablehnung, Ziele des Religionsunterrichts geschlechterdifferent zu formulieren, Wurzeln religionspädagogischer Anfänge zu erkennen, die zur heutigen

---

[81] Vgl. Sandra Büchel-Thalmaier, Genderperspektiven zu Identität, in: Annebelle Pithan/Silvia Arzt/Monika Jakobs/Thorsten Knauth (Hrsg.), Gender Religion Bildung. Beiträge zu einer Religionspädagogik der Vielfalt, Gütersloh 2009, 95–105.

genderbewussten Religionspädagogik[82] geführt haben. Eine genderbewusste und gendergerechte Religionspädagogik ist eine Religionspädagogik, die dazu beiträgt, dass Mädchen und Jungen sich individuell und freiheitlich entwickeln und wachsen können, frei von äußeren Zwängen, die durch vorgegebene, an feste Männlichkeits- oder Weiblichkeitsvorstellungen ausgerichtete Bildungsziele ausgeübt werden. Diese Freiheit gehört im Sinne von Gal 3,27f zur christlichen Freiheit hinzu.

Deutlich wurde auch, dass in der Forschung zur Vielfalt religionspädagogischer Ansätze Genderaspekte nicht ausgeklammert werden dürfen, da sonst wichtige Aspekte innerhalb dieser Vielfalt verloren gehen.

---

82 Annebelle Pithan, Wo steht die geschlechterbewusste Religionspädagogik?, in: Andrea Qualbrink/Annebelle Pithan/Mariele Wischer (Hrsg.), Geschlechter bilden. Perspektiven für einen genderbewussten Religionsunterricht, Gütersloh 2011, 62–78.

Die Versäulung der Religionslehrerinnenverbände im Kaiserreich?

Annäherungen an ein religionspädagogisches Konstitutionsproblem

Antje Roggenkamp

Vorüberlegungen

Die Institutionalisierung von Religionspädagogik als diskursiver Reflexion über Religionsunterricht erwächst aus Diskussionsforen.[1] Religionsoberlehrer treffen sich seit Ende der 1870er Jahre in jährlichen Abständen, um über Aufgaben, Ziele und Probleme des Religionsunterrichts zu diskutieren. Sie erarbeiten Lösungen, die in Entsprechung zu kirchenpolitischer Ausrichtung und frömmigkeitsgeschichtlichem Hintergrund der Religionslehrer einer Provinz verschieden ausfallen. Zu Beginn des 20. Jahrhunderts geraten zunehmend auch Fragen von grundsätzlicher Relevanz in den Fokus, so dass 1910 der preußische, 1912 der deutsche Religionslehrerverband gegründet wurde.[2]

---

[1] So zuletzt Bernd Schröder, Religionspädagogik, Tübingen 2012, 171. Zwar weist Schröder darauf hin, dass die Religionslehrervereine insofern kein klassisches Lehrbuchthema darstellten, als ihre Bedeutung mit zunehmender akademischer Professionalisierung von Religionspädagogik abnahm. Sie haben sich aber »namentlich in der Gründerzeit von ›Religionspädagogik‹ als wichtiges Forum der Diskussionen religionspädagogischer Forschung erwiesen.«

[2] Vgl. Antje Roggenkamp, Religionspädagogik als »Praktische Theologie«. Zur Entstehung der Religionspädagogik in Kaiserreich und Weimarer Republik, Leipzig 2001 (Arbeiten zur Praktischen Theologie, Bd. 20), 39–47. Vgl. auch H.[einrich] Sandrock, Der Bund für Reform des Religionsunterrichts, in: Zeitschrift für den evangelischen Religionsunterricht (ZEvRU) 23/1912, 107–112, 112: »wir haben es ja seit einer ganzen Reihe an Jahren erlebt, daß in den Vereinigungen der Rel.-Lehrer an höheren Schulen und deren Behandlungen die Vertreter verschiedener theologischer Richtungen zusammenarbeiten und in durchaus fruchtbarer Weise die Fragen des Rel.-Unt. behandeln und sich darüber verständigen.«

Die Zusammenkünfte entstehen ursprünglich aus der Überlegung heraus, dass die gegenseitige Kenntnis unterschiedlicher theologischer und religiöser Ansätze und Haltungen für die Reflexion von religionsunterrichtlicher Praxis vordringlich ist. Ein Diskurs aller Richtungen sei sowohl aus sachlichen Gründen – es gelte, einen gemeinsamen Besitz religiöser (Grund-)Überzeugungen zu ermitteln – als auch aus persönlichen Gründen unerlässlich: Die einzelnen Religionslehrer sollten versuchen, ihre verschiedenen Positionen und Haltungen anzuhören, »dem Gegner aus der Nähe ins ehrliche Antlitz zu schauen, seine andere Ueberzeugung verstehen und dulden zu erlernen.«[3]

Es hat nun allerdings den Anschein, als müsse dieser Ansatz, der die Entstehung von Religionspädagogik auf diskursive Strukturen der Religionslehrer an höheren Schulen zurückführt, in zwei Hinsichten modifiziert werden: Zum einen betrifft dies die Gruppe der an Volksschulen Religion unterrichtenden Lehrer,[4] zum anderen scheint sich die im Folgenden interessierende Gruppe der Lehrerinnen übergreifenden Diskursen zu entziehen.[5]

Im Bereich religiöser Frauenbildung zeichnen sich zu Beginn des 20. Jahrhunderts zwei Widerlager ab, die bis in die frühen 1920er Jahre koexistieren. Dabei geht es – wie Dagmar Henze heraus gearbeitet hat – keinem der Lager um die Ausbildung oder gar die Zulassung der Frauen zum Pfarrerinnenberuf. Vor allem aber erscheint es unmöglich, Verbindungslinien zwi-

---

3 Vgl. Hermann Marx, Zwei Zeitschriften für den Religionsunterricht, in: Die Christliche Welt. Gemeindeblatt für die Gebildeten aller Stände, 23/1909 (Christliche Welt), 1123f., 1123.

4 Vgl. dazu Antje Roggenkamp, Rez.: Friedrich Schweitzer/Henrik Simojoki, Moderne Religionspädagogik, Gütersloh 2005, in: ThLZ 3/2008, 319–322. Ich habe hier den Nachweis zu führen versucht, dass – anders als von den Autoren vermutet – die Beiträge der Monatsblätter für den evangelischen Religionsunterricht (MERU) überwiegend bekannte Autoren der ZEvRU und somit mehrheitlich Religionsoberlehrer sind. Gestützt wird dies durch Archivalien des Vandenhoeck-Verlages: die Verleger befürchten in ihrer Korrespondenz vom Januar 1908, dass sich die MERU nicht erheblich von der ZEvRU unterscheiden könne und drohen damit, dass Projekt einzustellen. Zu einem weiteren Problem vgl. Sandrock, Bund, 111: »Darin aber muß ich Schuster und Halfmann durchaus recht geben, daß der parteimäßige Zusammenschluß der Religionslehrer zu manchem Bedenken Anlass gibt.«

5 Zur Öffnung der im Haupttext angedeuteten Berufsfelder und Verbandsstrukturen vgl. die exemplarischen Ausführungen zu Magdalene von Tiling, in: Antje Roggenkamp, Undoing gender? Religiöse Erziehung und Bildung in Kaiserreich und Weimarer Republik, in: Zeitschrift für Kirchengeschichte 115/2004, 181–197, 196f. und in diesem Band.

schen den beiden Gruppierungen aufzuweisen.[6] Auch Anke Edelbrock zufolge haben sich hier Barrieren *entwickelt*, die man etwas zugespitzt formuliert mit Gangolf Hübinger, als »Ekelschranken«[7] bezeichnen könnte.[8] Ich selbst habe den Versuch unternommen, diese Differenzen auf unterschiedliche Deutungen biblischer Anthropologie zurückzuführen und vor dem Hintergrund der Kategorien von *doing* und *undoing gender* grundsätzlich als Ausdruck impliziter Sachzwänge interpretiert: Durchsetzung idealer Vorstellungen oder pragmatische Realisierung des faktisch Möglichen. Dabei gerieten die Verbände selbst ein wenig aus dem Blick.[9]

Im Folgenden sei der Fokus noch einmal auf die sich formierenden Gruppierungen der Religionslehrerinnen gerichtet. Entsprechende Formationen sind auf ihre kontextuell markierten Handlungsoptionen hin zu befragen: Auf welche Weise kommen Probleme, Lösungsvorschläge und Grundanschauungen ins Spiel und wie werden sie reflektiert? Übergeordnetes Ziel bleibt die Frage, ob die Diskursformationen der Religionslehrerinnen als *Sonderfall* zu charakterisieren sind oder ob sich – jenseits der von Edelbrock herausgearbeiteten Barrieren – Ansätze grenzüberschreitender Diskurse erkennen lassen. Anders formuliert: Sind die Religionslehrerinnenverbände als Normal- oder als Sonderfall der Konstitution von Religionspädagogik zu gewichten?

I. Selbst- und Fremdansichten von Konferenz und Verein im Kaiserreich

Im ersten Jahrzehnt des 20. Jahrhunderts bilden sich zwei unterschiedliche Foren für Religionslehrerinnen aus. Beteiligt sind Angehörige der sogenannten zweiten Generation der Frauenbewegung, vor allem Lehrerinnen. Diese stehen bereits im Amt und versuchen, ihre berufliche Situation zu verbessern bzw. dafür zu sorgen, dass die Situation ihrer künftigen Kolleginnen

---

6 Dagmar Henze, Zwei Schritte vor und einer zurück. Carola Barth – eine Theologin auf dem Weg zwischen Christentum und Frauenbewegung, Neukirchen-Vluyn 1996, 178f.,193f.

7 Gangolf Hübinger, Kulturprotestantismus und Politik, Tübingen 1994, 189, vgl. auch 24, 52, 306.

8 Anke Edelbrock, Mädchenbildung und Religion in Kaiserreich und Weimarer Republik. Eine Untersuchung zum evangelischen Religionsunterricht und zur Vereinsarbeit der Religionslehrerinnen, Neukirchen-Vluyn 2006, 289f., 379f.

9 Roggenkamp, Religionspädagogik.

sich derjenigen der männlichen Kollegen ein Stück weit annähern kann. Insofern scheinen die Lehrerinnen zunächst die Anliegen der allgemeinen bürgerlichen Frauenbewegung aufzunehmen.[10] In Entsprechung zu den Frauen, die sich seit 1865 im *Allgemeinen Deutschen Frauenverein*, seit 1887 im radikaleren Verein *Frauenbildungsreform* oder seit 1894 im *Allgemeinen Deutschen Lehrerinnenverein* zusammenfanden, geht es auch den Religionslehrerinnen nicht um die grundsätzliche Durchsetzung von Frauenemanzipation – dies überließ man offensichtlich den Sozialdemokratinnen –, sondern um die Verbindung von konkreteren Forderungen, moralischen Motiven und ethischen Begründungen. Entsprechendes hatte vor allem Helene Lange mit ihrem Programm des Prinzips der geistigen Mütterlichkeit, das die Rede von Gleichheit der Frauen zugunsten der Vorstellung von der Gleichwertigkeit der Geschlechter preisgab (so zuerst Annette Kuhn[11]), angeregt. Das Frauenstudium selbst stand also nicht zur Debatte, die faktischen Verhältnisse hatten hier Tatsachen geschaffen,[12] wohl aber Akzeptanzprobleme und gelegentlich seine entsprechenden Voraussetzungen.

In dieser Situation kam es zu zwei Gründungen von Religionslehrerinnenvereinen, die sich zum einen in ihrer kirchenpolitisch konservativeren Ausprägung als *Konferenz von Religionslehrerinnen* [KvR] am 13./14. Juni 1905 in Göttingen bildete.[13] Als liberales Gegenstück formierte sich der *Verein für religiöse Erziehung* [VeR] am 7. April 1908 in Bonn.[14] Dabei scheint auffällig, dass sich die maßgeblichen Akteurinnen – anders als die Religionsoberlehrer – für die vorrangige Gründung einer übergeordneten Instanz entschieden. Sowohl die sich später als positiv bezeichnenden Religionslehrerinnen der KvR[15] als auch die im VeR zusammengeschlossenen Lehrerinnen

[10] Zum Folgenden vgl. Henze, Schritte, 31–34.

[11] Ebd.

[12] Seit 1905 konnten Frauen immerhin das Examen pro facultate docendi ablegen und zwar in drei verschiedenen Formen: als Titular-, wissenschaftlich geprüfte und akademisch gebildete Oberlehrerin vgl. Henze, Schritte, 31f.

[13] Vgl. Edelbrock, Mädchenbildung, 229f. Vgl. auch Roggenkamp, Undoing Gender, 71f.

[14] Antje Roggenkamp, Art.: Verein für religiöse Erziehung, in: LexRP 2168. Vgl. auch Edelbrock, Mädchenbildung, 293f. und Roggenkamp, Undoing Gender, 73f.

[15] Die Teilnehmerinnen erklären in ihren Statuen, dass ihre Konferenz jenseits der lutherischen, unierten und reformierten Differenzen wirken wolle. Vgl. [KvR], Statute, Denkschrift über die III. Konferenz von Religionslehrerinnen zu Hildesheim vom 20. bis 22. Mai 1907, Bielefeld 1907, 79–80, 79. Zur Selbstbezeichnung vgl. auch Edelbrock, Mädchenbildung, 229.

und Mütter liberaler Provenienz, erstreben erst im Nachhinein die Bildung sogenannter Ortsgruppen und setzen ihre Bemühungen darein, ein stabiles und flächendeckendes Netz zu entwickeln.[16] Dabei scheinen die Akteurinnen, in Entsprechung zu ihrer professionellen Situation, unterschiedliche Ziele zu verfolgen: Während die Religionslehrerinnen der KvR sich überwiegend für den Religionsunterricht in der Oberstufe interessieren,[17] geht es den im VeR zusammengeschlossenen Lehrerinnen und Müttern vor allem um die Zusammenarbeit von Haus und Schule.[18] Insofern liegt es nahe, zu vermuten, dass bei den Zusammenkünften grundsätzlich unterschiedliche Bedürfnisse diskutiert wurden.

Ausgehend von der Beobachtung, dass in beiden Fällen die Gründung der Dachorganisation der gezielten Rekrutierung von Mitgliedern auf regionaler Ebene voranging, stellt sich konkret die Frage nach den Trägergruppen. Wenn sich offensichtlich nicht die primär Betroffenen zusammenschließen, sondern diese zuerst *von oben* aktiviert werden müssen, dann ist nach den Akteuren bzw. Organisatoren, die hinter den Zusammenschlüssen stehen, Ausschau zu halten. Während für die KvR sowohl ein Reflex auf die ursprünglich preußischen Verhältnisse anzunehmen ist – die Kirchenverfassung der altpreußischen Kirche der Union betrifft nicht alle Provinzen – als auch der Versuch, eine Öffentlichkeit des kirchlichen Gesamtprotestantismus herzustellen, lässt sich für den VeR vermuten, dass eine nicht-kirchlich gebundene, aber gegenüber dem Protestantismus affine gesellschaftliche Öffentlichkeit hinter der Gründung steht. Welche Gruppierungen dabei potentiell in Frage kommen, das sollen die folgenden Überlegungen zeigen.

---

16 Für die KvR vgl. Catharina Gleiss, Zweck und Notwendigkeit unserer Arbeit, in: Denkschrift über die III. Konferenz von Religionslehrerinnen zu Hildesheim vom 20. bis 22. Mai 1907, Bielefeld 1907, 10–13, 11f. Für den VeR vgl. Ada Weinel, Verein für religiöse Erziehung, in: Die Christliche Welt. Evangelisches Gemeindeblatt für alle Stände (Christliche Welt), Marburg 1909, 497f.

17 Vgl. dazu selbstkritisch Magdalene von Tiling, Das Religionsstudium der Lehrerin, in: Denkschrift über die IV. Konferenz von Religionslehrerinnen zu Cassel vom 8. bis 10. Juni 1908, Leipzig 1908, 55–70, 70.

18 Die Rolle des Vereins ist insofern eine doppelte: In kleinen Kreisen komme man zum Austausch zusammen und versuche bewusst auf alles Agitieren und Indoktrinieren zu verzichten. Die Zusammenkünfte dienten dem Austausch, der Einheitlichkeit und der Gemeinsamkeit von religiöser Erziehung in Haus und Schule. Vgl. Weinel, Verein, 497f.

Die protestantische Medienlandschaft ist im 19. und zu Beginn des 20. Jahrhunderts breit aufgestellt.[19] Unterschiedliche theologische und kirchenpolitische Richtungen haben ihre eigenen Organe – im Gegenüber, etwa zur *Allgemeinen Ev.-luth. Kirchenzeitung*, positioniert sich die *Christliche Welt.*[20] Dem Religionsunterricht an höheren Schulen widmet sich die *Zeitschrift für den evangelischen Religionsunterricht (ZEvRU)*, der kirchliche Unterricht wird von der *Katechetischen Zeitschrift* bedient, die sich 1908 in die *Monatsblätter für den evangelischen Religionsunterricht (MERU)* umbenennt. Hinzu kommt, dass alle größeren Konferenzen bzw. Kongresse – der Kirchlich-Soziale, der Christlich-Soziale, aber auch der Evangelisch-Soziale – über eigene Organe verfügen. Dies gilt entsprechend für die Lehrerinnen-Vereinigungen mit den *Mitteilungen aus der Konferenz von Religionslehrerinnen* (KvR) sowie den *Blättern für religiöse Erziehung* (VeR).

Da im Folgenden allerdings nicht primär der Binnendiskurs,[21] sondern die Außenperspektive interessiert, seien vor allem zwei Foren herangezogen, die Auskunft zwar auch über die Konstitutionsbedingungen, vor allem aber über die entsprechenden Diskursbedingungen geben: Die Denkschriften der Konferenz, die, ebenso wie die Christliche Welt, einem größeren Publikum zugänglich waren.

Wie also werden die Aufgaben und Ziele dieser Gründungen vor einer größeren Öffentlichkeit reflektiert? Im Zentrum der Diskurse der KvR steht das Verlangen der Lehrerinnen, zu den aktuellen Diskussionen und theologischen Positionsstreitigkeiten Stellung zu beziehen.[22] Dies wird besonders in den anlässlich der Gründungstagung verabschiedeten Thesen deutlich, die 1905 noch relativ verhalten eine negative Religionsfreiheit formulieren:

---

19 Vgl. Friedrich Mildenberger, Geschichte der deutschen evangelischen Theologie im 19. und 20. Jahrhundert, Stuttgart u.a. 1981, 239–286, 289.

20 Vgl. Gottfried Mehnert (Hrsg.), Programme evangelischer Kirchenzeitungen im 19. Jahrhundert, Witten 1972.

21 Dieser einschlägige Diskurs ist zuletzt von Anke Edelbrock rekonstruiert worden: Für die KvR vgl. Edelbrock, Mädchenbildung, 229–269. Für den VeR vgl. a.a.O., 293–346. Dabei erscheinen die Unterschiede im Binnendiskurs als weit *gravierender* (vgl. dazu den Beitrag von Anke Edelbrock in diesem Band) als aus einer auf zentrale Frauenthemen fokussierten Außenperspektive.

22 A.a.O., 232.

Niemand dürfe »zu Erteilung des Religionsunterrichts [...] gezwungen werden«, der sich nicht freudig zum Grund des geoffenbarten Gotteswortes bekenne.[23] Deutlicher formuliert es die Denkschrift der II. Konferenz. An alle deutschen Regierungen wird folgender Aufruf versandt: »Angesichts der religionsfeindlichen Kundgebungen, die im Anschluß an die Denkschrift der Bremer Lehrerschaft und auch sonst in letzter Zeit laut geworden sind, halten die Teilnehmer der 2. Konferenz von Religionslehrerinnen es für ihre Gewissenspflicht, zu erklären, daß sie an der konfessionellen Schule und am Katechismusunterricht in Schule und Seminar festhalten.«[24] Dabei geht es nicht um die Ablehnung *der wichtigsten Ergebnisse wissenschaftlicher Bibelforschung*, sondern darum, dass diese Ergebnisse *die Grundlage für die Behandlung des Lehrstoffes* bildeten. Was darunter zu verstehen ist, erläutert die Vorsitzende der Konferenz, Katharina Gleiß, 1907 in einer entsprechenden Programmrede: »Was wollen wir? *Wir wollen unseren Kindern einen auf biblischem Grunde beruhenden Religionsunterricht erhalten.* Das Motto für diese unsere Arbeit heißt: ›*Nicht zurück zum Glauben der Väter, sondern vorwärts im Glauben der Väter.*‹«[25] Anlass für ihre Überlegungen bleibt zwar weiterhin die Bremer Denkschrift von 1905,[26] die Ursache für den eigenen Zusammenschluss scheint aber tiefer zu liegen: Gleiß erblickt sie in *der wachsenden Religionsfeindschaft überhaupt* (1), in *der wachsenden Religionsfeindschaft in liberalen Lehrerkreisen* (2) und in den Verwässerungsversuchen und der *Umwertung, seitens der religionsgeschichtlichen Richtung, die immer mehr Eingang auch in unsere Lehrbücher findet* (3).[27] Konkreter sind darunter folgende

---

23 KÄTHE CLAUS, Bericht über die 1. Konferenz von Religionslehrerinnen in Göttingen, in: Die Lehrerin 22/1905, 1197–2000, 1179.

24 [KvR], Beschlüsse der Konferenz, in: Denkschrift über die II. Konferenz von Religionslehrerinnen zu Stettin am 5., 6. und 7. Juni 1906, Braunschweig und Leipzig 1906, 111–112, 111.

25 CATHARINA GLEISS, Zweck und Notwendigkeit unserer Arbeit, in: Denkschrift über die III. Konferenz von Religionslehrerinnen zu Hildesheim vom 20. bis 22. Mai 1907, Bielefeld 1907, 10–13, 10.

26 Meike Sophia Bader weist darauf hin, dass die christliche Religion hier faktisch durch einen forcierten Nationalismus ersetzt worden sei und qualifiziert diesen als völkisch, eine Beobachtung, die sich auch andern Orts tätigen lässt. Vgl. MEIKE SOPHIA BADER, Erziehung als Erlösung. Transformation des Religiösen in der Reformpädagogik, Weinheim/München 2005, 123–133, 127f.

27 GLEISS, Zweck, 12.

3 Hauptforderungen zu verstehen, die von liberaler Seite – zugrunde liegen neben der Bremer Denkschrift kritische Stimmen aus dem Umfeld Wilhelm Reins[28] – aufgestellt werden: Die Beschränkung und Umwertung der alttestamentlichen Stoffe, die Berücksichtigung der neueren Forschungsergebnisse im Unterricht und die Entfernung des Katechismus aus der Schule.[29] Dabei ist es im Einzelnen ein Bündel ganz unterschiedlicher Aspekte, das die Referentin[30] darin, ähnlich der Korreferentin, umtreibt[31]: Das Bangen um den Ersatz alttestamentlicher Stoffe durch Märchen, die Furcht vor ausschließlicher Implementierung religionsgeschichtlicher Stoffe in den Religionsunterricht und die Befürchtung, dass ein künftiger Religionsunterricht Menschenwort neben oder an Stelle von Gotteswort setzen könne. Im Kern geht es um die Frage, ob die in der Gesellschaft vorherrschende Negation lediglich in den Religionsunterricht hineingetragen oder ob nicht dieser jener etwas entgegen setzen könne, schon um dem Einzelnen die Möglichkeit zu geben, *das eine oder das andere zu werden.*[32] Zu dieser nicht ganz suggestionsfreien Gegenwartsanalyse tritt schließlich die Befürchtung hinzu, dass die Kirche als eine den Religionsunterricht tragende Organisation im Innern und vor allem von Außen, in besonderer Weise bedroht sei: »Wie lange wird der Zusammenhang mit dem Staat unserer Kirche noch ihre gegenwärtige Organisation erhalten?«[33]

---

[28] Zitiert werden insbesondere WILHELM REIN (Hrsg.), Stimmen zur Reform des Religionsunterrichts, Heft 1 und Heft 2, Langensalza 1904/1906 (Pädagogisches Magazin 237/269).

[29] MARGARETE FLECK, Ein Zukunftsbild des Religionsunterrichts nach den neuen Lehrplanentwürfen, in: Denkschrift über die III. Konferenz von Religionslehrerinnen zu Hildesheim vom 20. bis 22. Mai 1907, Bielefeld 1907, 24–41, 40.

[30] A.a.O., 25f., 39f., bes. 40.

[31] ANTONIE LUDEWIG, Korreferat, in: Denkschrift über die III. Konferenz von Religionslehrerinnen zu Hildesheim vom 20. bis 22. Mai 1907, Bielefeld 1907, 25–51, 50: »Die Theologie hat den Stoff bestimmt und gruppiert, der Jesus, der den Kindern des Volkes als wertvollster Besitz für das Leben mitgegeben werden soll, das ist der Jesus, wie er in der Erinnerung der Gläubigen lebt, nicht Jesus Christus, gestern und heute und derselbe auch in Ewigkeit. Die Religion, in der die Kinder des Volkes unterrichtet werden sollen, das ist nicht die christliche Religion, das ist die sogenannte sittliche Erlösungsreligion, eine Religion, von der man nicht weiß, wovon man bei ihr erlöst wird, von der man nicht weiß, wer der Erlöser ist.«

[32] A.a.O., 51.

[33] MARGARETHE WACKER, Ist der Katechismusunterricht zeitgemäß?, in: Denkschrift über die III. Konferenz von Religionslehrerinnen zu Hildesheim vom 20. bis 22. Mai 1907, Bielefeld 1907, 59–77, 77.

Diesen Beobachtungen entspricht eine Beschreibung der KvR durch Ada Weinel aus der Christlichen Welt: Für Weinel impliziert die Tatsache der Konferenzgründung grundsätzlich, dass auch auf Seiten der sogenannten Positiven, d.h. der theologisch rechts stehenden Religionslehrerinnen, ein Bewusstsein für die Unzulänglichkeit des bisherigen Religionsunterrichts ausgebildet worden sei. Die KvR verstehe sich als eine Gemeinschaft Gleichgesinnter, die sich über theologische Fragen des Religionsunterrichts austauschen und um einen eigenen Standpunkt in der Gegenwart ringen. Dass dieser Standpunkt primär im Abwehrkampf gegen die liberale Theologie gefunden werde, sei bedauerlich, denn diese habe als moderne Theologie ein differenzierteres Konzept von Religionsunterricht ausgebildet als die religionsfeindlichen und religionskundlichen Strömungen.

Seitens der positiven Religionslehrerinnen moniere man im Einzelnen vor allem die *historisch-psychologische Methode*[34]: die Kritik am *Historischen* betreffe vor allem die Tendenz zum bewussten Unterlaufen der traditionellen Überlieferung. So befürchten die Lehrerinnen, dass ein selbst gemachter Gott an die Stelle des zu den Menschen redenden gesetzt werden solle. In *psychologischer Hinsicht* treten die Meinungen gar nicht soweit auseinander: Denn, dass die Bibel in eine kind- und jugendgerechte Sprache zu übersetzen sei, stehe auch den Positiven deutlich vor Augen, die im übrigen den sittlichen Ernst, der von den Liberalen ausgehe, durchaus würdigen könnten. Schließlich trete auch die KvR für das Theologiestudium der Lehrerinnen ein: Das Erlernen der alten Sprachen ermögliche es den angehenden Religionslehrerinnen, sich ein eigenes Urteil über die von der wissenschaftlichen Theologie beschriebenen Verhältnisse zu bilden. Auf diese Weise trage das Theologiestudium der im Amte stehenden Lehrerin – so Ada Weinel – dazu bei, dass die positiven Religionslehrerinnen den religiösen Ernst anderer theologischer Richtungen erkennen könnten. Denn bislang habe die Konferenz in ihrer Kritik übersehen, dass die moderne Theologie vielen Lehrern und Lehrerinnen in ihren Zweifeln geholfen habe: Zwischen Wahrheitssinn und religiösem Bedürfnis müsse nicht länger gewählt werden.

---

34 Der Ausdruck bezieht sich zeitgenössisch sowohl auf die Herbartsche Methode der Formalstufenlehre (vgl. Antje Roggenkamp, Das (zweite) deutsche Kaiserreich, in: Rainer Lachmann/Bernd Schröder (Hrsg.), Geschichte des evangelischen Religionsunterrichts in Deutschland. Ein Studienbuch, Neukirchen 2007, 167–202, 191f.) als auch gelegentlich auf das Gebiet, das man heute als Didaktik bezeichnet. Hier scheint es didaktisch gemeint.

Als kritisch erweise sich hingegen vor allem ein fanatischer Grundzug der KvR, insofern diese mit allen Mitteln öffentlicher Propaganda den Versuch unternehme, das Vordringen der liberalen Theologie zu verhindern.[35]

Die Gründung des VeR wird von Ada Weinel folgendermaßen reflektiert: Die religiöse Erziehung stehe vor allergrößten Schwierigkeiten, insofern der Religionsunterricht von zwei Seiten angegriffen werde. Während der religionsfeindliche Ansatz fordere, den Unterricht aus dem öffentlichen Leben zu verbannen und dies damit begründet, dass der Staat kein Interesse an der Religion habe, argumentierten hoch konservative Stimmen, dass der Schulbetrieb das religiöse Leben weder entwickele noch pflege, sondern – nicht nur bisweilen – schädige. Der VeR vertrete diesen Strömungen gegenüber nachdrücklich den Standpunkt, dass der Schule dieses wichtige Instrument der Erziehung nicht genommen werden dürfe. Zum einen insofern, als die Religion ein wichtiges Element des Kulturlebens sei, zum anderen insofern, als gerade die Religion der Gesellschaft ihre höchsten Ideale vorgebe. Allein die ethischen und religiösen Ideale des Christentums könnten Kulturformationen und individuellen Degenerationen entgegentreten, die einem schrankenlosen Selbstgenuss, einem höchst gesteigerten Individualismus oder einer rein ästhetisch orientierten Persönlichkeitsentfaltung zuarbeiteten.[36]

Konkreter formuliert Helene Glaue die Aufgaben und Einsatzgebiete in der Christlichen Welt.[37] Der vom VeR angestrebte Austausch zwischen Müttern bzw. Eltern und Lehrerinnen erfolge zum Wohl des Kindes: Vor allem ethische Aspekte, wie etwa die Lüge des Kindes oder sein Gewissen, werden gemeinsam bearbeitet. Während die Lehrerinnen von den Reformen des Religionsunterrichts berichteten und ihrerseits erführen, wie merkwürdig Kinder bisweilen eine Sache auffassten, thematisierten die Eltern Schwierigkeiten, die sie selbst mit bestimmten dogmatischen und biblischen Stoffen hätten.[38] Lehrerinnen und Mütter seien so Gebende und Nehmende, die im Interesse der ihnen anvertrauten Kinder vertrauensvoll zusammenarbeiteten.

---

35 Ada Weinel, Konferenz evangelischer Religionslehrerinnen, in: Christliche Welt, 24/1910, 330–332.

36 Ada Weinel, Verein für religiöse Erziehung, in: Christliche Welt, 23/1909, 497f.

37 Helene Glaue, Verein für religiöse Erziehung, in: Christliche Welt, 27/1913, 614–615.

38 Vgl. dazu auch Carola Barth, Die vierte Jahresversammlung des Vereins für religiöse Erziehung, in: ZEvRU 22/1911, 328–330, bes. 330.

In prinzipieller Hinsicht gehen die Anliegen der Vereinigungen nicht allzu weit auseinander: Während sich die KvR gegen den Ersatz biblischer Stoffe durch Märchen, Sagen und Legenden wendet, fordert die VeR eine *Modernisierung* biblischer Geschichten bzw. biblischer Sprache und ebenso wie die KvR die Ausbildung der Religionslehrerinnen durch ein ordentliches Theologiestudium. Eine weiter gehende Lösung liegt für den VeR in der Reflexion von Lehrerinnen und Müttern über den Religionsunterricht, wohingegen die KvR vor allem erfahrene Religionslehrerinnen für ein Studium gewinnen will.[39] Dort, wo die KvR von einer Neuinterpretation kirchlicher Bekenntnisse Fortschritte erwartet, plädiert die VeR für eine moderne Theologie, die den Religionsunterricht von religionsfeindlichen bzw. religionskundlichen Einflüssen frei zu halten habe.

Die Reformbedürftigkeit von Religionsunterricht scheint somit zwar von beiden Vereinigungen anerkannt. Die den Analysen entsprechenden Lösungskonzepte (Freiheit der Wahl/Mannigfaltigkeit) divergieren aber dort, wo sich das theologische Herkommen im Nachdenken über die Bedingungen von Religionsunterricht Ausdruck verschafft.[40]

2. Frauenspezifische Themen im Spiegel von Konferenz und Verein

Im Kern geht es um die Frage, ob die sich oben abzeichnende Entwicklung einer relativen Konvergenz der Überlegungen zur Reform des Religionsunterrichts, auch mit Blick auf frauenspezifische Themen, durchgehalten werden kann. In diesem Fall wären weitere Mosaiksteinchen in einer Argumentationskette, die sich dafür interessiert, ob die Frauengruppierungen in Bezug auf die Konstitutionsbedingungen von Religionspädagogik einen Normal- oder Sonderfall darstellen, profiliert. Zu diesem Zweck wird im Folgenden der Ausgang bei einer Religionslehrerin genommen, die zwar nicht auf den Religionslehrerinnentagungen, wohl aber auf den kirchlichen und gesamtprotestantischen Konferenzen als Rednerin in Erscheinung tritt. Es

---

[39] Vgl. nur Edelbrock, Schritte, 229.

[40] Damit scheint aber für KvR und VeR vice versa zu gelten, was den Religionslehrern an höheren Schulen am Herzen liegt: »für die praktische Gestaltung des Rel.-Unterrichts haben die theologischen Gegensätze und Verschiedenheiten gar keine so große Bedeutung; [...]« Vgl. Sandrock, Bund, 112.

handelt sich um Marie Martin.[41] Die von ihr auf den Konferenzen und in der Christlichen Welt angeschnittenen Themen (Frauenstudium, Frauenwahlrecht, Mädchenbildung) seien den folgenden Ausführungen als ein Raster zugrunde gelegt.

2.1 Vom Frauenstudium zum Theologiestudium der Lehrerin

Marie Martin redet kurz nach der Jahrhundertwende vor unterschiedlich positionierten Versammlungen zum Thema Frauenstudium: 1901 bei den Kirchlich-Sozialen, 1902 bei den Evangelisch-Sozialen und 1903 beim *Deutschen Evangelischen Frauenbund* [DEFB].

Gegenüber den Teilnehmern des Kirchlich-Sozialen Kongresses referiert sie 1901 zum Thema »Soll die christliche Frau studieren?«[42] Sie benennt die wirtschaftlichen Umwälzungen als Grund für die Bejahung entsprechender Forderungen: Viele Frauen hätten, aus Gründen eines Mangels an für die Familiengründung geeigneten Männern, keine andere Perspektive, als ein eigenes Erwerbsleben zu erwägen. Käme ein Studium in Betracht, so müssten sich diese allerdings frühzeitig entscheiden. Das Studium zehre die Aussteuer auf. Insofern sei die Entscheidung für ein Studium zugleich eine solche gegen die Ehe. Vor diesem Hintergrund erscheinen Argumente, die den Frauen ein entsprechendes Ingenium absprechen oder aber darauf hinweisen, dass das weibliche Gemütsleben verkümmere, als rhetorische Elemente, deren konkurrentieller Charakter leicht zu durchschauen sei. Zugunsten des Frauenstudiums führt sie am Ende an, dass auch und gerade Jesus in seinen Jüngerinnen geeignete Nachfolger sah. Insofern könne man die Emanzipation vom Christentum schwerlich trennen.

---

[41] Ob bei Martins zunehmender Prominenz ihre Beziehung zur Kaiserin Auguste Viktoria eine Rolle spielt, steht einerseits zu vermuten. Vgl. dazu Edith Glaser, Weder Eigendynamik noch Erfolgsgeschichte: Der Beitrag der Frauenbewegung zur Bildungsreform im frühen 20. Jahrhundert, in: Claudia Crotti/Fritz Osterwalder (Hrsg.), Das Jahrhundert der Schulreformen. Internationale und nationale Perspektiven 1900–1950, 63–81, 71. Andererseits sind ihre Überlegungen aber zu eigenständig und z. T. auch zu andersartig, als dass sie in dieser Funktion aufgehen dürfte. Dass Martins Überlegungen gelegentlich persönliche Attacken gegen sie auslösen – so etwa in der Deutschen Tageszeitung vom 06.11.1913 wie im Reichsboten vom 07.11.1913 –, scheint nicht nur die Richtigkeit ihrer Analysen, sondern auch ihre Unabhängigkeit zu bestätigen. Vgl. dazu unten Christliche Welt 28/1914, 57–59.

[42] Marie Martin, Soll die christliche Frau studieren?, Berlin 1901 (Heft 17 der freien Kirchlich-Sozialen Konferenz).

Vor dem Evangelisch-Sozialen Kongress äußert sie sich 1902 zum Thema »Die Frau als Gehilfin bei den sozialen Zeitaufgaben«. Gegenüber den liberaler eingestellten Männern setzt sie nicht ökonomisch, sondern anthropologisch an: Die Scheidewand zwischen den Geschlechtern müsse im Bereich der Konzeption des Denkens, Fühlens und Wollens fallen. Im Unterschied zu den Theologen habe die Sozialdemokratie die Frauenfrage als innere Not der Frau frühzeitig erkannt. Für das (liberale) Christentum impliziere dies, dass es sich endlich aus seiner dogmatischen *Höhe* herablassen und auf die normale Fallhöhe gesellschaftlicher Wirklichkeit einlassen müsse: Christliche Männer und Frauen könnten nur dann gewinnbringend für das Volk wirken, wenn sie sich einander ergänzend für die anstehenden Aufgaben einsetzten.[43]

Die *Psychologie der Frau* ist 1903 Vortragsthema auf einer Tagung des DEFB.[44] Martin führt aus, dass gruppenspezifische Schuldkategorien weder für die Frauen- noch für die Arbeiterfrage angebracht seien. Wenn man von Schuld sprechen wolle, dann nur von der Schuld der Christen. In Anlehnung an Matthäus 5 sei das Salz dumm geworden. Daher könne nicht (länger) die Theologie, sondern nur die (Natur-) Wissenschaft Auskunft über die hier einschlägigen Fragen geben: Ist das Weib ein Vollmensch, wie der Mann? Und: Welche Entwicklung ist der Natur und der Aufgabe des Weibes entsprechend? Während die Behauptung einer geistigen und sittlichen Minderwertigkeit des Weibes als Relikt eines tiernatürlichen Verhältnisses von stark und schwach entlarvt werden müsse, sei die Behauptung, dass sich diese ausgleichen müssten, Verkümmerung, wohingegen allein die Anerkenntnis der Verschiedenheit der Geschlechter Entwicklung bedeute.[45]

Während sie den konservativen Mitgliedern des Kirchlich-Sozialen Kongresses mit ökonomischen Erfordernissen begegnet, den liberalen Angehörigen des Evangelisch-Sozialen Kongresses gegenüber anthropologisch argumentiert, gründet sie ihre Ausführungen im Rahmen des tendenziell

---

[43] Das ökonomische Argument spielt sie in der Auseinandersetzung mit Harnacks Invektive gegen die Bildungsleichen aus. Sie hält ihm und anderen schließlich entgegen, dass die Frauen männlich angestrengt und weiblich bezahlt werden. Vgl. Marie Martin, Die Frau als Gehilfin bei sozialen Zeitaufgaben, Göttingen 1902, 16, 23. Gustav Gerok empfiehlt Martin, von den von ihr angesprochenen Kreisen bezüglich des Frauenstudiums nicht zu viel Unterstützung zu erhoffen. Vgl. Christliche Welt 17/1903, 305.

[44] Marie Martin, Die Psychologie der Frau (Vortrag, gehalten am 25. September 1903 auf der Generalversammlung des Deutschen Evangelischen Frauenbundes in Bonn), Leipzig 1904.

[45] A.a.O., 18 (7. These).

richtungsoffenen DEFB auf naturwissenschaftliche Beobachtungen. Ihre Argumentationen zugunsten des Frauenstudiums lassen insofern ein differenziertes Bewusstsein für die unterschiedlichen Erwartungen der jeweiligen kirchen- bzw. theologiepolitischen Gruppierung erkennen.

Wie aber verhalten sich nun KvR und VeR gegenüber dem Thema Frauenstudium? Dass sowohl die KvR als auch der VeR das Studium und insbesondere das Theologiestudium der Religionslehrerinnen befürworten, wurde zwar bereits erwähnt. Interessant ist nun aber, mit welchen Argumenten dies jeweils begründet wird.

Die in der KvR zusammengeschlossenen Lehrerinnen plädieren dafür, »daß die Lehrenden lebensvolle christliche Persönlichkeiten sind, die für den Unterricht auf der Oberstufe der höheren Lehranstalten den Stoff auch fachwissenschaftlich beherrschen«[46]. Dem Thema wendet sich insbesondere Magdalene von Tiling zu, die das Theologiestudium im Hinblick auf die spätere Praxis des Religionsunterrichts erörtert und vor allem erfahrene Lehrerinnen auffordert, sich einem Universitätsstudium – inklusive des Erwerbs der alten Sprachen – zuzuwenden. Dabei geht es ihr weniger um die Frage nach der entwicklungsgemäßen Reife als vielmehr um die Möglichkeit, das Studium der Theologie mit der eigenen Religion in Beziehung zu setzen. Für von Tiling impliziert dieses ein Ringen um Wahrheit und Frömmigkeit im Rahmen eines bibel- und dogmatikbezogenen Studiums. Im Zentrum steht für sie die Frage, ob sich Glaube und Wissenschaft miteinander vertragen können oder ob das Festhalten an Bibel und Bekenntnis legitimer Weise als abständig bezeichnet werden müsse. Die von ihr in Anschlag gebrachten Kriterien avisieren Zweierlei: Zum einen eine Kenntnis verschiedener Richtungen, zum anderen ein wirkliches Studium, das sich nicht auf die Vermittlung durch religionsgeschichtliche Volksbücher beschränkt.[47]

---

46 [KvR], Mitteilungen aus der Hildesheimer Konferenz, in: Denkschrift über die III. Konferenz von Religionslehrerinnen zu Hildesheim vom 20. bis 22. Mai 1907, Bielefeld 1907, 78f., 78. Edelbrock vermutet allerdings, dass das Theologiestudium implizit eine Möglichkeit biete, eine konservativ-kirchliche Ausbildung zu erhalten. Zu diesen programatischen Äußerungen der KvR von 1907 passe es, dass Magdalene von Tiling 1908 nicht – wie angekündigt – über »Weg und Wert des theologischen Studiums der Frau« referiert, sondern über »Das Religionsstudium der Lehrerin«. Vgl. Edelbrock, Mädchenbildung, 242.

47 Magdalene von Tiling, Das Religionsstudium der Lehrerin, in: Denkschrift über die IV. Konferenz von Religionslehrerinnen zu Cassel vom 8. bis 10. Juni 1908, Leipzig 1908, 55–70.

Der VeR seinerseits thematisiert das akademische Studium der Lehrerin, deren grundsätzliche Bejahung für eine Persönlichkeit wie die Vorsitzende Ada Weinel als selbstverständlich gilt. Gleichwohl räumt sie große praktische Schwierigkeiten ein: Selbst in Preußen, »wo das Examen pro fac. doc. wie die Oberlehrerinnenprüfung nach den Bestimmungen vom 15. Juni 1900 Theologie als Prüfungsfach voraussetzen, hat nur ein geringer Prozentsatz der studierenden Frauen Theologie gewählt.«[48] Das Problem liege in der Vorbildung: »Für Lehrerinnen, die sich neben ihrer Berufstätigkeit die Vorkenntnisse zum Studium aneignen wollten, war es meist eine zu große Belastung, außer Latein noch Griechisch und womöglich Hebräisch zu lernen.« Gleichwohl fordert sie, dass Frauen, die eine entsprechende Neigung verspürten, sich um der höheren Aufgabe des Religionsunterrichts willen nicht abschrecken lassen sollten.[49] Im Fokus des Theologiestudiums steht für sie die Bildung einer profilierten Meinung über die theologischen Richtungen, Meinungen und Ansichten: Man müsse sich »auf Grund von eigenen exegetisch-historischen wie systematischen Studien [...] mit den verschiedenen theologischen Richtungen unserer Zeit auseinandergesetzt und einen eigenen sichern Standpunkt gewonnen haben, aber doch Verständnis für die besitzen, die seinen Standpunkt nicht teilen. Ungerechte Einseitigkeit fällt auch Kindern schon auf und raubt ihnen das Vertrauen. Und vielfach hat man es doch mit Kindern zu tun, die aus anders gerichteten Elternhäusern kommen!«[50]

Beide Vereinigungen sind offensichtlich um ähnliche Vertiefungen bemüht. Während die Vorbildung mit zu den wichtigsten Aspekten der Diskussion gehört, spielt die Frage nach der überblicksartigen Kenntnis über Richtungen und Ansätze eine offensichtlich herausgehobene Rolle. Der Umgang mit diesem *Phänomen* ist aber verschiedener Art: Während Weinel vor allem für eine Sensibilisierung Richtungen plädiert – und zwar um der Kinder willen – geht es von Tiling zunächst um den wissenschaftlichen Aspekt. Mit Blick auf die angehende (Religions-) Oberlehrerin ist sie aber vor allem an der Frage interessiert, ob sich (moderne) wissenschaftliche Theologie und Religion (*alter Glaube*) miteinander verbinden lassen. Trotz dieser – mit Blick

48 So äußert sich etwa Ada Weinel 1910 entsprechend: das Theologiestudium für Frauen erweitere den Blick auf die kirchlichen Richtungen, allerdings sei zu bedenken, dass in Süddeutschland nur Pfarrer Religionsunterricht erteilen dürften. Vgl. Ada Weinel, Der Religionsunterricht und die Frauen, in: Gertrud Bäumer (Hrsg.), Die Religion und die Frau. Sieben Vorträge gehalten beim 5.Weltkongress für freies Christentum und religiösen Fortschritt, Berlin 1910, Berlin 1911, 25–33, 32.

49 A.a.O., 33.

50 A.a.O., 32.

auf das im Zentrum stehende Subjekt – perspektivischen Differenzen wird jeweils deutlich, dass das theologische Studium der Religionslehrerin aus Sicht von KvR und VeR primär der kenntnisreichen Beschäftigung mit den verschiedenen Richtungen und insofern vor allem der Aufklärung über den eigenen Standpunkt dient.

2.2 UMGANGSWEISEN MIT DER KIRCHLICHEN WAHLRECHTSFRAGE

Marie Martin thematisiert relativ früh »Das Kirchliche Wahlrecht der Frau und der Deutsch-Evangelische Frauenbund«[51]. Im Hintergrund ihrer Ausführungen steht die Verbindung von kirchlichem Frauenwahlrecht und allgemeinem Wahlrecht, die der *Allgemeine Deutsche Frauenverein* nachdrücklich favorisiert. Das kirchliche Wahlrecht gilt hier als ein Testfall für das größere allgemeine Recht der Frau auf politische Mitbestimmung. Diese Verbindung hält Martin zwar grundsätzlich für problematisch. Nicht minder schwierig scheint ihr aber das Vorgehen des DEFB zu sein, der durch die Forderung nach Einführung eines spezifischen Gelübdes den Zusammenhalt der Allgemeinen Frauenbewegung, deren rechten Flügel er bislang verkörpert habe, gefährde. Für Martin verbirgt sich hinter der Gelübdeproblematik eine doppelte Problemanzeige: Zum einen gehe es hier um die Forderung nach einem Recht der Frau auf *Betätigung ihrer persönlichen Selbständigkeit bei den Kirchenwahlen,* das sie bejaht. Zum anderen aber werde der Kirche hier das Recht eingeräumt, andere Nachweise als Taufe, Konfirmation und Kirchensteuer für die Zugehörigkeit zu ihrem Wahlkörper zu verlangen. Martin lehnt diese Forderung kategorisch als mit evangelischem Kirchenverständnis unvereinbar ab, ganz abgesehen davon, dass Gelübde grundsätzlich freiwillig und ohne Zwang geschehen sollten.

Paula Mueller, die die Frage nach den speziellen Gelübden vorangetrieben hatte, repliziert in »Das kirchliche Stimmrecht und der DEFB«[52]. Marie Martin habe das Anliegen des DEFB missverstanden. Die Mitglieder des DEFB seien der Überzeugung, dass die Berechtigung der modernen Lebenserscheinungen – darunter versteht sie u.a. die Forderung nach dem Wahlrecht der Frau – an den sittlichen Forderungen des Evangeliums zu messen seien. Der DEFB vertrete jedoch nicht die Ansicht, dass sich eine christliche Frau nur im Rahmen des DEFB an der Frauenbewegung beteiligen könne. Vielmehr sei es Aufgabe und Ziel des DEFB, den Frauen, die ihre Arbeit an

---

51 Christliche Welt, 19/1905, 1186–1189.

52 Christliche Welt 20/1906, 85–90.

und in der Gesellschaft mit evangelischen Grundsätzen verbinden wollten, eine Organisation zu bieten, in der sie ihr christliches Ideal mit dem gesellschaftlichen Engagement verbinden könnten. Vor diesem Hintergrund sei es unerlässlich, die Frage des kirchlichen von der Forderung nach einem allgemeinen Stimmrecht der Frau zu scheiden.

Während Paula Mueller die Gelübde-Problematik herunterzuspielen sucht, insistiert Marie Martin in einem Nachwort auf klaren Grundsätzen: 1. Sofern Frauen Kirchensteuern zahlten, sollte ihnen, wie den Männern auch, ein kirchliches Wahlrecht gewährt werden. 2. Wie jeglicher Bekenntniszwang so sei auch ein Gelübdezwang unevangelisch. 3. Die Frage der Gestaltung des religiösen und kirchlichen Lebens sei eine Angelegenheit zwischen Gott und dem Gewissen, nicht aber zwischen dem Einzelnen und seiner Kirchenbehörde.

Das kirchliche Wahlrecht wird den Frauen bis zum Ende des Kaiserreichs verweigert. Sie erhalten es erst zu Beginn der Weimarer Republik – am 29. September 1922 und damit lange nach dem verfassungsmäßig verbürgten Allgemeinen Wahlrecht.[53] Mögliche Erklärungen für diese auffällige Verspätung könnten sich aus dem Diskurs der Religionslehrerinnenverbände ergeben, insofern diese spezifische Umgangsweisen zeigen: Die KvR setzt das Thema 1906 auf die Tagesordnung. Zu einer Behandlung kommt es nicht, da die Auseinandersetzung mit der Bremer Denkschrift als vordringlich eingestuft wird.[54] Erst im Jahr 1912 kommt es zu einer (erneuten) Behandlung des Themas: Der Vortrag über *das kirchliche Stimmrecht der Frau* (Dr. Bestmann) tritt an die Stelle des üblichen religionsmethodischen und wird *zum meist diskutierten Gegenstand der Tagung*.[55] In Auseinandersetzung mit 1. Kor. 14 wird darauf insistiert, dass der Apostel in Christo keine Wertunterschiede, wohl aber Wesensunterschiede kenne. Am Ende einer längeren Diskussion spricht sich die Konferenz mit einer Gegenstimme zugunsten der »geordne-

---

53 CAROLA BARTH, Die Mitarbeit der Frau in den kirchlichen Gemeindekörperschaften, in: NORA HARTWICK (Hrsg.), Handbuch für evangelische Frauen, Berlin 1929, 213–226, 213.

54 Vgl. GERTRUD PAPE, Zweite Konferenz von Religionslehrerinnen, in: ZEvRU 17/1906, 305–308. Vgl. auch EDELBROCK, Mädchenbildung, 239 f. Edelbrock weist darauf hin, dass an dieser Stelle eine Umfrage des Deutschen Verbandes für Frauenstimmrecht im Hintergrund stehe. Vgl. MARTHA ZIETZ (Hrsg.), Wie urteilen Theologen über da kirchliche Stimmrecht der Frau? Gesammelte Antworten auf eine Umfrage des Deutschen Verbandes für Frauenstimmrecht, Hamburg 1905.

55 EDELBROCK, Mädchenbildung, 248.

te[n] Mitwirkung der Frauen in den kirchlichen Körperschaften«[56] aus. Begründet wird dies zum einen mit der Verantwortung der KvR für die Kirche – ihrer Unterwanderung durch den liberalen Protestanismus versucht man nachdrücklich entgegenzutreten; zum anderen sei diese Forderung ein Gebot der Gerechtigkeit: Man wolle nicht länger Kirchenmitglied zweiter Ordnung sein.[57]

Carola Barth, die 1913 für den VeR am 6. *Weltkongreß für freies Christentum und religiösen Fortschritt* in Paris teilnimmt, äußert sich enttäuscht über die Situation der deutschen Frauen. Die Christinnen in Deutschland seien die einzigen Frauen, die nicht wählen dürften. Nur die modernistischen Italienerinnen fänden sich in einem vergleichbaren Verhältnis zu ihrer Kirche.[58] Insgesamt jedoch beschäftigt sich der VeR mit dem Thema nicht. Dies mag der Tatsache geschuldet sein, dass mit der religiösen Erziehung in Haus und Schule der Fokus ohnehin nicht auf die Kirche gerichtet ist. Es kann aber auch damit begründet werden, dass es dem VeR – darin dem Evangelisch-Sozialen Kongress vergleichbar – weniger um die Kirche als vielmehr um den Protestantismus als Kulturmacht zu tun ist.[59] Eine weitere Möglichkeit besteht in der Annahme, dass die Gewährung des kirchlichen Wahlrechts den Damen als ein selbstverständlich zu gewährendes Recht erscheint. In diese Richtung dürfte ein Vortrag weisen, den Hedwig Winnecke 1910 auf dem 5. *Weltkongreß für freies Christentum und religiösen Fortschritt* hielt. Winnecke macht darauf aufmerksam, dass die christlichen Frauen in den zahlreichen Gemeinden – so u.a. in der deutschen Gemeinde in Paris, in Elsass-Lothringen und in weiteren reformierten Gemeinden Deutschlands sowie der Schweiz – ein entsprechendes Wahlrecht besäßen. Und auch in früheren Zeiten hätten es adelige Grundbesitzerinnen in Preußen ausüben können – wenn eine Rückkehr bzw. positive Sicht auf die ständischen Verhältnisse auch nicht im Sinne der modernen Frauen sei.[60] Vor allem die evangelische Kirche dürfte insofern großen Gewinn davon tragen, wenn sie die Frauen

---

[56] Antonie Ludewig, Die Elberfelder Tagung, in: Mitteilungen aus der Konferenz von Religionslehrerinnen 1912, 1–4, 4.

[57] Ebd.

[58] Carola Barth, Bericht über die Frauenversammlung des Pariser Weltkongresses, in: Blätter für religiöse Erziehung 1913, 65–72. Vgl. dazu auch Edelbrock, Mädchenbildung, 308.

[59] Vgl. auch Edelbrock, Mädchenbildung, 315.

[60] Hedwig Winnecke, Das Recht der Frau in der Gemeinde, in: Gertrud Bäumer (Hrsg.), Die Religion und die Frau. Sieben Vorträge gehalten beim 5. Weltkongress für freies Christentum und religiösen Fortschritt, Berlin 1910, Berlin 1911, 45–54.

sich endlich an der Gestaltung von Kirche aktiv beteiligen ließe.

Während die positiven Religionslehrerinnen das Problem umfassend diskutieren und am Ende fast einmütig die Einführung des Wahlrechts fordern, verzichten die liberalen Damen auf interne Diskussionen, sie ziehen vielmehr aus vergleichender Historisierung entsprechende Schlüsse. Allerdings führen weder die Hinweise des VeR auf Präzedenzfälle in einzelnen deutschsprachigen Gemeinden noch die intensiven Diskussionen der KvR eine Änderung des Status quo herbei.

2.3 Voraussetzungen und Rezeptionen der Mädchenbildungsreform

Marie Martin verweist mehrfach auf die Notwendigkeit einer Reform der Frauenbildung. Der *Deutsche Verein für höheres Mädchenschulwesen* habe die Frauenbewegung nicht repräsentieren können, insofern er noch 1894 ernsthaft die Auffassung vertreten habe, dass nicht die Entfaltung der weiblichen Persönlichkeit, sondern die Fürsorgepflicht des Staates für den künftigen Ehemannes Movens der Mädchenbildung sei: Die Männer seien vor allzu großer Engherzigkeit ihrer (künftigen) Ehefrauen zu schützen. In der Folge habe man eine Entwicklung forciert, in der zwar männliche, nicht aber weibliche Lehrpersonen für den wissenschaftlichen Unterricht der Mädchen ausgebildet wurden. Dass die Frauen darauf hin Privatschulen gegründet hätten, sei naheliegend.[61] Damit greift sie eine Argumentationslinie auf, die bereits 1904 angeklungen war: Eine längere Schulzeit für Mädchen sei unerlässlich. Allerdings solle die Schule die Mädchen der Familie nicht entfremden, sondern dafür sorgen, dass neben Geschichte, Deutsch und Religion auch Gesundheitslehre unterrichtet werde. Zugleich sei es wichtig, dass hier eine gleiche Pflichterfüllung wie an den Knabenschulen verlangt werde. Die besondere Eigenart des Mädchens erfordere, dass nicht nach einem eintönigen Schema verfahren werde. Dies dürfe aber nicht dazu führen, die Frauenbildung mit dem Odium der Minderwertigkeit zu versehen.[62]

Elsbeth Krukenberg führt 1906 Martins Gedankengänge in gewisser Weise fort: So hätten in Preußen im Jahr 1905 18 höheren staatlichen Mädchenschulen 250 Knabenschulen gegenübergestanden, 395 000 Mark sei-

---

[61] Zum Ganzen vgl. MARIE MARTIN, Das Interesse der Familie an der Mädchenschulreform, in: Christliche Welt 20/1906, 896–907.

[62] MARIE MARTIN, Frauenbildung und die höhere Mädchenschule, in: Christliche Welt 18/1904, 83–88, 86–88.

en für weibliche, 14,5 Millionen Mark für männliche Schulen ausgegeben worden.[63] Vor diesem Hintergrund sei die Einberufung der sog. Januarkonferenz von 1906[64] durch Friedrich Althoff[65] zu begrüßen, der nicht nur – paritätisch – 22 Frauen und 22 Männer angehörten,[66] sondern die auch insgesamt eine Gleichstellung von Mädchen- und Knabenschulen befürwortet hatte.[67] Die Mitglieder der Januarkonferenz sind dann offensichtlich auch an der grundlegenden Mädchenschulreform beteiligt, die – 1908 veröffentlicht – zum August 1909 in Kraft tritt. Dabei scheint auch der *Kongreß für Frauenbildungsfragen* Bedeutung zu erlangen, zu deren Initiatoren neben Paula Mueller (-Otfried) auch Gertrud Bäumer, Marianne Weber, Marie Martin und Lydia Stöcker gehören.[68]

Dass sich die KvR für die älteren Erlasse zum Religionsunterricht wenig interessiert,[69] verwundert vor dem Hintergrund der Einlassungen Marie

---

[63] Elsbeth Krukenberg, Mädchenschulreform in Preußen, in: Christliche Welt 20/1906, 589-592, 589 Anm.**.

[64] Angeregt wurde die Konferenz offensichtlich durch die Kaiserin Auguste Viktoria. Dabei scheint Marie Martin als deren Vertraute eine maßgebliche Rolle gespielt zu haben. Vgl. Johanna Weiser, Das preußische Schulwesen im 19. Und 20. Jahrhundert. Ein Quellenbericht aus dem Geheimen Staatsarchiv Stiftung Preußischer Kulturbesitz, Böhlau Frankfurt a.M. 1996, 196. Zuletzt Glaser, Eigendynamik.

[65] Zu Althoff, allerdings ohne Bezug zur Mädchenbildungsreform, vgl. Bernhard vom Brocke, Hochschul- und Wissenschaftspolitik in Preußen und im Deutschen Kaiserreich 1882-1907: das System Althoff, in: Peter Baumgart (Hrsg.), Bildungspolitik in Preußen zur Zeit des Kaiserreichs, Stuttgart 1980, 9-118.

[66] Darunter befanden sich u.a. Gertrud Bäumer, Paula Mueller (-Otfried), Marie Martin, Elsbeth Krukenberg, Friedrich Althoff und Hermann Schwarzkopf aus dem Ministerium sowie Adolf von Harnack, Friedrich Paulsen, Johann Wychgram, also wichtige Förderer der Frauenbildungsbewegung. Vgl. Caroline Hopf, Frauenbewegung und Pädagogik: Gertrud Bäumer zum Beispiel, Bad Heilbrunn 1997, 102f.

[67] Man habe hier unter dem Stichwort Gabelung oder Aufbau verschiedene Möglichkeiten der Einrichtungen entsprechender Anstalten diskutiert, die vor allem das Gymnasium betroffen hätten. Vgl. ebd.

[68] Vgl. Marie Martin, Ein Kongreß über Frauenbildungsfragen, in: Christliche Welt 21/1907, 973-975, 974: »[...] niemals hat sich bisher die Frauenwelt aller Richtungen auf einem Kongreß zusammengefunden, um zu Verständigungen zu kommen, soweit das möglich ist.« Edith Glaser sieht hier ein Frauennetzwerk entstehen, das sie als Ausdruck der Schaffung neuer »Orte des Politischen, jenseits von Parlament und Straße« interpretiert. Vgl. Glaser, Eigendynamik, 77.

[69] Anke Edelbrock zeigt dies für die Allgemeinen Bestimmungen von 1872 sowie für die Neuordnung des höheren Mädchenschulwesens von 1894. Vgl. Mädchenbildung, 264-269.

Martins kaum. Auffällig ist aber, dass sich nicht nur von Tiling um die Einarbeitung entsprechender Rechtstexte in ihren Vortrag zum Religionsstudium der Lehrerin bemüht,[70] sondern auch Margarete Wacker mehrfach auf die Bestimmungen von 1908 und deren Vorform von 1906 zu sprechen kommt[71]. Gewürdigt werden von dieser Seite her vor allem die Bemühungen um wissenschaftliche Hebung der Ausbildung der Religionslehrerin durch Einführung der alten Sprachen, sowie die gegenüber den Männern gleichberechtigten Zugänge zum Theologiestudium.[72]

Für den VeR scheint bezüglich der älteren Bestimmungen Entsprechendes zu gelten. Allein die Bestimmungen von 1908 finden größeres Interesse. Zum einen reagierten sie auf die geisteswissenschaftliche und theologische Entwicklung, also auf die Popularisierung der modernen Theologie, einen Umstand, den die KvR nachdrücklich kritisiert. Zum anderen sei positiv zu würdigen, dass nicht länger die religiös-sittliche Gesamtpersönlichkeit als Ziel des Religionsunterricht bestimmt worden sei, sondern vorsichtiger und in psychologischer Hinsicht einfühlsamer davon gesprochen werde, dass die Schule ein Verständnis für religiöse Wahrheiten nur *anbahnen* könne.[73] Dass dies in den unteren Klassen durch *Verinnerlichung* von religiöser Erziehung im Modus der Einwirkung biblischer Geschichten auf das kindliche Gemüt erfolge, wird von Dora Lüdecke herausgearbeitet.[74] Für die Oberstufe soll ein entsprechendes Verfahren durch die Kenntnis bedeutender religiöser Entwicklungsreihen aus geschichtlicher Perspektive erreicht werden: Dadurch,

---

70 Vgl. oben, 2a.) Ihre erste Fußnote * behandelt das Problem. Vgl. MAGDALENE VON TILING, Religionsstudium.

71 MARGARETHE WACKER, Die Reformbewegung auf dem Gebiete des Religionsunterrichts, in: Mitteilungen aus der Konferenz von Religionslehrerinnen 3/1910, Nr. 6, 2–9. MARGARETHE WACKER, Ist der Katechismusunterricht noch zeitgemäß?, in: Denkschrift über die III. Konferenz von Religionslehrerinnen zu Hildesheim vom 20. bis 22. Mai 1907, Bielefeld 1907, 59–76.

72 Kritischere Stimmen finden sich vor allem im Vorfeld zur Möglichkeit der Abschaffung der drei Hauptstücke des lutherischen bzw. des Heidelbergers Katechismus insgesamt. Auch befürchtet man den Einzug ungefilterter wissenschaftlicher Ergebnisse in den Unterricht der Oberstufe sowie die Einbeziehung von Märchen auf der Unterstufe. Dabei steht im Hintergrund grundsätzlich die Befürchtung, man könne den Kindern gegenüber auf die Zumutung von Konflikten verzichten wollen, indem man ihnen ein von allen Anstößen bereinigtes Christentum vorstelle. Vgl. ebd.

73 HEDWIG JAHNOW, Der Religionsunterricht in der Neuordnung des preußischen höheren Schulwesens, in: Blätter für religiöse Erziehung 1909, 9–13, 21–26, 12f., 20.

74 DORA LÜDECKE, Auswahl und Behandlung des Stoffes im Religionsunterricht auf der Unterstufe, in: Blätter für religiöse Erziehung 1909, 43–45 u. 52–56, 55.

dass der kirchengeschichtliche Unterricht zwei volle Jahre zur Verfügung bekäme, könne man auch ein gerechteres Frauenbild entwerfen: Das Christentum habe sich zu den Frauen nicht nur im Modus von *Frauenhass und Frauenverleumdung* verhalten.[75]

Während die KvR mithin in den Bestimmungen zur überwiegend gleichberechtigten Vorbildung für das Frauenstudium prinzipielle Fortschritte erkennen kann, handelt es sich für die liberalen Damen des VeR bei der Mädchenbildungsreform im Wesentlichen um die Sicherung des Status quo. Im Übrigen unterscheiden sich die weiteren Ausführungen nur im Sprachduktus, nicht aber inhaltlich von den Vorstellungen, die die Positiven anfänglich beschrieben hatten: Die befürchteten radikal religionsfeindlichen und religionskundlichen Positionen sind in den Lehrplänen ebensowenig enthalten, wie sie den Geist der Mädchenschulreform bestimmen.

3. Konverenz von Religionslehrerinnen (KvR) und Verein für religiöse Erziehung (VeR) im Spiegel zeitgenössischer Stellungnahmen

KvR und VeR scheinen strukturell ähnliche Interessen zu verfolgen: Es geht um den Religionsunterricht, dessen Reformbedürftigkeit insgesamt unumstritten ist. Dabei dürfen die im Einzelnen unternommenen Akzentuierungen nicht darüber hinwegtäuschen, dass das Anliegen im Grunde ein ähnliches ist: Wie können diejenigen, die an religiöser Erziehung im weitesten Sinne beteiligt sind, es erreichen, dass der Religionsunterricht seiner Aufgabe als persönlichkeitsbildendes Fach nahe kommt? Dass die Ansichten darüber, was diesem Ziel zuträglich ist, auseinander gehen, scheint nach Lage der Dinge wenig verwunderlich. Die strukturellen Eigenheiten sind aber offensichtlich enger, als dies die geläufigen Etikettierungen vermuten lassen: Die Teilnahme an der Gesellschaft, die Orientierung am Einzelnen, die Verbesserung der Ausbildung, ein Agieren jenseits innerkonfessioneller Grenzen.[76] Insofern

---

[75] Lydia Stöcker, Ueber den kirchengeschichtlichen Unterricht in Mädchenschulen und Studienanstalt, in: Blätter für religiöse Erziehung 1911, 11–13, 13.

[76] Die Vorsitzende der Konferenz, Katharina Gleiß, führt diesbezüglich in Dresden Folgendes aus: »Vier Forderungen stellt der moderne Religionsunterricht, doch werden sie auf der positiven und auf der liberalen Seite verschieden verstanden: erstens: Anwendung der historisch-kritischen Methode, zweitens: Pflege der Individualität, drittens: Leben und viertens: Freude im Religionsunterricht.« KvR, 5. Tagung der Konferenz von Religionslehrerinnen in Dresden vom 16.–18. Mai 1909, in: ZEvRU 21/1910, 321–323, 322. Die am

soll am Ende noch einmal gefragt werden, woran es denn liegt, dass die Zeitgenossen nicht das Gemeinsame wahrnahmen, sondern die Unterschiede so stark ins Zentrum stellten.

Eine erste Spur legt der leitende Redakteur und Herausgeber der MERU, Heinrich Spanuth, der nicht nur die KvR als hochorthodox einstuft.[77] Er tritt auch Ambitionen des VeR entgegen, diesen für Männer zu öffnen, indem er den VeR als *eine Vereinigung von Religionslehrerinnen und Müttern* tituliert und dieses Attribut im Fortgang nachdrücklich hervorhebt: »Diese Beschränkung muß in der Tat nach unserer Meinung gewahrt bleiben.«[78] Der Umgang mit den Religion unterrichtenden Frauen lässt sich hier – selbst *ad bonam partem* betrachtet – nicht als wertschätzend qualifizieren, sondern mit Blick auf den VeR allenfalls als vereinnahmende Geste interpretieren: »Die neue Vereinigung ist Fleisch von unserm Fleisch.«[79]

Während in der *Christlichen Welt* die gleichzeitige Existenz von ZEvRU und MERU Anlass zur Verhältnisbestimmung beider wird,[80] scheint man

---

Ende einstimmig verabschiedete Resolution lautet folgendermaßen: »Die Konferenz von Religionslehrerinnen vertritt energisch eine gesunde Reform des Religionsunterrichts und begrüßt freudig alle in diesen Dienst gestellten Bestrebungen unserer Zeit. Unter gesunder Reform versteht sie aber nie und nimmer die vielfachen modernen Reformvorschläge sachlicher und stofflicher Art, die an den bekenntnismäßigen Grundlagen des evangelischen Glaubens rütteln oder in Lehrplanfragen die heilige Schrift zugunsten von Erzeugnissen der Profanliteratur aus ihrer einzigartigen Stellung verdrängen. Nach wie vor hält die Konferenz von Religionslehrerinnen, wie sie es bereits in früheren Resolutionen zum Ausdruck gebracht hat, daran fest, daß der Katechismusunterricht ebenso notwendig wie zeitgemäß ist.« Ebd.

77 [HEINRICH] SP.[ANUTH], Verein für religiöse Erziehung, in: MERU 1/1908, 228–230, 229: »Die Vereinigung stellt in gewisser Weise ein Seitenstück dar zu der von hochorthodoxer Seite vor einigen Jahren ins Leben gerufenen ›Konferenz von Religionslehrerinnen‹. Mit hoher Befriedigung erfüllt es uns, daß gegen diese Konferenz, die bei geschickter Leitung, infolge eifriger Agitation, durch die Unterstützung kirchlicher Behörden die Öffentlichkeit auf ihr Dasein aufmerksam zu machen gewußt hat, in dem neuen Frauenbunde ein Gegengewicht geschaffen und ein Sammelpunkt freiheitlicher, moderner, reformerischer Kräfte entgegengestellt ist.«

78 A.a.O., 230. Spanuth nahm die Forderungen der Frauen aber auch zum Anlass, fortan nachdrücklich die Gründung einer eigenen (männlichen) Organisation zu betreiben: »die frei gerichteten Religionslehrer [...] müssen zu selbständiger, starker Organisation Raum behalten. Je mehr sich der ›Verein für religiöse Erziehung‹ auf die Arbeit mit den religiösen Erzieherinnen bewußt konzentriert, umso größer wird seine Kraft sein.«

79 A.a.O., 229.

80 Dieses Verhältnis gestaltet sich vor allem Hermann Marx zufolge nicht als ein konkurentielles, sondern als ein komplementäres: während die ZEvRU den Religionsunter-

Entsprechendes hinsichtlich der Verbandsblätter von KvR und VeR nicht für nötig zu halten, auch die Blätter für religiöse Erziehung werden nicht eigens gewürdigt. Lediglich die ZEvRU räumt beiden Verbänden die Möglichkeit ein, ihre Berichte zu veröffentlichen – und dies erfolgt zeitnah.[81]

Dass es sich bei diesen Reaktionen nicht um kontingente Widerfahrnisse handelt, bringen vor allem liberale Frauen zur Sprache. So äußert sich Marie Martin in der Christlichen Welt zum Vorgehen im Rahmen der Tagung des *Weltkongreßes für freies Christentum und religiösen Fortschritt*: »Wir liberal christlichen Frauen waren zunächst verstimmt über unsre Spezialaufgabe ›Die Religion und die Frau‹. Wir sahen in dieser Anordnung eine Haremseinrichtung vergangener Zeiten, das alte Aussondern der Frauenfrage aus der umzäunten Kulturwelt des Mannes in modern übertünchter Form. Warum das, da der kirchliche Liberalismus es in der Theorie doch bisher als rückständig vermied, besondere Frauengruppen für die Bearbeitung der Frauenfrage in seinem Sinn zu bilden.«[82] Der Evangelisch-soziale Kongress und andere liberale Stimmen seien zu sehr an dem Charisma der Intellektualität orientiert, als dass sie der praktischen Liebesarbeit Wertschätzung widerfahren ließen. Diese werde allein von den kirchlichen Kreisen praktiziert, die folglich auch für Kinder aus liberalen Pfarrhäusern attraktiver sei. Nicht die intellektuelle Weltflucht, sondern die Weltdurchdringung sei die moderne Aufgabe von Mann und Frau.[83]

Dass die verschärfenden Etikettierungen offensichtlich nicht von den Frauen selbst ausgingen, bringt Marie Martin 1913 hellsichtig zum Aus-

---

richt von der Spitze her in den Blick nähme, täten dies die MERU von der Grundfläche her. Der Unterschied bestehe freilich darin, dass die ZEvRU allen Richtungen ein Sprachrohr biete, wohingegen dies von den MERU explizit ausgeschlossen sei: Vor allem die Volksschullehrer goutierten deren Bekenntnis zur liberalen Theologie. Hermann Marx, Zwei Zeitschriften für den Religionsunterricht, in: Christliche Welt, 23/1909, 1123–1124.

[81] Für die KvR vgl. etwa Gertrud Pape, Zweite Konferenz von Religionslehrerinnen, in: ZEvRU 17/1906, 305–308; N. N. (Vorstand), Vierte Tagung der Konferenz von Religionslehrerinnen, in: ZEvRU 19/1908, 381–382; KvR, 5. Tagung der Konferenz von Religionslehrerinnen in Dresden vom 16.–18. Mai 1909, in: ZEvRU 21/1910, 321–323. Für die VeR vgl. Gründung des Vereins für religiöse Erziehung, ZEvRU 19/1908, 336; Einladung. Die vierte Hauptversammlung des Vereins für religiöse Erziehung, in: ZEvRU 22/1911, 300; Carola Barth, Die vierte Jahresversammlung des Vereins für religiöse Erziehung, in: a.a.O., 328–330.

[82] Marie Martin, Eine Frauenfrage an die Vertreter freien Christentums und religiösen Fortschritts, in: Christliche Welt 25/1911, 224–230, 224.

[83] Ebd.

druck.[84] Ein großer Kreis deutscher Männer stehe der Frauenbewegung, wie auch dem DEFB, kritisch gegenüber. Da es der DEFB nun aber seit jeher programmmäßig abgelehnt habe, einer kirchlichen Richtung oder politischen Partei nahezustehen, hätten die Männer ein anderes Vorgehen ersonnen: »Was aber geschieht? [...] Und dann steckt Jeder seine Frauengruppe in die eigene Partei- oder Westentasche und mit der gemeinsamen deutsch-evangelischen Mitarbeit an der Lösung der Frauenfrage ist's auch vorbei.« Martin empfiehlt am Ende, dass die Frauen diese männliche Strategie unterlaufen sollten, andernfalls fügten sie sich selbst nur gegenseitig Schaden zu. Daher könne »das Gebot der Stunde nur heißen: Zusammenhalten!«[85]

4. Zur Versäulung von Konferenz (KvR) und Verein (VeR): Ein religionspädagogischer Sonderweg?

Die Frage nach Spezifika der Auseinandersetzung mit typischen Frauenthemen ergibt am Ende, dass keine der Gruppierungen Themen behandelt, die die jeweils andere nicht beachtet hätte. Und dies obschon es sich bei der KvR um für ihr Fach speziell ausgebildete oder in Ausbildung befindliche Religionslehrerinnen, bei dem VeR überwiegend um Lehrerinnen, die eben auch Religion unterrichten und Mütter handelt. Zwar führt die Perspektivierung auf die theologischen Gegensätze im Einzelnen zu unterschiedlichen Strategien, sie kann aber nicht daran vorbei gehen, dass beide Vereinigungen das Hören der jeweils anderen Position für wichtig halten. Ob dies – um eine Wendung des Religionsoberlehrers Marx zu verwenden – dazu dient, dem Gegner ins Auge zu schauen oder vielleicht auch nur ihn wirklich zu verstehen, ist hier nicht mehr zu erörtern. Wichtig aber scheint, dass die Positio-

---

84 Es ist allerdings zu fragen, ob Marie Martin und Magdalene von Tiling – vielleicht bedingt auch Paula Mueller(-Otfried) – nicht dadurch, dass sie alleinstehend waren, größere Spielräume hatten. Denn faktisch waren verheiratete Frauen durch den Lehrerinnenzölibat in allen Ländern und Provinzen an der Ausübung des Berufs gehindert. Dass die verheirateten liberalen Frauen häufiger publizieren, kann ein subjektiver Eindruck sein. Fakt ist, das Magdalene von Tiling als sie 1909 unter der Abkürzung M. v. Tiling einen Aufsatz in der Neuen Kirchlichen Zeitschrift publizierte, als Herr von Tiling rezipiert worden ist. Der Frage wäre aber gesondert nachzugehen. Vgl. dazu hier nur Hermann Barge (Hrsg.), Frühprotestantisches Gemeindechristentum in Wittenberg und Orlamünde. Zugleich eine Abwehr gegen Karl Müllers *Luther und Karlsstadt*, Leipzig 1909, 361–363, 365f.

85 Marie Martin, Um den DEFB, in: Christliche Welt 27/1913, 438–442, 1047–1050.

nierungen nicht von den Frauen selbst aktiv initiiert worden sind. Handelt es sich im ersten Fall (KvR) um die Aktivitäten und Anliegen der überwiegend über ihr Ziel hinaus greifenden Bremer Religionslehrerschaft, die den Religionsunterricht in Bremen vollständig abschaffen will, sowie um eine gewisse Frontstellung zu den in Reins *Stimmen* versammelten Vätern der Religionspädagogik,[86] so handelt es sich im zweiten Fall (VeR) um die Kreation einer Art Feigenblatt, das sich ebenfalls den äußeren Zeitläufen verdankt. Damit sind aber die Lehrerinnen und Mütter des VeR alles andere als allein: Sie scheinen mittendrin in einem Kampf zu stehen, den sie weder aktiv betreiben, noch passiv erleiden können. Weder die KvR noch der VeR begreifen sich aus freien Stücken als orthodoxe bzw. liberale Vereinigung. Zu diesen werden sie erst durch die Umstände gemacht.

Was aber bleibt von diesen Gruppierungen für unsere Ausgangsfrage übrig? Es handelt sich um einen Sonderfall – dies gilt es nachdrücklich zu betonen – gelingt es den Frauen doch offenbar nicht, über ihre Verbandsgrenzen hinweg *direkt* miteinander zu kommunizieren. Die Gründung und Entwicklung der Vereinigungen im Kaiserreich zeigt aber zugleich, dass KvR und VeR durchaus an den Diskursen der anderen indirekt teilnehmen und insofern in gewissem Sinne dann doch als Normalfälle der Konstitutionsbedingungen von Religionspädagogik anzusehen sind.

Von unterschiedlichen Voraussetzungen aus kommen KvR und VeR zu ähnlichen Handlungsoptionen – und dies gilt nicht nur für die Forderung nach Reformierung des Religionsunterrichts sondern auch für die Ausbildung der Religionslehrerinnen. Dass dies ein spezifisch weiblicher Beitrag sein könnte, sei an dieser Stelle nur angedeutet.

Dass die Beschäftigung mit den Organisationen der Religionslehrerinnen aber spezifische Elemente von Religionspädagogik hervortreten lässt, sei abschließend noch einmal festgehalten: Zum einen sollte daran erinnert werden, dass in beiden Gruppierungen Frauen von- und miteinander lernen: Die Unerfahrenen von den Erfahrenen, die Mütter von den Lehrerinnen und

---

[86] N. N. (Vorstand), Vierte Tagung der Konferenz von Religionslehrerinnen, in: ZEvRU 19/1908, 381–382, 381: »Sie [die Konferenz] ist eine Mobilmachung gegen die offenen und versteckten Feinde des Religionsunterrichts. In einer Zeit der Not ist sie entstanden aus dem Bewusstsein der Pflicht heraus, für die Erhaltung dieses Unterrichts im Geiste des alten Evangeliums zu kämpfen, und aus dem Willen heraus, diese Pflicht zu erfüllen. Die Konferenz steht im Dienste dieses Zwecks, wie auch ihr Programm beweist, den Bestrebungen auf dem Gebiet der Frauenbildung wie auf dem der methodischen Fragen mit eifrigem Interesse gegenüber und sucht, nach ihren Kräften an einer gedeihlichen Entwicklung mitzuarbeiten.«

vice versa. Zum anderen scheinen beide Vereinigungen an einer möglichst genauen Beschreibung der vorfindlichen Verhältnisse religiöser Erziehung und Bildung interessiert – und dies gilt auch dann, wenn man die Beschreibung selbst aus anders gearteten theologischen Grundüberzeugungen heraus nicht goutiert. Insofern sollte zukünftig zwar nicht von Versäulung, wohl aber von einer nur partiell gelungenen Kommunikation der Religionslehreinnen gesprochen werden.[87] Mit dieser Einschränkung dürfte dann allerdings ein Konzept, das die Anfänge von Religionspädagogik im Sinne einer Ausdifferenzierung der Konstitutionsbedingungen als spezifisch reflektierender Kommunikationsformen begreift, auch für die Religionslehrerinnen seine Plausibilität erweisen.

---

87 Dass dies nicht bedeutet, voneinander keine Kenntnis zu nehmen oder sich gegenseitig zu ignorieren, zeigen sowohl die Beiträge Ada Weinels in der Christlichen Welt als auch die Maßnahmen des DEFB sowie last, but not least die *neutrale* Vermittlung der ZEvRU, also die Veröffentlichung der Protokolle aller Religionslehrerinnenzusammenkünfte.

Auswirkungen einer ihrer Geschichte bewussten, gendersensiblen Religionspädagogik

Unterwegs zu einem geschlechtergerechten Miteinander von Frauen und Männern in der Religionspädagogik

Erfahrungen – Begriffe – Aufgaben – Erwartungen[1]

Christine Reents

Erst spät wurde klar, wie weit die Religionspädagogik von einer überzeugenden Geschlechtergerechtigkeit entfernt ist. Seitdem Theologinnen und Religionspädagoginnen ihre Ansprüche anmeldeten und Frauen zu dem Thema zu forschen begannen, wurde die oft unreflektierte Dominanz einer maskulinen Theologie und Religionspädagogik offenkundig. Ein Ziel ist es, die oft weit auseinandergehenden Interessen von Männern und Frauen in der Erziehungs- und Bildungsarbeit in Balance zu bringen im Sinne einer Emanzipation, die die Interessen möglichst vieler Gesprächspartnerinnen und -partner berücksichtigt.[2] Nur wenn die Beteiligten darauf verzichten, ihre jeweiligen maskulinen oder femininen Interessen absolut zu setzen, wird sich die Kooperation der Geschlechter realisieren lassen.

Frauen waren zumindest seit dem Spätmittelalter in der christlichen Bildung und Erziehung tätig, sei es in Nonnenklöstern, in der Familie und in

---

[1] Anke Edelbrock, Dorothea Hoffmann, Marion Keuchen, Ingrid Leifert, Annebelle Pithan und Antje Roggenkamp danke ich für viele Anregungen und für die hilfreiche Kooperation.

[2] Vgl. Grundgesetz Art. 2; ergänzend: Karl Ernst Nipkow, Grundfragen der Religionspädagogik Bd. 2, (GTB 106), Gütersloh 1975. Leider ist die Geschlechtergerechtigkeit bei Nipkow noch nicht im Blick.

Schulen, als Gouvernanten bzw. Hauslehrerinnen in wohlhabenden Familien, in privaten und öffentlichen Schulen, als evangelische Pfarrfrauen, Diakonissen,[3] Katechetinnen, Gemeindehelferinnen, Diakoninnen und Erzieherinnen und heute als evangelische Pfarrerinnen, katholische Diplomtheologinnen, Lehrerinnen in allen Schulformen und als Hochschullehrerinnen. Als biblisches Leitbild wurde häufig die Erziehung des jungen Timotheus durch seine Mutter Lois und seine Großmutter Eunice (2 Tim 1, 5) zitiert. Was unsere Mütter oft im Stillen und unter Wahrung des guten Tones geleistet haben, ist nur partiell wissenschaftlich[4] erforscht.

Wer vielfältige, gleichberechtigte Kooperationen von Männern und Frauen auf allen Ebenen der Bildungs- und Erziehungsarbeit anstrebt, sollte sich die Ausgangslage seit dem Grundgesetz für die Bundesrepublik Deutschland aus dem Jahre 1949 vergegenwärtigen, denn dem Anliegen der Geschlechtergerechtigkeit entspricht ein demokratischer Lebensstil.

Mühsam ist es, diesen demokratischen Lebensstil zu erlernen und zu praktizieren. Viele ältere Theologinnen sind durch Konflikte und Kämpfe zwischen Männern und Frauen mitgeprägt, die ihre Spuren hinterlassen haben. Deshalb beginne ich mit Erinnerungen, die mich für die Sache der Frau in Familie, in Theologie und Kirche und speziell in der Religionspädagogik sensibilisiert haben, denn mich überzeugt die Wechselwirkung zwischen Biographie und Reflexion, wie ich sie in der Dissertation von Annebelle Pithan[5] finde.

---

3 ANDREA K. THURNWALD, Weil ich Jesu Schäflein bin. Kinderleben und Kinderglauben im evangelischen Franken. Schriften und Kataloge des Fränkischen Freilandmuseums Bd. 23, hg. im Auftrag des Bezirks Mittelfranken von Konrad Bedal, Neustadt/Aisch 1995, 69ff.

4 Vgl. ANNEBELLE PITHAN (Hrsg.), Religionspädagoginnen des 20. Jahrhunderts, Göttingen/Zürich 1997.

5 Vgl. ANNEBELLE PITHAN, Liselotte Corbach (1910–2002). Biografie – Frauengeschichte – Religionspädagogik, Neukirchen-Vluyn 2004, 14ff.

Der folgende Essay beruht auf rund fünfzigjähriger Erfahrung als Pastorin und Dozentin für evangelische Religionspädagogik[6] sowie als Professorin für Praktische Theologie,[7] ergänzt durch *Schreibtischgespräche* mit Fachliteratur.[8]

I. Autobiographischer Kontext: Demokratische Gleichstellung im Schneckentempo

Das Verhältnis zwischen Mann und Frau hat sich in den letzten sechs Jahrzehnten in Deutschland in Gesellschaft und Kirche grundlegend gewandelt; diesen Wandel habe ich als Jugendliche bewusst miterlebt.

Schon früh wurde mein Blick für Fragen der Gleichberechtigung geschärft, denn zuhause wurde dieses Thema kontrovers diskutiert, z.B. der Gleichheitsgrundsatz des Grundgesetzes (Art. 3 (2)) und das entsprechende Gleichberechtigungsgesetz der Bundesrepublik Deutschland aus dem Jahre 1957 im Unterschied zu den familienrechtlichen Bestimmungen des Bürgerlichen Gesetzbuches, die seit dem Jahre 1900 gültig waren. Dort stand dem Manne »die Entscheidung in allen das gemeinschaftliche eheliche Leben betreffenden Angelegenheiten zu«, z.B. über Wohnort und Wohnung, über das Vermögen und die Berufstätigkeit der Frau (§ 1354).[9] Für Frauen, die im Zweiten Weltkrieg selbstständig entscheiden mussten, war es nicht einfach, nach 1945 die patriarchalen Einschränkungen der Kaiserzeit erneut

---

6 In den Jahren 1966 bis 1977 habe ich als Pastorin und Dozentin die Arbeitsstelle für Religionspädagogik in der Ev.-Luth. Kirche in Oldenburg aufgebaut; danach folgte eine Lehrstuhlvertretung für Biblische Theologie an der Universität Hannover.

7 Von 1988 bis 1999 war ich an der Kirchlichen Hochschule Wuppertal als Professorin für Praktische Theologie tätig, zum ersten Mal hatte ich das passive Wahlrecht in der Evangelischen Kirche im Rheinland, das ich in der Ev.-Luth. Kirche in Oldenburg nicht hatte, obwohl ich nach der Ordination 14 Jahre in Oldenburg gearbeitet habe.

8 Welches Lehrbuch der Religionspädagogik oder der Praktischen Theologie berücksichtigt durchgehend die Geschlechtergerechtigkeit sprachlich und bezüglich der Forschungslage als Prinzip? Hinter dem, was neutral und objektiv klingt, verbirgt sich in der in der Regel eine maskuline Sicht. Vgl. die knappen Erwähnungen der religionspädagogischen Genderforschung auf nur gut drei Seiten unter Verzicht auf die inklusive Sprache bei Friedrich Schweitzer, Religionspädagogik. Lehrbuch Praktische Theologie Bd. 1, Gütersloh 2006, 172–175. Etwas gründlicher: Christina Kalloch/Stephan Leimgruber/Ulrich Schwab, Lehrbuch der Religionsdidaktik für Studium und Praxis in ökumenischer Perspektive, Freiburg u.a. 2009, 286–304.

9 Vgl. Bürgerliches Gesetzbuch. Mit dem Einführungsgesetz und einem ausführlichen alphabetischen Sachregister, Leipzig [ca. 1900].

zu akzeptieren. Diese Repatriarchalisierung führte in der Nachkriegszeit zu harten Diskussionen. Erst 1957 und 1977 wurden die genannten Einschränkungen des Bürgerlichen Gesetzbuches aufgehoben.[10] Seitdem regeln Frauen und Männer – zumindest *de iure* – gemeinsam ihr Zusammenleben, einschließlich der Haushaltsführung.

Im Februar 1955 bestand ich an der Cäcilienschule Oldenburg in einer Klasse von nur 16 Schülerinnen das neusprachliche Abitur. Anschließend studierte ich von 1955 bis 1960 Evangelische Theologie in Bethel, Heidelberg, Zürich und Göttingen; damals waren Theologiestudentinnen eine Minderheit. Eine Theologin als Gemeindepfarrerin, Lektorin, Lehrerin für alte Sprachen, Dozentin oder Professorin habe ich seinerzeit nicht kennengelernt, wohl aber eine Vikarin mit Zweitem Theologischem Examen in den Mädchen-Bibel-Kreisen (MBK),[11] deren Engagement überzeugte. Über ihre rechtlose Stellung in der Landeskirche sprach sie nicht; bis heute entspricht es nicht dem guten Ton, sich in eigener Sache zu Wort zu melden.

Zu Beginn der zweiten Ausbildungsphase wurde ich im Lehrvikariat als Frau – vermutlich aus Verlegenheit – zuerst an die Oldenburger Handelsschule geschickt mit der Aufgabe, 20 Stunden evangelischen Religionsunterricht in ca. 80 großen Klassen zu geben; so hatte ich es ohne Kenntnis der dualen Ausbildung in der Berufsschule jeden Monat mit ca. 2.400 Schülern und Schülerinnen zu tun, die an fünf Tagen als Lehrlinge in Banken und kaufmännischen Betrieben arbeiteten. Dass Frauen unterrichten, entspricht kirchlicher Tradition und war deshalb eher möglich als die Übernahme eines Pfarramtes.[12] Deshalb ist die Entscheidung des Evangelisch-lutherischen Oberkirchenrates in Oldenburg, mich in die Berufsschule zu schicken, nachvollziehbar, wenn auch für mich als Lehrvikarin höchst problematisch. Denn da, wo man einander nicht mehr kennt, liegen Grenzen des Gesprächs, Grenzen der Möglichkeit zu unterrichten. Damals war es in niedersächsischen Berufsschulen üblich, eine Religionsstunde im Monat zu erteilen; pro Stunde wurde ein Thema, zumeist als Monolog, von der Lehrkraft angeboten. Eine

---

[10] Vgl. das Themenheft: 50 Jahre Gleichberechtigung, in: Aus Politik und Zeitgeschichte 24–25/2008 vom 9. Juni 2008.

[11] Zu Gisela Hadlich (1922/Stolp–2012 /Bonn) vgl. Annebelle Pithan (Hrsg.), Religionspädagoginnen, 401f.

[12] Vgl. Dem Himmel so nah – dem Pfarramt so fern: erste evangelische Theologinnen im geistlichen Amt, bearbeitet von Hannelore Erhart u.a., Neukirchen-Vluyn 1996. Das Göttinger Frauenforschungsprojekt berücksichtigte die Theologinnen, die in der Bildung und Erziehung tätig waren, nicht. Damit wurde leider das Berufsfeld ausgeklammert, das Frauen in den Kirchen offen stand.

Fachkonferenz: *Evangelische Religion* gab es nicht; ich war auf mich gestellt, kannte weder die Schülerinnen und Schüler noch ihre Namen und wurde mir über die fortschreitende Säkularisierung und über die Mängel meines Theologiestudiums bald bewusst. Ins Predigerseminar durfte ich als Frau nicht, denn das bringe *die jungen Brüder aus dem Amt.*

Es war mein Glück, dass ich in den Jahren 1962 bis 1966 an der damaligen Pädagogischen Hochschule Oldenburg als erste wissenschaftliche Assistentin von Helene Ramsauer[13] – nach Ilse Peters wahrscheinlich die zweite Professorin für *Evangelische Religionslehre und Methodik des evangelischen Religionsunterrichts*[14] – eine überraschend selbstverständliche Gleichbehandlung von Frauen und Männern erlebte. Schon damals gab es im Kollegium einige Professorinnen[15] und nicht wenige Assistentinnen[16]. Hier lernte ich eine Theorie-Praxis-Einheit kennen, die eine vielseitige Bildung mit Berufsqualifikationen verband. Nach Ablauf dieser anregenden Assistentinnenzeit wollte ich als Frau eines Lehrers eine Pfarrstelle in Ostfriesland übernehmen. Zwar klagte der dortige Superintendent über viele Vakanzen, doch gab es keine Berufschance für mich in der Evangelisch-Lutherischen Landeskirche Hannovers, weil ich eine verheiratete Pastorin aus Oldenburg war. Die berufliche und ökonomische Selbstständigkeit der verheirateten Frau war in den evangelischen Landeskirchen kaum im Blick; erwartet wurde ein ehrenamtliches Engagement.[17]

---

13 Vgl. Christine Reents, Helene Ramsauer (*1905). Mit Herz und Seele Lehrerin in Schule und Hochschule, in: Annebelle Pithan (Hrsg.), Religionspädagoginnen, 99–117.

14 A.a.O., 109; so lautete der Auftrag in der Ernennungsurkunde des Niedersächsischen Kultusministers für Helene Ramsauer aus dem Jahre 1956.

15 Zum geforderten Frauenanteil an den Pädagogischen Akademien in Preußen vgl. die grundlegende Schrift: Die Neuordnung der Volksschullehrerbildung in Preußen. Denkschrift des Preußischen Ministeriums für Wissenschaft, Kunst und Volksbildung, Berlin 1925. Christine Reents, Ilse Peters (1893–1980). Gegen das Vergessen – Erste Professorin für Religionspädagogik und Mitgestalterin der Konzeption der evangelischen Unterweisung in: Annebelle Pithan (Hrsg.), Religionspädagoginnen, 58f.

16 In den1970er Jahren erfolgte in den meisten Bundesländern die notwendige Integration der Pädagogischen Hochschulen in Universitäten; dadurch wurden die Qualifikationen den universitären Standards angepasst. Da Frauen mit diesen Standards Schwierigkeiten hatten und haben, gingen leider wichtige Kompetenzen verloren; in der Lehrerbildung sank der Frauenanteil.

17 Vgl. die Erfahrungen von Elsbe Goßmann, geb. 1931, befragt von Annebelle Pithan, in: Biographische Zugänge zur Gemeindepädagogik, in: Volker Elsenbast/Karl Foitzik (Hrsg.), Gemeindepädagogische Praxis. Inhalte neu entdecken. Drittes Gemeindepädagogisches Symposion *Welcher Wein in unseren Schläuchen?* Eine Veröffentlichung des

Nach Promotion (1972) und Habilitation (1982) – beides übrigens neben Beruf und Familie – bekam ich bei Bewerbungen auf Hochschulstellen zu spüren, wie Männer bevorzugt wurden. Das mag mit meinem Anliegen der Theorie-Praxis-Vermittlung zusammenhängen. Unter Theorie-Praxis-Vermittlung[18] verstehe ich, dass die Praktische Theologie und Religionspädagogik allgemeinverständlich sein muss und sich an der Praxis, für die sie ausbildet, messen lässt, um zu einer ständigen Revision ihrer Theorien und letztlich zur Berufshandlungsfähigkeit beitragen zu können. Außerdem kann die Theorie-Praxis-Vermittlung die Motivation der Lernenden und Lehrenden verbessern. Wer Studierende in ihren Praktika begleitet, weiß, für welches Berufsfeld ausgebildet wird. Vielseitige Bildung und Berufsausbildung sind keine einander ausschließenden Gegensätze.

Bis heute besteht eine Ungleichheit zwischen der Zahl der Religionspädagogen und der Religionspädagoginnen in der Lehrer- und Lehrerinnenbildung[19] sowie in der Ausbildung zum Pfarramt. Ein Beleg sind die Autobiographien von 70 Kolleginnen und Kollegen der Geburtsjahrgänge 1915 bis 1945, die von Lachmann/Rupp[20] herausgegeben wurden. Darunter sind nur 9 Frauen: 4 evangelische und 5 katholische. Seit Ende der 1980er Jahre beobachtete ich als Professorin in Nordrhein-Westfalen in Berufungskommissionen[21] nicht selten die Effektivität männlicher Vernetzungen und den Selbstdurchsetzungswillen mancher Bewerber.

Comenius-Instituts in Verbindung mit dem Arbeitskreis Gemeindepädagogik, Münster 1997, 139–153.

18 Vgl. meine Definition der Praktischen Theologie in: CHRISTINE REENTS, Religionspädagogik im Gespräch. Eine subjektiv-selbstkritische Rückschau, in: RAINER LACHMANN/HORST F. RUPP (Hrsg.), Lebensweg und religiöse Erziehung Bd. 3, Weinheim 2000, 322.

19 Schon im Jahre 1831 wollte der Professor der Rechte Carl Immanuel Adolph Türk (1800/Muchow bei Grabow in Mecklenburg – 1887/Lübeck) eine *Wissenschaftliche Bildungsanstalt für Erwachsene des weiblichen Geschlechts* in Rostock gründen; er scheiterte. Später engagierte sich der Demokrat Türk bei den 1848ern und verlor seinen Rostocker Lehrstuhl. Vgl. ANDREAS HENTSCHEL, Angeklagt als *Hochverräter*, in: Schweriner Volkszeitung vom 27. 2.2012.

20 Vgl. RAINER LACHMANN/HORST F. RUPP (Hrsg.), Lebensweg und religiöse Erziehung Bd. 1–3, Weinheim 1989–2000. HORST F. RUPP (Hrsg.), Lebensweg, religiöse Erziehung und Bildung, Würzburg 2011.

21 In Nordrhein-Westfalen wurde gefordert, dass in Berufungskommissionen mindestens eine Professorin mit Stimmrecht mitwirkte.

Heute sind in der EKD 33,5 % der im Pfarrberuf Tätigen Frauen oft auf reduzierten Stellen. Rund 60 % der Studierenden der Evangelischen Theologie sind Frauen. Dagegen finden sich unter den leitenden Geistlichen der 22 evangelischen Landeskirchen nur 3 Frauen.[22] Schließlich beträgt der Frauenanteil unter den ehrenamtlichen Mitarbeitern und Mitarbeiterinnen in Kirchengemeinden knapp 70 % nach einer EKD-Erhebung aus dem Jahre 2009. Und wie sieht heute das Geschlechterverhältnis unter den Lehrenden an Pädagogischen und Kirchlichen Hochschulen sowie an Theologischen Fakultäten aus? Ich höre, es seien vielleicht 7 bis 12 %, während an den Universitäten inzwischen jede fünfte Professur von einer Frau besetzt ist.

Im Ruhestand erlebe ich das Problem aus der Perspektive einer Großmutter. Viele junge Väter engagieren sich neben ihren Berufen intensiv in der Familie; hier haben sich neue Formen des Teamworks zwischen Frauen und Männern entwickelt, die keine und keinen überfordern dürfen. Es gilt, Balance zu wahren, damit Frauen, Männer und Kinder soweit wie möglich zu ihrem Recht kommen und ihre Pflichten wahrnehmen können.

Diese und weitere Erfahrungen einer misslungenen und gelungenen Balance zwischen Mann und Frau haben mich sensibel gemacht für die Aufgaben der Theologischen Frauenforschung. Mir geht es um die Balance in der Familie, um eine gerechtere Kirche, um ein solidarisches Miteinander aller Beteiligten in Forschung und Lehre, in Schule und Kirche. Ich weiß, dass vieles diesem Ideal entgegensteht, doch nicht die Ideale müssen sich ändern, sondern wir Menschen.

2. ARBEITSFELDER UND BEGRIFFE

Geschlechtergerechtigkeit heißt, demokratische Formen der Gleichberechtigung von Männern und Frauen in Gesellschaft und Kirche zu ermöglichen und zu leben. Eine geschlechtergerechte religionspädagogische Forschung, Lehre und Praxis sollte eines der Ziele sein, auf allen Arbeitsfeldern in Familien und in Bildungseinrichtungen von der Krippe und vom Kindergarten über die Konfirmanden- und Jugendarbeit bis hin zur Erwachsenenbildung, zum Religionsunterricht der Schule und zu Fachhochschulen, Pädagogischen und Kirchlichen Hochschulen sowie Theologischen Fakultäten. Als Arbeitgeber sind Landeskirchen und Gemeinden, Schulen und Hochschulen regelmäßig im Blick auf den Stand der Geschlechtergerechtigkeit zu überprüfen;

---

22 Vgl. Zeitzeichen 13, 2012, 74.

diese Aufgabe ist schwierig zu bearbeiten wegen der Bildungshoheit der Länder, wegen der Vielfalt der Kirchen, Freikirchen und Religionsgemeinschaften und wegen der Fülle der Träger. Offen gestanden: Was zum Begriff der Geschlechtergerechtigkeit in der Religionspädagogik zu zählen ist, ist erst in Ansätzen deutlich, denn uns fehlen sowohl historische sowie quantitative und qualitative empirische Studien, als auch kooperativ verantwortete Klärungen dessen, was Gendergerechtigkeit in der Religionspädagogik beinhaltet.

Die Begriffe *Theologie* und *Religionspädagogik* lassen sich bei unserem Thema nicht scharf voneinander trennen, da sich die sechs Disziplinen einer Evangelisch-Theologischen Fakultät – Altes und Neues Testament, Kirchengeschichte und Systematische Theologie, Religions- und Missionswissenschaft und praktische Fächer – in der Religionspädagogik bzw. in der Lehrerinnen- und Lehrerbildung leicht verändert, wiederholen.

Vor nunmehr fünfzehn Jahren hat die EKD die Förderung der theologischen Frauenforschung[23] empfohlen. Was ist daraus geworden? Mir fehlt eine kritische, auch selbstkritische Bilanzierung auf allen Ebenen,[24] z.B. in der Personalpolitik und Stellenbesetzung, in der Curriculumentwicklung, in der empirischen Beobachtung von Mädchen und Jungen[25], in der methodisch ausgewiesenen Unterrichtsforschung, in der Wahl der Forschungs- und Prüfungsthemen und nicht zuletzt in den Lehrbüchern für Studierende.

3. Aufgaben einer geschlechtergerechten, demokratischen Religionspädagogik

Auf dem nicht einfachen Weg zu einer geschlechtergerechten Religionspädagogik möchte ich auf zehn Aufgaben aufmerksam machen. Einige dieser Aufgaben sind allgemeiner Art, andere fachspezifischer; sie lassen sich nicht scharf voneinander trennen und sind sicherlich ergänzungsbedürftig. Vieles

---

23 Vgl. Kirchenamt der Ev. Kirche in Deutschland (EKD) (Hrsg.), Förderung theologischer Frauenforschung. Abschlußbericht der vom Rat der Evangelischen Kirche in Deutschland eingesetzten Kommission und Sondervotum, Hannover 1997, bes. 32–34. Ein neuer Text der EKD zum Thema liegt nicht vor.

24 Vgl. Gisela Matthiae u.a., Feministische Theologie. Initiativen, Kirchen, Universitäten – eine Erfolgsgeschichte, Gütersloh 2008.

25 Vgl. Thorsten Knauth, Bestandsaufnahme und Perspektiven, in: Annebelle Pithan/Silvia Arzt/Monika Jakobs/Thorsten Knauth (Hrsg.), Gender Religion Bildung. Beiträge zu einer Religionspädagogik der Vielfalt, Gütersloh 2009, 72–94.

ist bekannt, anderes mag fast zu ideal klingen; ich möchte bewährte Einsichten neu artikulieren. Mögen sich die Erziehungswirklichkeit und ihre Theorien einander annähern, mögen sich die Verantwortlichen, von demokratischen Leitbildern inspiriert, weiterentwickeln.

3.1 Geschlechtergerechtigkeit als ein Beitrag zur Demokratisierung

Da die Gleichberechtigung von Männern und Frauen zu den Grundrechten[26] zählt, hätte die geschlechtergerechte Bildung und Erziehung schon seit dem Inkrafttreten des Grundgesetzes im Jahre 1949 in Deutschland auf die Tagesordnung gesetzt werden müssen. Seit den 1980er Jahren hat sich einiges verbessert. Soweit diese Aufgabe noch nicht zufriedenstellend gelöst ist, ist sie von Frauen und Männern möglichst gemeinsam zu klären. Es ist eine der Aufgaben der Bildung und Erziehung, die Kluft zwischen dem Anspruch der Grundrechte und der Realität soweit irgend möglich zu überwinden.

3.2 Kooperation

Wer dem Leitbild einer gleichberechtigten Kooperation von Frauen und Männern in der Religionspädagogik folgt, sollte auf Qualifikationen wie Selbsteinschätzung und Selbstkritik, auf Empathie, Teamfähigkeit und die Bereitschaft, voneinander ein Leben lang zu lernen, setzen. Es geht um differenzierte, wechselseitige und nicht selektive Wahrnehmung von Frauen und Männern, von Schülerinnen und Schülern, von jungen Frauen und Männern, um reversible Umgangsformen der Goldenen Regel (Mt 7, 12) entsprechend: z.B. Ehrlichkeit, Transparenz, Toleranz, Glaubwürdigkeit, Mut, Ausdauer, Rücksicht, Hörbereitschaft, Verständigung und Verständlichkeit, Dialog- und Konfliktfähigkeit. Es gilt, Isolationen zu reduzieren und Selbstbestimmung zu praktizieren.[27] Effektive Lernprozesse sind nur in einem ruhigen, gerechten sozialen Klima mit möglichst wenig Ärger und Aggression realisierbar.

---

26 Vgl. Grundgesetz für die Bundesrepublik Deutschland vom 23. Mai 1949, Art. 3. Die Verfassung der Deutschen Demokratischen Republik vom 7. Oktober 1949, Art. 6.

27 Vgl. Ellen Überschär, Fürchtet euch nicht! Frauen machen Kirche, Freiburg i. Bd. 2012.

3.3 Ökonomische Selbstständigkeit

In Kirche und Gesellschaft ist die ökonomische Selbständigkeit von Frauen und Männern bei gleicher Bezahlung weiterhin energisch anzustreben. Bekannt ist, dass Frauen in Deutschland weniger verdienen als Männer. Nach Angaben des Statistischen Bundesamtes Wiesbaden liegt »bei vergleichbarer Tätigkeit und Ausbildung der Unterschied je Stunde im Schnitt bei 8 % brutto [...]. Insgesamt war der durchschnittliche Bruttostundenverdienst von Frauen im Jahr 2011 sogar um 23 % niedriger.«[28] Das ist ungerecht! Wer bedenkt, dass viele Frauen ihre Kinder allein erziehen, kann diese Einkommensunterschiede nicht akzeptieren. Schließlich geht es auch um die soziale Absicherung im Alter. Wie sieht die gleiche Bezahlung in den Kirchen aus, wie steht es in den Einrichtungen der Caritas und des Diakonischen Werkes? »Ein Arbeiter ist seines Lohnes wert!« (Lk 10, 7), heißt es schon in der patriarchalen Sprache der Bibel; die *Bibel in gerechter Sprache* paraphrasiert: » [...] wer arbeitet, hat Lohn verdient.«[29] Heute ist die Forderung: *Gleicher Lohn für gleiche Arbeit!* und die bessere Bezahlung der typischen Frauenberufe überfällig. Hier ist die Solidarität von Frauen gefragt, die dieses Ziel erreicht haben. Das gilt nicht nur in Deutschland, sondern ebenso für benachteiligte Frauen in der Einen Welt. Wir wären unglaubwürdig, würden wir nicht für Benachteiligte mit Wort und Tat eintreten.

3.4 Vereinbarkeit von Beruf und Familie mit Hilfe von Kinderbetreuung

Frauen sind oft deshalb im Beruf unterrepräsentiert, weil sich Familie, Kinder und eine eigenständige Karriere nur schwer miteinander vereinbaren lassen. Nicht nur Mütter kennen das Problem, sondern auch Väter. Die Teilzeitarbeit bietet nur bedingt Lösungen, da sie als Karrierekiller gilt und da sie eine Verminderung der Rente bzw. der Ruhestandsbezüge zur Folge hat. Deshalb ist vorrangig die bezahlbare Kinderbetreuung von der Krippe bis zum Hort und bis zur verlässlichen Ganztagsschule weiter zu fördern und zu verbessern. Diese Einrichtungen müssen lange Arbeitszeiten abdecken und möglichst zu Fuß erreichbar sein. Hier hinkt der Westen dem Osten hinterher. Ein Beispiel möge genügen: Während in Sachsen-Anhalt für knapp 50 % aller Kleinkinder ein Krippenplatz zur Verfügung steht, sind es in Nordrhein-Westfalen nur 2,8 %.

---

[28] Nordwest-Zeitung vom 22. März 2012, 1.

[29] Bibel in gerechter Sprache, Gütersloh 2006, 1949.

Den Kirchen kommt eine Vorbildfunktion zu, sich für eine Vermehrung der Krippen- und Hortplätze mit einer ganzheitlichen religiösen Erziehung stark zu machen, denn 17 % aller Kindergärten und Horte sind in evangelischer Trägerschaft; 130 Einrichtungen verfügen über Plätze für ca. 2.300 Kinder bis zu drei Jahren.[30] Beide: Erzieher – leider sind es nur 10 % aller dort Beschäftigten – und Erzieherinnen sollten gemeinsam für Kinder und Jugendliche da sein, denn Jungen und Mädchen brauchen Männer und Frauen als Bezugspersonen.

Und wie steht es mit der Fürsorge für die alt gewordene Generation? Diese Aufgabe kommt häufig auf Frauen zu, wenn die Kinder aus dem Haus sind. Viele von uns Frauen haben ständig ein schlechtes Gewissen, weil wir einfach nicht alles schaffen können.

3.5 Inklusive Sprache

Der gesellschaftliche Wandel sollte sich auch im Sprachgebrauch niederschlagen. Wer sensibel für die Gleichstellung von Frauen und Männern eintritt, wird dies sprachlich in einer möglichst einfachen, unaufdringlichen und humorvollen Weise hörbar und sichtbar machen. Zungenbrecher und Fehler erzeugen Abwehrreaktionen und wirken deshalb kontraproduktiv. Dazu ein positives Beispiel: Ganz selbstverständlich sind Frauen in dem bekannten Weihnachtslied genannt: »Kommet Ihr Hirten, ihr Männer und Frau'n...« (Karl Riedel 1870). Wer die geschlechtergerechte Sprache mit Phantasie pflegt und die inklusive Sprache zu vereinfachen und zu verbessern sucht, wird sensibel für die Gleichberechtigung der Geschlechter trotz individueller Unterschiede. Dagegen entspricht die vermeintlich geschlechtsneutrale Sprache nicht einer gelebten Gleichberechtigung.

3.6 Keine Dominanz von Männern oder von Frauen

Weder Frauen noch Männer dürfen allein das Sagen haben; anzustreben ist eine kooperative Balance zwischen den Geschlechtern. Diese Balance ist ständig neu zu suchen und hoffentlich auch zu finden. Einseitige selektive Wahrnehmungen und eine narzistische Selbstverliebtheit behindern die Kooperation ebenso wie Diffamierungen, z.B. Gefühl versus Verstand, Mütterlichkeit versus Rationalität. Deshalb halte ich einige gängige Redewendungen für undifferenziert; ich denke an Typisch Mann – typisch Frau! Frauen

---

30 Nach einer Telefonauskunft vom 22.05.2012 der Evangelischen Kirche in Deutschland, Hannover.

machen sich keine Konkurrenz! Frauen sind solidarisch! Sie sind einfühlsamer, Männer eher dominant. Diese und ähnliche Behauptungen verfehlen allzu oft die Realität. Wer in der Religionspädagogik eine humane Kooperation von Frauen und Männern im Sinne des Taufbekenntnisses »Hier ist nicht Mann noch Frau, [...] denn ihr seid alle eins in Christus Jesus« (Gal 3, 28)[31] anstrebt, hat beide, Männer und Frauen, in ihrer Individualität wahrzunehmen und zu respektieren. Es gilt, zum selbstständigen Denken und Handeln zu befähigen, ohne zu bevormunden. Dies ist eine der vielen Aufgaben einer anthropologisch orientierten »Religionspädagogik der Vielfalt«.[32]

3.7 Personalpolitik

Eine *Normalkarriere* ist heute kaum noch vorauszusetzen, bei Frauen vermutlich noch weniger als bei Männern. Forschungen zu den Müttern der Religionspädagogik und zu den Theologinnen belegen, mit wie viel Phantasie und Ausdauer diese Frauen die strukturellen Schwierigkeiten, beruflich Fuß zu fassen, gemeistert haben. Viele Mütter der Religionspädagogik waren ausgesprochen kreativ, um die ihnen möglichen beruflichen Nischen zu finden; ich denke an die Lehrerin und Theologin Christine Bourbeck (1894/Hage, Ostfriesland – 1974/Bad Pyrmont)[33]. Solche Beispiele könnten der heute oft schwer nachvollziehbaren Personalpolitik der Kirchen weiterführende Impulse geben.

Künftig sind Stellen, vor allem Führungspositionen, auch zahlenmäßig gerecht von gut ausgebildeten Frauen und Männern zu besetzen, denn wir brauchen verantwortliche Frauen mit ihren Qualitäten und Qualifikationen. Das gilt für alle Lernorte in Schule und Kirchengemeinde bis hin zur Fachhochschule und Universität.

3.8 Theorie-Praxis-Vermittlung

Religionspädagogik ist die wissenschaftlich reflektierte und erprobte, theologische und pädagogische Theorie der Praxis auf allen Arbeitsfeldern unseres Faches. Deshalb entsteht Religionspädagogik durch vielfältige Kommunikation sowohl theoretisch am Schreibtisch, im Gespräch mit der Bibel, mit

---

[31] Nach der Zürcher Bibel, Zürich 2007.

[32] Vgl. Pithan/Arzt/Jacobs/Knauth (Hrsg.), Gender, 9–28.

[33] Vgl. Pithan (Hrsg.), Religionspädagoginnen, 401f. Heike Lipski-Melchior, Christine Bourbeck – ein Portrait, Leipzig 2002.

der Tradition und mit der Fachliteratur als auch im Austausch mit Kindern und Jugendlichen, mit Frauen und Männern. Es gilt, die Kluft zwischen den Praxisfeldern der Religionspädagogik und der wissenschaftlichen Religionspädagogik zu verringern. Ich beobachte, dass Frauen mehr selbstständige Praxiserfahrungen in die Religionspädagogik einbringen als einige Männer mit ihrem oft ausschließlich wissenschaftlich-theoretischen Berufsweg. Wo die Theorie dominiert, wird die Kluft zur Praxis nicht erkannt.

Es geht nicht an, die Praxis abzuwerten zugunsten einer wissenschaftlich-abstrakten, manchmal unverständlichen Religionspädagogik. Schließlich ist das Christentum aus der Lebenspraxis Jesu und der frühen Gemeinden erwachsen. Es geht ebenso wenig an, Religionspädagogik ausschließlich theoretisch zu betreiben. Eine didaktisch oft wenig anschaulich präsentierte, lebensfremde, mit Fremdworten und Namen gespickte theologische Gedankenturnerei, die die Bedürfnisse, das Vorwissen und den Lernstand der Kinder, Jugendlichen oder Studierenden nicht im Blick hat, lässt sich kaum vermitteln. Die Praxis von Frauen und Männern sollte regelmäßig wissenschaftlich beobachtet, begleitet und reflektiert werden, um daraus Schlüsse für kontinuierliche Innovationen zu ziehen. Deshalb sind Praxiserfahrungen eine Bedingung dafür, sinnvoll und im Dialog, wissenschaftliche Religionspädagogik überhaupt entwerfen, lehren, lernen und revidieren zu können.

3.9 Fortsetzung der begonnenen Revision der Curricula und der Prüfungsthemen

Die Dimension der Geschlechtergerechtigkeit ist in den Lehrangeboten[34] auf allen Ebenen von der Krippe bis zur Universität unentbehrlich, denn sie ist Teil unserer Alltagswirklichkeit. Die bereits begonnene Revision der Curricula ist fortzusetzen. Um Mädchen und Jungen, Studentinnen und Studenten gleichermaßen zu interessieren und zu aktivieren, sollten die Ziele und Themen beide Geschlechter motivieren, um Chancen zur Identifikation anzubieten. Wer kaum etwas Authentisches von den Lernenden weiß, kann nicht mit ihnen zusammen lehren und lernen. Deshalb ist die Lernausgangslage und das Feedback in jeder Gruppe neu – soweit sinnvoll nach Geschlechtern getrennt – zu ermitteln, um auf dieser Basis Folgerungen für die Themenwahl und die Arbeitsformen ziehen zu können.

---

[34] Zur neuesten Entwicklung im Kontext des Bologna-Prozesses mit Bachelor- und Masterstudiengängen kann ich nichts sagen, da mir als Emerita der Überblick fehlt.

Die kontinuierliche Fortsetzung der begonnenen Revision von Kinderbüchern und Kinderbibeln,[35] von Lehrplänen und Religionsbüchern[36] ist angesagt. Beispielsweise geht es nicht mehr an, die Frauen der Bibel kaum zu beachten. Ergebnisse der exegetischen Frauenforschung sind konsequent zu berücksichtigen. Konkret: Wer von Petrus erzählt, darf Maria von Magdala nicht vergessen; wer die Jünger Jesu nennt, darf die Frauen um Jesus, die für die Jesusbewegung eintraten (Luk 8, 1–3), nicht übergehen. Wer Frauen Mut machen will, für sich selbst einzutreten, kann von Machla und ihren Schwestern[37] erzählen. Wie berücksichtigt die Religionsdidaktik die Vielfalt und Vielschichtigkeit biblischer Gottessymbole?[38] Werden im Kirchengeschichtsunterricht, in Seminaren, Vorlesungen und Lehrbüchern die Frauen der Reformationszeit[39] angemessen berücksichtigt? Wer kennt das Engagement von Frauen bei sozialen Missständen nicht nur im 19. Jahrhundert?

---

[35] Vgl. Ruth B. Bottigheimer, Genderaspekte in Kinderbibeln, historisch gesehen, in: Pithan/Arzt/Jacobs/Knauth (Hrsg.), Gender, 287–293.

[36] Ulrike Baumann, Mich mögen, wie ich bin... Geschlechterdifferenz im Religionsbuch, in: Pithan/Arzt/Jacobs/Knauth (Hrsg.), a.a.O., 327–340.

[37] Vgl. Nu 27, 1ff. und 36, 11. Vgl. Margot Kässmann, Machla und ihre Schwestern. Deutschlandfunk. Rundfunk. Evangelisch. de. Am Sonntagmorgen vom 16.10.2011.

[38] Ina Bösefeld, Männlich – Weiblich – Göttlich. Geschlechterspezifische Gottesbeziehungen und Gottesvorstellungen Heranwachsender aus mehrheitlich konfessionslosem Kontext, Diss. Kassel 2009. Christine Lehmann, Gottesvorstellungen von Mädchen und Jungen, jungen Männern und Frauen. Eine Betrachtung neuer Untersuchungen unter der Gender-Perspektive, in: Pithan/Arzt/Jacobs/Knauth (Hrsg.), a.a.O., 182–193; Anna Katharina Szagun, Hier Frühling und Kuschelnest – dort Monstertruck und Rettungswagen. Geschlechterdifferenzierte Gottesvorstellungen im Spiegel einer Langzeitstudie, in: Andrea Qualbrink/Annebelle Pithan/Mariele Wischer (Hrsg.), Geschlechter bilden. Perspektiven für einen genderbewußten Religionsunterricht, Gütersloh 2011, 158–177; Ina Bösefeld, Männlich – Weiblich – Göttlich. Geschlechterspezifische Gottesbeziehungen und Gottesvorstellungen Heranwachsender aus mehrheitlich konfessionslosem Kontext, Diss. Kassel 2009.

[39] Vgl. z.B. Martin H. Jung, Katharina Zell geb. Schütz (1497/98–1562). Eine Laientheologin der Reformationszeit, in: Zeitschrift für Kirchengeschichte 107, 1996, 145–178. Als neuestes Beispiel: Christoph Münchow, Eigenwillige Reformatorin. Elisabeth von Sachsen kämpfte mit Diplomatie und Lebenslust für die Sache der Evangelischen in: Zeitzeichen 13, 2012, 41–43.

Außerdem ist die Revision der Bildauswahl angesagt; es gilt, wenig bekannte Bilder, die die Frauen der Bibel sowie der religiösen Bildung und Erziehung überzeugend zeigen, zu entdecken und zu präsentieren. Wichtig ist, nicht ausschließlich männliche Leitfiguren anzubieten, denn weibliche Vorbilder[40] sind unverzichtbar.

3.10 Erweiterung der Forschungsthemen

Wer eine gerechte Bildungskultur pflegen will, sollte den oft androzentrischen Sprachgebrauch[41] und die Themenwahl revidieren. Frauen sind sowohl Subjekt wie Objekt der Forschung. Seit den 1980er Jahren hat die religionspädagogische Frauenforschung begonnen, für eine Erweiterung des Themenspektrums durch eine geschlechtergerechte Themenwahl zu sorgen; der Prozess ist unabgeschlossen.

Spannend ist es, Berufsbiographien und Sichtweisen von Frauen in der Geschichte der Religionspädagogik[42] zu kennen. Nur ein Beispiel aus der Evangelischen Unterweisung: Während Helmuth Kittel (1902/Potsdam – 1984/Göttingen) weithin bekannt ist, wurde seine Kollegin Ilse Peters (1893/Kreuznach – 1980/Hilden),[43] die erste Frau auf einem Lehrstuhl für Religionspädagogik, zumeist vergessen. Hier gibt es noch viel Revisionsbedarf, z.B. fehlt das Kriterium der Geschlechtergerechtigkeit bis auf wenige Ausnahmen in der Konzeption religionspädagogischer Quellensammlungen und in der Historiographie des Faches.[44]

---

40 Vgl. Elisabeth Achtnich, Frauen, die sich trauen. Ein Vorlesebuch, Lahr 1991.

41 Vgl. Hanne Köhler, Gerechte Sprache als Kriterium von Bibelübersetzungen. Von der Entstehung des Begriffs bis zur gegenwärtigen Praxis, Gütersloh 2012.

42 Vgl. Susi Hausammann/Nicole Kuropka/Heike Scherer (Hrsg.), Frauen in dunkler Zeit. Köln 1996; Pitan (Hrsg.), Religionspädagoginnen, 1998; Heike Lipski-Melchior, Christine Bourbeck – ein Portrait, Leipzig 2002; Annebelle Pithan, Liselotte Corbach; Anke Edelbrock, Mädchenbildung und Religion in Kaiserreich und Weimarer Republik. Eine Untersuchung zum evangelischen Religionsunterricht und zur Vereinsarbeit der Religionslehrerinnen Neukirchen-Vluyn 2006.

43 Christine Reents, Ilse Peters (1893–1980) *Gegen das Vergessen* – Erste Professorin für Religionspädagogik und Mitgestalterin der Konzeption der Evangelischen Unterweisung, in: Annebelle Pithan (Hrsg.), Religionspädagoginnen, 53–97.

44 Als neuestes Beispiel ist zu nennen: Rainer Lachmann/Bernd Schröder (Hrsg.), Geschichte des evangelischen Religionsunterrichts in Deutschland. Ein Studienbuch, Neukirchen-Vluyn 2007. Rainer Lachmann/Bernd Schröder: Geschichte des evangelischen Religionsunterrichts. Quellen, Neukirchen-Vluyn 2010.

Die seit den 1970er Jahren entstandenen Kirchlichen Fachhochschulen haben Vorläufer; hier darf das religionspädagogische Engagement von Frauen in der weiblichen Jugendarbeit und in der Ausbildung von Gemeindehelferinnen im Burckhardthaus, in den Mädchen-Bibel-Kreisen und andernorts nicht vergessen werden.

Es gilt, die breite Vielfalt in der Welt der Männer und Frauen – Singlefrauen[45], Verheiratete, Lebensgefährtinnen, alleinerziehende Frauen und Männer, Paare mit oder ohne Kinder, Witwen, Geschiedene – wahrzunehmen, dieser Vielfalt in der christlichen Bildungsarbeit Rechnung zu tragen und fair miteinander umzugehen.

4. Die Gleichstellung der Geschlechter als Zukunftsaufgabe

Angesichts der Marginalisierung und z. T. auch der Diskriminierung von Frauen in Kirchen in Gegenwart und Vergangenheit, frage ich im Blick auf die Zukunft nach der Geltung der Menschenrechte in den Kirchen, nach der Geltung des Grundgesetzes: »Männer und Frauen sind gleichberechtigt« (GG 3, 1).[46] Ich weiß, dass die Kirchen ihr eigenes Recht setzen und ihre Konflikte eigenverantwortlich lösen, denn: »Jede Religionsgemeinschaft ordnet und verwaltet ihre Angelegenheiten selbständig innerhalb der Schranken des für alle geltenden Gesetzes. Sie verleiht ihre Ämter ohne Mitwirkung des Staates oder der bürgerlichen Gemeinden«.[47]

Was ist, wenn das Kirchenrecht im Widerspruch zu den Menschenrechten steht? Wie soll unsere Gesellschaft mit Traditionen umgehen, die der Gleichstellung der Geschlechter entgegenstehen? Ich denke an den umstrittenen moralischen Rigorismus, an eine zu geringe Achtung der Privatsphäre, an die umstrittene Berufung nur von Pfarrern in der römisch-katholischen Kirche und an oft als ungerecht empfundene Teilzeitregelungen und Bezahlungen. Hier stellt sich die Frage nach Grenzen der kirchlichen Autonomie, nach Grenzen der religiösen Neutralität des Staates, denn der Staat hat die

---

[45] Vgl. Annegret Reese, »Ich weiß nicht, wo Religion anfängt und aufhört«. Eine empirische Studie zum Zusammenhang von Lebenswelt und Religiosität bei Singlefrauen, Gütersloh/Freiburg 2006.

[46] Vgl. Stella Ahlers, Gleichstellung der Frau in Staat und Kirche – ein problematisches Spannungsverhältnis, Reihe: ReligionsRecht im Dialog Bd. 2, hg. von Adrian Loretan, Münster 2006.

[47] WRV Art. 137 = GG Art. 140.

Menschenrechte »zu achten und zu schützen« (GG 1, 1). Ich wage kaum, diese Spannung zu artikulieren, da sich die religiöse Neutralität des Staates in Deutschland schon seit 1919 bewährt hat. Deshalb ist es unerlässlich, dass die Kirchen und Religionsgemeinschaften die Aufgabe der Gleichstellung von Frauen und Männern selbst lösen.

Kurz: Die Gleichstellung von Frauen und Männern in den Kirchen, in Staat und Wirtschaft ist zumindest seit dem Grundgesetz eine bleibende Aufgabe. Heute gilt das biblische Leitbild der Gottebenbildlichkeit von Frau und Mann (Gen 1, 27), nicht mehr die Frau nur als Gehilfin des Mannes (Gen 2, 18). Selbst der Bezug auf biblische Leitbilder wandelt sich! Die Ökumenische Weltversammlung der Kirchen in Seoul formulierte im Jahre 1990 zehn Grundüberzeugungen. Eine von ihnen heißt: »Wir bekräftigen, dass Mann und Frau nach dem Bilde Gottes geschaffen sind.«[48]

---

[48] Belege in: Die Kirche im konziliaren Prozeß gegenseitiger Verpflichtung für Gerechtigkeit, Frieden und Bewahrung der Schöpfung. (EKD-Texte; 33), Hannover 1990, 20. Dem entspricht das Glaubensbekenntnis von Seoul (1990), in: Gier. Macht. Krieg. Bittgottesdienst für den Frieden in der Welt. 6.–16. November 2011, hrsg. vom Kirchenamt der EKD, Hannover 2011, 13.

Bild-Konzeptionen in historischen Bilder- und Kinderbibeln und ihre Wiederentdeckung in der Gegenwart

Vergleich der Bibelbilder von Matthäus Merian, Kees de Kort und Annegert Fuchshuber

Marion Keuchen

1. Problemanzeige: Wie beschreibe und analysiere ich ein Kinderbibelbild?

Gute Kinderbibelbilder sind *kindgemäß* und *anschaulich.* Diese Beschreibung ist allgemein einsichtig und wird von Religionspädagoginnen und Religionspädagogen schnell abgenickt. Kommen konkrete Kinderbibelbilder ins Spiel, wird es aber schnell komplizierter. In die Analyse und Beschreibung konkreter Bilder müssen variierende Rezeptionsfähigkeit, verschiedene kognitive und affektive Bedürfnisse und mögliche Lebensrelevanz für die Adressatinnen und Adressaten mit einbezogen werden.[1]

Trotz des boomenden Marktes von Kinderbibeln und der unbestrittenen Wirkmächtigkeit von Bildern in diesen Werken, weist die bisherige Forschung zu Illustrationen in Kinderbibeln Lücken auf. Befassen sich Un-

---

[1] Grundlegend zu diesem Beitrag vgl. Marion Keuchen, Bild-Konzeptionen in historischen Kinderbibeln und Bilderbibeln und ihre Wiederentdeckung in der Gegenwart. Bisher unveröffentlichte Habilitationsschrift, Paderborn 2011/12. Irene Renz, Kinderbibeln als theologisch-pädagogische Herausforderung. Unter Bezugnahme auf die Analytische Psychologie nach C. G. Jung, Göttingen 2006, 261. Die Frage, ob in der Bibeldidaktik zwangsläufig eine Korrelation zwischen dem Leben der Schülerinnen und Schüler und den biblischen Themen hergestellt werden müsse, diskutiert kritisch Nauerth. Vgl. Thomas Nauerth, Fabelnd denken lernen. Konturen biblischer Didaktik am Beispiel Kinderbibel, Göttingen 2009, 236.

tersuchungen speziell mit Bildern in Kinder- und Bilderbibeln,[2] spielen die historische Pädagogik, die ästhetische Bildung[3] und die empirische Religionspädagogik[4] eine besondere Rolle. Im Bereich der historischen Pädagogik werden Motivauswahl und -veränderungen, im Bereich der ästhetischen Bildung der Zugang zu Bildern, und im Bereich der empirischen Religionspädagogik kindliche Bewertungen von Illustrationen erforscht. Ziel dieser Untersuchungen ist es vor allem, Orientierungshilfen zum Erwerb und Einsatz von Kinderbibeln in religionspädagogisch gegenwärtigen Situationen vorzustellen. Außerdem basieren viele Untersuchungen auf der praktisch-theologischen Frage nach einem guten Kinderbibelbild. Kriterien zur Bildbeschreibung an sich werden nur am Rande behandelt. Es fehlen vergleichbare Kategorien der Bildbeschreibung von Kinderbibelbildern, die über unscharfe Begriffe wie *kindgemäß*[5] und *anschaulich* hinausreichen. Jede Bildintention von Sei-

---

[2] Vgl. Konrad Wünsche, Das Wissen im Bild. Zur Ikonographie des Pädagogischen, in: Zeitschrift für Pädagogik 27, Beiheft 1991, 273-290, 273.

[3] Zu diesem Begriff vgl. Georg Langenhorst, Bibel und moderne Literatur: Perspektiven für Religionsunterricht und Religionspädagogik, in: Gottfried Adam/Rudolf Englert/Rainer Lachmann/Norbert Mette (Hrsg.) unter Mitarbeit von Britta Papenhausen, Bibeldidaktik. Ein Lese- und Studienbuch, Münster ²2007, 237-246, 237. Zur Unschärfe des Begriffs Ästhetik bei Langenhorst vgl. Thomas Meurer, Bibeldidaktik als ästhetische Konstruktion. Zum Konzept einer ästhetischen Bibeldidaktik und ihres kritischen Potentials für eine Religionspädagogik der Postmoderne, in: a.a.O., 214-221, 214.

[4] Diese Forschung hat vor allem Kinder als Adressatinnen und Adressaten von Kinderbibeln im Blick, wie z.B. Dávid Németh, Die Beurteilung der Illustrationen von Kinderbibeln durch ungarische Grundschulkinder. Ein Pilotprojekt, in: Gottfried Adam/Rainer Lachmann/Regine Schindler (Hrsg.), Die Inhalte von Kinderbibeln. Kriterien ihrer Auswahl, Göttingen 2008, 273-291.

[5] Thiele betont den Konsens darüber, was als *kindgemäß* in Kindermedien zu betrachten sei; vgl. Jens Thiele, Das Bilderbuch. Ästhetik-Theorie-Analyse-Didaktik-Rezeption, Oldenburg 2000, 188f. Zugleich liege aber eine Unschärfe der Begrifflichkeit vor; vgl. Gabriele Lieber/Lusi Savas, Facelifting für Schulbuchillustrationen – Wie Grundschulkinder Bilder in Schulbüchern sehen, in: Swantje Ehlers (Hrsg.), Empirie und Schulbuch, Frankfurt a.M. u.a. 2010, 275-290, 275. Zum historischen Begriff von Kindgemäßheit vgl. Thiele, Bilderbuch, 158-163; Hilde Rosenau, Bilder in Kinderbibeln im Wandel der letzten 50 Jahre. Von Anne de Vries bis zu Rüdiger Pfeffer, in: Schulfach Religion 1-2, 2001, Nr. 20, 85-103: 92. Zur problematischen Spannung zwischen Kindgemäßheit und Sachgemäßheit bei biblischen Geschichten im schulischen Religionsunterricht vgl. Friedrich Schweitzer, Religionspädagogik, Gütersloh 2006, 17.

ten der Produzierenden basiert auf einem bestimmten Aufbau von Kinderbibelbildern. Jede Bildwahrnehmung auf Seiten der Rezipierenden wird durch den Bildaufbau geprägt. Zur Analyse dieses Aufbaus fehlt ein analytisches Instrumentarium.[6]

Meinen Beobachtungen nach basieren Kinderbibelbilder auf formaler Ebene auf Bild-Konzeptionen. Bild-Konzeptionen beziehen sich dabei auf den formalen Aufbau eines Einzelbildes oder des gesamten Werkes. Anders als bei einer *Struktur*[7] stehen hinter einer Bild-Konzeption bewusste Überlegungen bezüglich des Aufbaus und des Einsatzes. Ihr Ziel ist, anders als bei einer *visuellen Strategie*, unschärfer und das Erreichen des Ziels steht auch nicht im expliziten Mittelpunkt.

Betrachtet man phänomenologisch den Bildbestand historischer Kinderbibeln,[8] lassen sich bestimmte Bild-Konzeptionen herausschälen. Die Frage nach Angemessenheit der einzelnen Bild-Konzeptionen ist bei diesem Vorgehen für mich irrelevant. Meine Vorgehensweise ist deskriptiv: Vereinfacht

---

6 Rosenberger entwickelt 1997 beschreibende Kategorien für Kinderbibelbilder vgl. Gertraud Rosenberger, Das große Buch für kleine Leute. Kriterien und Beurteilung ausgewählter Kinderbibeln, Essen 1997. Ihre Untersuchungen beziehen sich aber ausschließlich auf moderne Kinderbibeln nach 1945 und lassen den Bereich historischer Werke aus. Ihre Kategorien beziehen sich auch ausschließlich auf das Einzelbild und nehmen nicht Konzeptionen der gesamten Werke auf. Baum-Resch legt ihren Schwerpunkt auf das Verhältnis von Bild und Text; vgl. Annelie Baum-Resch, Kritisch-konstruktive Analyse von Kinderbibeln. Überlegungen zu Kriterien der Beurteilung, in: Gottfried Adam/Rainer Lachmann (Hrsg.), Kinder- und Schulbibeln. Probleme ihrer Erforschung, Göttingen 1999, 252–276. Rosenau analysiert den Wandel von Kinderbibelbildern in der zweiten Hälfte des 20. Jahrhunderts. Ihre leitenden Fragen zu den Illustrationen beziehen sich auf drei Bereiche – Form, Intention und Funktion der Bilder: vgl. Rosenau, Bilder. Nach Straß sollen Illustrationen mit der theologischen Leitlinie übereinstimmen und bezüglich der pädagogischen Leitlinie Möglichkeiten zur Identifikation und Freiräume für eigene Phantasien bieten. Hier wird das Augenmerk auf Bildinhalte und nicht auf Bild-Kompositionen gelegt; vgl. Susanna Strass, Die Bibel als Buch für Kinder?! Theologische und didaktische Analyse aktueller Kinderbibeln. Kriterien – Beispiele – Perspektiven, Erlangen/Nürnberg 2002. Auch Irene Renz richtet 2006 ihren Blick auf die Illustrationen, weist ihnen auch einen hohen Stellenwert zu, fasst Illustrationen aber nur mit allgemeinen Begriffen wie Stil oder Form, vgl. Renz, Kinderbibeln, 2006.

7 Vgl. Michel Foucault, Die Ordnung der Dinge. Eine Archäologie der Humanwissenschaften, Frankfurt a.M. 1971, 175f.

8 Zu historischen Kinderbibeln grundlegend Christine Reents/Christoph Melchior, Die Geschichte der Kinder- und Schulbibel. Evangelisch – katholisch – jüdisch, Göttingen 2011.

gesagt nehme ich in einem ersten Schritt Phänomene wahr und in einem zweiten Schritt versuche ich die beobachteten Phänomene zu kategorisieren.[9] Die von mir entdeckten Bild-Konzeptionen beziehen sich dabei auf den formalen Aufbau eines Einzelbildes oder des gesamten Werkes. Ich habe die Bild-Konzeptionen *Rahmen, Vignetten und Einzelbilder, Collagen und Montagen, Hinzufügungen nicht-biblischer Details, Schrift und Zahl im Bild und Monoszenität und Pluriszenität* erfasst, mit denen sich Bildstrukturen sowohl historischer wie auch gegenwärtiger Bilder beschreiben lassen.[10] Im Folgenden entfalte ich die Bild-Konzeptionen *Monoszenität und Pluriszenität* sowie *nicht-biblische Hinzufügungen* in historischen und gegenwärtigen Illustrationen. Mit Hilfe dieser Bild-Konzeptionen können Kinderbibelbilder einfacher beschrieben und analysiert werden. Dieses Instrumentarium kommt ihrem pädagogischem Einsatz, ihrer künstlerischen Produktion und ihrer didaktischen Bewertung zugute.

Anhand dreier Werke biblischer Illustrationen erläutere ich mein zuvor genanntes Instrumentarium. Ich habe die *Icones Biblicae* (1625–27) von Matthäus Merian, Das große *Bibel-Bilderbuch* (1994) von Kees de Kort und die *Kinder Bibel* (1992) von Werner Laubi, illustriert von Annegert Fuchshuber, ausgesucht, da alle drei Werke sich durch besonders hervorstechende Bild-Konzeptionen auszeichnen. Alle drei Werke – besonders das Merians – sind in ihrem jeweiligen Kontext bekannt und weisen eine langjährige Wirkung auf. Bei den Bildern de Korts und Fuchshubers dauert diese noch an. Merians Werk ist mit Christine Reents als sogenannter *Longseller* aufzufassen,[11] bei de Korts und Fuchshubers muss sich dies erst noch erweisen.

---

9 Zu der Analogie in den sog. Translation Studies vgl. Susan Bassnett, Translation Studies. London ³2002. »Anstatt Erkenntnisse bestehender literarischer Theorien nun auf Übersetzungen anzuwenden, wird der Betrachtungswinkel umgedreht: Zunächst sollen Übersetzungen, einfach so wie sie sind, anhand von Fallstudien analysiert werden, um daraus theoretische Rückschlüsse im Bereich von Literatur und Linguistik ziehen zu können.« Radegundis Stolze, Übersetzungstheorien, Tübingen ⁴2005, 139. Auf dieses Zitat wurde ich aufmerksam durch Nauerth, Fabelnd, 15 Anm. 16.

10 Vgl. Keuchen, Bild-Konzeptionen.

11 Vgl. Reents/Melchior, Geschichte, 21ff.

2. Wahrnehmung von historischen Werken: Pluriszenität und nicht-biblische Hinzufügungen in Merians Bibelbildern

Die im 17. Jahrhundert herausragenden *Icones Biblicae* von Matthäus Merian sind in ihrem gesammelten Druck als *Merianbibel* die verbreitetste deutsche illustrierte Bibel des Barock gewesen.[12] Die ganze Familie, die Kinder eingeschlossen, hat in diesem *Hausbuch*[13] geblättert und gelesen. Die Bildmotive und Bild-Konzeptionen haben jahrhundertelang weitere Bilder für Kinder und Erwachsene im religiösen Bereich beeinflusst. Das Werk ist daher auch als bebildertes Werk für Kinder auffassbar.

Auffällig ist bei Merian der Einsatz von Pluriszenität in den Illustrationen ebenso wie das Hinzufügen von nicht-biblischen Details.

2.1 Pluriszenität in Merians Bibelbildern

Nach Aron Kibédi Varga gliedert sich bildliche Narration nach der Anzahl der Szenen auf einem Bild und der Anzahl der Bilder, derer eine Erzählung bedarf. Eine Möglichkeit des Bildaufbaus ist das pluriszenische Einzelbild mit mehreren Szenen auf einem Bild.[14] Der Begriff der Szene[15] bezeichnet in der Literaturwissenschaft Teilabschnitte eines Dramas. Die Personen und der Schauplatz bleiben in dem kurzen Handlungsabschnitt gleich.[16] Eine mit der Szene vergleichbare Einheit in Erzähltexten ist die Episode, die eine rela-

---

12 Zum Werk und zur Person grundlegend mit weiterführender Literatur LUCAS HEINRICH WÜTHRICH, Matthaeus Merian d. Ä., Hamburg 2007. (Zum Begriff »Merianbibel«, 132–136.) Zu Merian und Kinderbibeln grundlegend REENTS/MELCHIOR, Geschichte, 131–139.

13 CHRISTINE REENTS/CLAUDIA ULMER, Bilderbibeln und illustrierte Bibeln aus sechs Jahrhunderten (15.–20. Jh.). Ausstellung aus dem Bestand der Landesbibliothek Oldenburg und Versuch einer Beschreibung, 28.10.–10.12.1988, Oldenburg 1988, 42.

14 Vgl. ARON KIBÉDI VARGA, Visuelle Argumentation und visuelle Narrativität, in: WOLFGANG HARMS (Hrsg.), Text und Bild, Bild und Text, Stuttgart 1990, 356–361, 360f.

15 Zum unterschiedlichen sprachlichen Gebrauch von Szene mit literarischen Beispielen vgl. JAKOB GRIMM/WILHELM GRIMM, Art. Szene, in: Deutsches Wörterbuch Bd. 20, München 1999, 1445–1446. Zu Abbildung von Welt in einzelnen Szenen im Medium Comic vgl. ROLAND MIETZ, Art. Ligne claire, Lexikon der Comics, in: MARCUS CZERWIONKA (Hrsg.), Lexikon der Comics Bd. 11, Teil 3, 8. Erg. Lfg. Dez. Meitingen 1993, 1–17.

16 Vgl. BERNHARD AMUTH, Art. Szene, in: Reallexikon der deutschen Literaturwissenschaft 2007, 566–567.

tiv selbstständige, in einen größeren narrativen Zusammenhang gehörende Neben- oder Teilhandlung umfasst.[17] Im Blick auf Bilder und Illustrationen existiert keine scharf abgegrenzte Definition dafür, was eine Szene ist, auch wenn der Begriff immer wieder verwendet wird. Da sich grundsätzlich theatralische und literarische Darstellungen von bildnerischen Abbildungen unterscheiden und unterschiedliche Mittel zum Einsatz kommen, muss der Begriff Szene hier anders gefasst werden als in der Literatur- und Theaterwissenschaft. Hier meint der Begriff Szene die Darstellung von in irgendeiner Weise voneinander abgrenzbaren Ereignissen und Handlungen.

2.1.1 Synchrone Pluriszenität

Eine einfache Form stellt dabei die synchrone Pluriszenität dar. Auf verschiedenen Bildern sind mehrere Szenen abgebildet, die in der biblischen Chronologie gleichzeitig an verschiedenen Orten ablaufen. Dabei spielt sich die Hauptszene oft im Vordergrund und die Nebenszene im Hintergrund ab.

Abb. 1: Matthäus Merian: Icones Biblicae. Neues Testament. Frankfurt 1627, Tafel LI. (Nachdruck 1965 Kassel/Basel, hier 119.)

[17] Vgl. MATIAS MARTINEZ, Art. Episode, in: Reallexikon der deutschen Literaturwissenschaft 2007, 471–473.

Die Illustration zu *Actor. III, Tafel LI*[18] stellt das Hauptgeschehen in den Vordergrund (Abb. 1). Der Hintergrund dient der atmosphärischen Illustrierung. Im Vordergrund werden Petrus und Johannes von einem lahmen Mann angebettelt. Im Hintergrund sind Straßen von Jerusalem zu sehen, auf denen sich Menschen und Hunde tummeln.

Abb. 2:
Matthäus Merian:
Icones Biblicae.
Neues Testament.
Frankfurt 1627,
Tafel XII. (Nachdruck
1965 Kassel/
Basel, hier 29.)

Neben der rein atmosphärischen Ausmalung des Hintergrunds können auch weitere handlungstragende Personen der biblischen Erzählung im Hintergrund illustriert werden. Die Illustration zu *Johannis IV, Tafel XII*[19] zeigt im Vordergrund Jesus mit der Samaritanerin am Jakobsbrunnen im Gespräch (Abb. 2). Im Hintergrund ist das Dorf Sychar zu sehen, von dem ein Weg zum Brunnen außerhalb der Stadt führt. Auf diesem Weg nähern sich dem Brunnen einige Jünger Jesu, die in Sychar eingekauft hatten und nun auf dem Weg zurück zu Jesus sind.[20]

---

[18] MATTHÄUS MERIAN, Icones Biblicae. Neues Testament. Originalgetreuer Faksimiledruck der Erstausgabe mit einem Nachwort, hg. von Lucas Heinrich Wüthrich, Frankfurt a.M. 1627, 119. (Nachdruck 1965 Kassel/Basel.)

[19] A.a.O., 29.

[20] Eine Ausnahme im Bildaufbau stellt die Illustration zu *Matthœi XXV, Tafel LV* (a.a.O., 115) dar, auf der verschiedene, synchron ablaufende Szenen im Himmel neben Christus und unten auf der Erde in der Verdammnis abgebildet sind. Die Trennung der beiden Bereiche läuft hier zwischen oben und unten und nicht – wie in Mt 25, 33 – beschrieben zwischen rechter und linker Seite. Die synchronen Szenen spielen nicht im Vorder- bzw. Hintergrund, sondern in zwei Ebenen oben und unten.

2.1.2 *Diachrone Pluriszenität*

Die Abbildung von diachron ablaufenden Szenen ist bei Merian komplexer als die synchroner Szenen. Das hat zum Einen inhaltliche Gründe, da mehrere Geschichten miteinander verbunden werden und dadurch Inhalte komplexer werden. Zum Anderen werden einzelne Figuren auch mehrfach auf einem Bild abgebildet.

Abb. 3: Matthäus Merian: Icones Biblicae. Neues Testament. Frankfurt 1627, Tafel XIX. (Nachdruck 1965 Kassel/ Basel, hier 43.)

Auf der Illustration zum Sämann (*Matthœi XIII, Tafel XIX*)[21] werden zwei Gleichnisse miteinander verbunden und beide auf einem Stich illustriert (Abb. 3). Im Vordergrund sät ein Sämann auf verschiedenen Untergründen (Steine, Erde, Vögel picken Samen auf), wie es in Mt 13, 1–9 erzählt wird. Im Mittelpunkt sät ein Teufel mit Hörnern und Bocksbeinen Unkraut, während die Knechte im Schatten von Bäumen am Feldrand schlafen. Diese Erzählung steht in Mt 13, 24 ff. Im Hintergrund pflügt ein Mensch ein Feld und in der rechten Bildmitte eggt ein Mensch das Feld. Hier dient der diachrone Bildaufbau zur Verdeutlichung des Kontrastes zwischen Gut und Böse. Der Sämann sät Gutes aus, das auf möglichst fruchtbaren Boden fallen soll. Der Teufel dagegen sät Böses aus. Dies führt auch Merian in seinem Vierzeiler zu dem Bild aus, der zeittypisch auf die bis ins 18. Jahrhundert herrschende Pädagogik hinweist, durch negatives Verhalten, wie hier die schlafenden Jünger, Abschreckung zu bieten. »Da nun das Volck entschläfft/helt sich der Teuffel wacker.«[22]

---

21 A.a.O., 43.

22 A.a.O., 42. Auch die Illustration (X) (A.a.O., 135) verbindet Apostelgeschichte 27 und 28 miteinander. Das Bild ist falsch übertitelt: *Actor. XXII & XXVIII* (135).

Dieser rein diachrone Bildaufbau ist bei Merian nur vereinzelt zu finden.[23] Auf den meisten Bildern,[24] die diachron ablaufende Szenen zeigen, treten einzelne Personen auf dem Blatt wiederholt auf.

2.1.3 *Diachrone Pluriszenität mit Verdoppelung der Figuren*

Abb. 4:
Matthäus Merian:
Icones Biblicae.
Neues Testament.
Frankfurt 1627, Tafel XXXI. (Nachdruck 1965 Kassel/ Basel, hier 67.)

Die Tafel XXXI illustriert *Lucæ XV* (Abb. 4).[25] Im Vordergrund ist der *verlorene Sohn* zu sehen, wie er in das Haus seines Vaters zurückkehrt und von diesem umarmt wird. Zwei Frauen stürzen ihm ebenfalls freudig aus der Tür entgegen. Im Hintergrund links hütet der Sohn Schweine (Lk 15, 15). Hinten rechts feiern vor und in einem Gasthaus mehrere Menschen (Lk 15, 13). Der Hintergrund zeigt die Vergangenheit des jüngeren Sohnes. Der Sohn wird einmal im Bildvordergrund in der Gegenwart abgebildet, als der Vater ihn bei seiner Rückkehr umarmt, und das zweite Mal in seiner Vergangenheit als Schweinehirt. Unter den Feiernden ist er nicht klar zu identifizieren. Eventuell könnte man in dem Reiter vor dem Gasthaus den ankommenden Sohn sehen. Er könnte aber auch einer der Feiernden sein oder niemand, wenn

---

23 Unklar ist die Einordnung der Illustration zu *Lk 22 (XLV)* (a.a.O., 95). Hier ist im Vordergrund Jesus vor dem Hohepriester Kaiphas abgebildet. Im Hintergrund brennt ein Feuer, um das Leute versammelt sind. Petrus ist nicht eindeutig erkennbar. Hier bleibt offen, ob die beiden Szenen im Vorder- und Hintergrund synchron oder diachron ablaufen. Sicher ist, dass keine Person mehrfach abgebildet wird.

24 Neben den Näherbeschriebenen auch die Illustration zu *Mk 6 (XXI)*; die Tochter von Herodias wird verdoppelt. A.a.O., 47.

25 A.a.O., 67.

man die beiden Szenen im Hintergrund synchron liest – die Gasthausszene quasi als Kontrast zur Schweineszene. Grundsätzlich gilt aber: Merian stellt durch die Pluriszenität den Verlauf der Geschichte dar.[26] Die einzelnen Szenen folgen (fast) unmittelbar aufeinander. Der Erzählkontext des Gleichnisses bleibt gleich. Dabei sind alle unterschiedlichen Zeitebenen auch bildlich in verschiedenen Ebenen im Vordergrund oder Hintergrund dargestellt.

2.1.4 Erzählort und Erzählinhalt

Bei Lehrtexten spielen verschiedene Zeitebenen eine geringere Rolle als bei narrativen Texten. Um diese Besonderheit zu berücksichtigen und den Lehrinhalt nicht durch Worte, sondern im Bild abzubilden, wird eine weitere Bild-Konzeption eingesetzt: Sowohl Erzählort als auch Erzählinhalt werden abgebildet.

Abb. 5: Matthäus Merian: Icones Biblicae. Neues Testament. Frankfurt 1627, Tafel XIV. (Nachdruck 1965 Kassel/ Basel, hier 33.)

Auf der Illustration zur Feldrede *Lucæ VI, Tafel XIV*[27] werden bei Merian mehrere Szenen dargestellt (Abb. 5): Im Vordergrund sitzt Jesus auf einem Stein und spricht zu den ihn umgebenden Menschen. Im rechten Hintergrund sind zwei Szenen zu erkennen: Einmal ein Mensch, der einen Splitter aus dem

---

[26] Vgl. ebenso das Bild zu Lucæ X ›Barmherzigen Samariter‹ (a.a.O., 53), zur Geburt Jesu Lucæ II, Tafel VI (a.a.O., 17), zu Marci VI, Tafel XXI (a.a.O., 47).

[27] A.a.O., 33.

Augen eines anderen Menschen zieht und selbst einen Balken in seinen Augen hat (Lk 6, 41 f). Eine weitere Szene dahinter zeigt zwei Blinde, wie sie gemeinsam in eine Grube fallen (Lk 6, 39 f).[28]

Merian baut seine Illustrationen pluriszenisch auf, wenn er einen Handlungsablauf bildlich darstellen will. Da seinen Illustrationen zunächst kein erzählender Text zugefügt worden ist, muss aus den Bildern der Handlungsverlauf klar erkennbar sein. Durch das Nebeneinanderstellen verschiedener Ebenen oder Bildausschnitte können sowohl Atmosphären ausgestaltet werden wie auch Gegensätze von Handlungen oder Personen innerhalb der Erzählungen hervorgehoben werden. Eine mahnende Funktion hat darüber hinaus besonders die Illustrierung der Erzählinhalte von Lehrtexten.

2.2 Hinzufügung nicht-biblischer Elemente

Die Bild-Konzeption Pluriszenität zielt besonders auf Information, Belehrung und Veranschaulichung. Die Nähe zum Bibeltext ist hier immer gegeben. Besonders in den Hinzufügungen nicht-biblischer Elemente zeigt sich außerdem ein kreatives Moment Merians, das über den Bibeltext hinausreicht. Hier bringt Merian eigene Vorlieben und Schwerpunkte unter, die nicht vom Text selbst vorgegeben sind.

2.2.1 Hinzufügungen von Tieren

Abb. 6: Matthäus Merian: Icones Biblicae. Neues Testament. Frankfurt 1627, Tafel XXIX. (Nachdruck 1965 Kassel/ Basel, hier 63.)

[28] Weitere Bilder bilden den Erzählinhalt ab: *Matth. XXV, Tafel XXXIX* (a.a.O., 83), *Matthœi XV, Tafel XXIII* (a.a.O., 51).

Merian ergänzt auf seinen Illustrationen (kleine) Hunde. Auf Merians Illustration zu *Marci X, Tafel XXIX*[29] tummelt sich im Vordergrund im rechten Bilddrittel ein kleiner Hund, der Jesus mit einem kleinen Kind auf dem Arm anblickt. Diese Blickrichtung können die Betrachtenden ebenfalls vollziehen (Abb. 6).[30] Der hinzugefügte Hund dient der Illustrierung des Kontextes einer Straßenszene, in dem die jeweilige Geschichte spielt. Merian zeichnet auch in den Himmel Vögel hinein.[31] Die Tiere dienen allein der atmosphärischen Ausmalung und stehen nicht in einem Bezug zur biblischen Geschichte. Die Ergänzungen zum Bibeltext dienen in diesen Fällen vor allem der Unterhaltung.

Auf einigen Bildern illustrieren die hinzugefügten Tiere Aspekte des Bibeltextes: Auf dem Bild zu *Matthœi XX, Tafel XXVIII*[32] wird ein Storchenpaar in seinem Nest, weitere Vögel und pickende Hühner abgebildet. Die Störche verbildlichen die Ernährung von Kindern und illustrieren damit den ökonomischen Hintergrund der Arbeit der Weingärtner. Auf der Illustration zu *Lucœ XVI, Tafel XXXII*[33] schwimmt ein Schwanenpaar im Teich und ein Pfau sitzt auf einer Balustrade. Die Vögel verbildlichen hier den Reichtum des Hausherrn im Gegensatz zur Armut des Lazarus'.

2.2.2 Hinzufügung von zeitgemäßer Architektur

Auf dem Stich zu *Johannis IV, Tafel XII*[34] ist ein Laufbrunnen mit Brunnentrog und zwei prächtigen Löwenköpfen als Wasserspeier an der architekto-

---

29 A.a.O., 63.

30 Weitere Hunde finden sich auf den Bildern *Lucœ XVIII, Tafel XXXVI* (a.a.O., 77), *Actor. III, LI* (a.a.O., 119). Merians Kupferstich zu den Apokryphen *Der Drache zu Babel, Dan 14, 23–27* weist ebenso solche spielerischen Elemente auf und ist überhaupt einzig in der Geschichte der Bibelillustrationen. (Vgl. Philipp Schmidt, Illustration der Lutherbibel 1522–1700. Ein Stück abendländischer Kultur- und Kirchengeschichte, mit Verzeichnissen der Bibeln, Bilder und Künstler, Basel 1962, 323.). Der Stich zeigt in der Bildmitte einen etwa schäferhundgroßen und recht lebhaften Drachen. In der linken und rechten Bildecke sind jeweils kniende Männer und Frauen abgebildet, die den Drachen anzubeten scheinen.

31 Weitere Vögel finden sich auf den Bildern *Matthœi IV, Tafel IX* (Merian, Icones, 23), *Lucœ VI, Tafel XIV* (a.a.O., 33), *Matthœi XIII, Tafel XIX* (a.a.O., 43), *Lucœ XVII, Tafel XXXIV* (a.a.O., 73) mit zusätzlicher Ente in einem Bach. Beim Vernichtungsszenario von *Apocal. VIII, Tafel XVII* (a.a.O., 143) grast ein Pferd auf der Weide.

32 A.a.O., 61.

33 A.a.O., 69.

34 A.a.O., 29.

nisch im Renaissancestil gestalteten Rückwand zu sehen (Abb. 2).[35] An diesem Brunnen findet das Gespräch zwischen Jesus und der Samaritanerin statt. Merian schmückt an dieser Stelle die fehlende biblische Beschreibung des Brunnens aus. Mit diesen Illustrationen zeitgemäßer Architektur veranschaulicht Merian sein künstlerisches Können und zeigt, dass er *auf der Höhe seiner Zeit* ist. Dadurch erscheint die Illustration aktuell und befriedigt sowohl künstlerische als auch modische Ansprüche. Damit gehen sie weit über die biblische Botschaft hinaus.

2.2.3 Hinzufügung von enkulturellen Details

Merian illustriert auf vielen Bildern Gebäudekomplexe und Stadtansichten, in die sakrale, zum Teil explizit christliche, Architektur integriert ist. Die Architektur erinnert an europäische Prachtbauten seiner Zeit.

Auf dem Stich zu *Actor. III, Tafel LI*[36] sitzt der im Verlauf der Geschichte von Petrus und Johannes geheilte Gelähmte auf den Stufen des Tempels vor dem Hintergrund einer Kirche mit Kreuz auf dem Kirchturm (Abb. 1).[37] Auf dem Bild sind sechs weitere Menschen zu sehen, die sich mit jeweils einigem Abstand auf der Straße in Jerusalem befinden, die genau zur Kirche führt. Merian verweist hier durch die Laufrichtung der Straße vom Tempel auf die Kirche hin. Alle Menschen auf diesem Stich laufen zur Kirche hin.[38]

---

35 Auch in dem alttestamentlichen Stich zu *David, Bathseba und Uria* stellt Merian eine prächtige und zu seiner Zeit modische Garten- und Badeanlage dar. Auf dem Bild *Marci VI, Tafel XXI* (a.a.O., 47) bildet Merian einen architektonisch ausgestalteten Straßenzug mit Gebäuden ab.

36 A.a.O., 119.

37 Das Dorf im Hintergrund des Stiches zu *Matthæi XV, Tafel XXIIV* (a.a.O., 51) gruppiert sich ebenfalls um eine Kuppelkirche oder einen Profanbau herum. Das Bild zu *Lucæ XIX, Tafel XXXVIII* (a.a.O., 81) bildet wahrscheinlich eine Kirche ab. Die Stiche zu *Johannis XIX, Tafel LI* (a.a.O., 107) und zu *Matthæi XXVIII, Tafel LII* (a.a.O., 109) zeigen den Tempel von Jerusalem, über dem bei der Grabesszene die Sonne unter- und bei der Auferstehungsszene die Sonne aufgeht. Auch auf dem Stich zu *Actor VII, Tafel LV* (a.a.O., 123) ist der Tempel abgebildet, der in der Diagonalen von Sonnestrahlen platziert ist, die zum Gesicht des knienden Stephanus in einer Linie stehen. Auf diesem Tempel ist ein Kreuz angedeutet.

38 Auf dem alttestamentlichen Kupferstich *Der Prophet Sacharia*, der einen von drei Prophetenstichen Merians darstellt, prophezeit Sacharia den Palmsonntag im Vordergrund. Im Hintergrund der Bildmitte reitet Jesus auf einem Pferd auf das Stadttor Jerusalems zu. Dabei weist die Stadt eine mittelalterliche Stadtbefestigung, wie im Rheinland, auf. (Vgl. Schmidt, Illustration, 317.) Die Vegetation im Vordergrund sind europäische Laubbäume. Die Bevölkerung Jerusalems begrüßt Jesus Christus jedoch mit Palmwedeln

Abb. 7: Matthäus Merian: Icones Biblicae. Neues Testament. Frankfurt 1627, Tafel XLIII. (Nachdruck 1965 Kassel/ Basel, hier 91.)

Neben christlich-europäischer Architektur zeichnet Merian auch mitteleuropäische Vegetation in seine Bilder hinein.[39] Auf den Abbildungen zu Jesu Passion wird Jesu Gemütszustand zum Teil durch eine Palme ausgedrückt. Auf der Illustration von Jesu Einzug in Jerusalem (Mk 11/XL[40]) stehen in der Verlängerung des reitenden Jesus drei hoch aufgerichtete Palmen. Neben den Palmen wachsen mitteleuropäische Laubbäume. Als Jesus im *Oelgarten* betet (*Lucæ XXII, Tafel XLIII*[41]), ist über seinem Kopf eine Palme abgebildet, die sich zur Seite neigt (Abb. 7). Die Palme wächst unter einem Laubbaum. Merian integriert häufig mitteleuropäische Vegetation in seine Bilder. Diese Hinzufügungen dienen der atmosphärischen Ausschmückung von Schauplätzen. Wenn durch eine Pflanze aber eine inhaltliche Aussage zu Jesu Ge-

---

in den Händen. Merian illustriert auf diesem Bild enkulturelle Elemente wie die rheinische Stadtbefestigung und die Laubwaldvegetation neben orientalischen Elementen wie Palmzweigen. Eine völlige Enkulturation, dass Jesus Christus mit etwa großen Ahornblättern oder Tannenzweigen begrüßt wird, ist anscheinend nicht vorstellbar. Die Palmwedel werden auch im biblischen Text erwähnt. An dieser Stelle sind der Enkulturation Grenzen gesetzt, die anscheinend sonst die Botschaft verstellten. Das Mt 21, 2 auch erwähnte Eselsfüllen (mit seiner Mutter), das auf vielen traditionellen Illustrationen neben Christus hertrabt, wird weggelassen. (Ebd.)

[39] Auf den Bildern zum Evangelisten Johannes *Johannis I, Tafel IV* (Merian, Icones, zu *Matthæi III, Tafel VIII* (a.a.O., 21), zu *Matthæi IV, Tafel IX* (a.a.O., 23), zu *Johannis IV, Tafel XII* (a.a.O., 29), zu *Lucæ VI, Tafel XIV* (a.a.O., 33), zu *Johannis VI, Tafel XX* (a.a.O., 45) und zu *Actor VIII, Tafel V* (a.a.O., 125) werden europäische Laubbäume gemalt.

[40] A.a.O., 85.

[41] A.a.O., 91.

mützustand ausgedrückt werden soll, wählt Merian keinen europäischen Baum, sondern eine Palme. Merians Einsatz von enkulturellen Details hat hier seine Grenze.

Die hinzugefügten christlichen und europäischen Details knüpfen an die Lebenswelt der Adressaten/innen an und stellen dadurch einen unmittelbaren Bezug zwischen den biblischen Welten und den Lebenswelten der Betrachtenden her.

Durch den Einsatz der Bild-Konzeptionen Pluriszenität und Hinzufügungen nicht-biblischer Details sind Merians Bilder zum Teil recht komplex gestaltet. Merians Bilder brauchen aber diese Komplexität, da sein Werk als fast reines Bildwerk wenig auf erklärende Texte zurückgreifen kann. An dem Einsatz von Details, die den Bibeltext ausschmücken, ist Merians Anliegen zu erkennen, dass er seine Illustrationen dem zeitgenössischen Modegeschmack unterwirft und durch enkulturelle Details seine Adressaten/innen ansprechen will. Zudem kann er so sein künstlerisches Können demonstrieren. Beim Einsatz stehen didaktische und künstlerische Überlegungen nebeneinander.

3. Wiederentdeckung von Bild-Konzeptionen in gegenwärtigen Werken

Auch bei Kees de Kort stehen didaktische und künstlerische Überlegungen nebeneinander, die sich aber von denen Merians grundlegend unterscheiden. De Kort ist durch seine Illustrationen biblischer Geschichten für Kinder bekannt geworden. Ungewöhnlich an seinem Werk, wie z.B. in *Das große Bibel-Bilderbuch,*[42] ist, dass er seine Bilder zunächst für Kinder von sieben bis acht Jahren mit einer geistigen Behinderung konzipierte.[43] In de Korts

[42] Kees de Kort (Illustration)/Hellmut Haug (Text), Das große Bibel-Bilderbuch: alle Geschichten der Reihe *Was uns die Bibel erzählt* in einem Band. Erzähltext und Nachwort von Hellmut Haug, Stuttgart 1994. (Originalausgabe »Kijkbijbel« Haarlem 1992.) Zum Werk vgl. Regine Schindler u.a. (Hrsg.), Neuere Kinderbibeln. Beschreibung - Kritik - Empfehlungen, Zürich [5]1989, 50f.; Regine Schindler, Zur Hoffnung erziehen. Gott im Kinderalltag, Zürich [2]2000, 286; Herbert Stangl/Dorothee Hölscher, Mit der Bibel wachsen. Kinderbibeln im Vergleich, Bonn 2006, 48f.; Reents/Melchior, Geschichte, 544-548.

[43] Christine Reents, Neuere Kinderbibeln unter der Lupe, in: Gottfried Adam/Rainer Lachmann/Regine Schindler (Hrsg.), Das Alte Testament in Kinderbibeln. Eine didaktische Herausforderung in Vergangenheit und Gegenwart, Zürich 2003, 241-264, 242;

Werk findet sich, wie auch bei Merian, ein pluriszenischer Aufbau wieder. Unterscheidet sich die Pluriszenität de Korts von der Merians in Struktur und Inhalt aufgrund ihrer unterschiedlichen Kontexte?

3.1 Wiederentdeckung von Pluriszenität in de Korts Bibelbildern

Es ist deutlich erkennbar, dass Kees de Kort einfach strukturierte Bilder gestalten möchte, um seine Adressatinnen und Adressaten mit geistiger Behinderung anzusprechen und nicht zu überfordern.

3.1.1 Monoszenische Darstellungen

In de Korts Werk sind daher viele Bilder zu finden, die monoszenisch aufgebaut sind. Auf diesen Bildern handeln einzelne Person oder auch mehrere gemeinsam. Die Personen blicken sich dabei untereinander an oder schauen

Abb. 8: Kees de Kort (Illustration)/Hellmut Haug (Text): Das große Bibel-Bilderbuch: alle Geschichten der Reihe ›Was uns die Bibel erzählt‹ in einem Band. Erzähltext und Nachwort von Hellmut Haug. Stuttgart 1994, 230.

eine Person oder Gott außerhalb des Bildes an. Die Personen sind als Ganzkörperbild oder als Torso gezeichnet. Eine Person kann auch mit einem Tier, einem Gegenstand oder mit der Natur in Kontakt treten:

Auf vielen monoszenisch aufgebauten Bildern ist nur eine handelnde Person abgebildet. Ihre Handlung wird entweder durch ihre Mimik, ihre Gestik

---

Reents/Melchior, Geschichte, 2011, 544.

oder durch einen hinzugefügten Gegenstand verbildlicht: Zur Erzählung *Der barmherzige Samariter. Lukas 10, 25–37* werden zwei monoszenische Bilder mit je einem der beiden Männer gezeigt, die zuerst an dem Verletzten vorbei gegangen sind. Sie handeln, indem sie gehen und auf den – im Nachbarbild gezeigten – Verletzten blicken (Abb. 8).[44]

Auf vielen monoszenischen Bildern agieren zwei bis vier Personen miteinander. Charakteristisch für diesen Bildtyp ist das Bild zur Erzählung *Esau und Jakob. Aus 1. Mose (Genesis) 25, 19–28, 22,*[45] das den alten Isaak zeigt, der vor einem Zelt auf einem Schemel sitzt und mit Esau redet, der mit Pfeil und Bogen vor ihm steht.[46]

Abb. 9: Kees de Kort (Illustration)/Hellmut Haug (Text): Das große Bibel-Bilderbuch: alle Geschichten der Reihe ›Was uns die Bibel erzählt‹ in einem Band. Erzähltext und Nachwort von Hellmut Haug. Stuttgart 1994, 37.

Interaktion kann auch mit einer auf dem Bild nicht sichtbaren Person erfolgen: Abraham blickt auf einem Bild zur Erzählung *Abraham. Aus 1. Mose Genesis) 12–25*[47] *zu Gott empor* (Abb. 9).[48] Abraham hat den Kopf nach links

---

[44] DE KORT/HAUG, Bibel-Bilderbuch, 230. Weitere Bilder dieses Typus (eine einzelne Person wird als Torso abgebildet; ihre Handlung ist durch ihre Mimik oder Gestik zu erkennen): 185, 254, 284. Bilder des Typus (eine einzelne Person hantiert mit einem Gegenstand): 252 (2 Mal), 141, 295, 302.

[45] A.a.O., 46–57.

[46] A.a.O., 49. Weitere Bilder dieses Typus (zwei Personen agieren miteinander): 103, 107, 111, 132, 199, 236, 267, 307, 332.

[47] A.a.O., 34–45.

[48] A.a.O., 37.

gewendet und schaut aus dem Bild nach oben rechts hinaus. Aus dieser Richtung redet Gott. Gott selbst ist nicht dargestellt. Die Interaktion zwischen Gott und Abraham wird durch die Blickrichtung Abrahams verbildlicht.[49] Auf monoszenischen Bildern sind Kommunikationspartner für Menschen andere Menschen, Gott, Tiere[50] und die Natur[51].

Abb. 10: Kees de Kort (Illustration)/Hellmut Haug (Text): Das große Bibel-Bilderbuch: alle Geschichten der Reihe ›Was uns die Bibel erzählt‹ in einem Band. Erzähltext und Nachwort von Hellmut Haug. Stuttgart 1994, 23.

Durch die monoszenische Bild-Konzeption werden neben Handlungen und Kommunikation auch Gefühle verbildlicht. Noah und seine Frau blicken traurig auf das böse Treiben der Menschen vor der Sintflut (Abb. 10).[52] Beide Personen zeigen auf diesem Bild ihre Gefühle. Zorn,[53] Niedergeschlagenheit,[54] Freude,[55] Trauer[56] und Verzweiflung[57] werden in der gleichen Weise dargestellt.

---

49 Den gleichen monoszenischen Bildaufbau weist das Bild auf S. 40f. auf. Abraham blickt nach oben in die Sterne. Gott spricht zu ihm, dass er einmal auch so viele Nachkommen wie Sterne haben werde. Auch auf S. 71 blickt Mose zu Gott in dieser Weise empor.

50 Exemplarisch: Noah tritt in Interaktion mit der Taube, vgl. a.a.O., 22–33.

51 Bilder des Typus (eine Person agiert mit der Natur): 88f. Hier tritt Mose mit einer Wolke, in der Gott ist, über dem Berg Sinai in Kontakt.

52 A.a.O., 23.

53 A.a.O., 187.

54 A.a.O., 110.

55 A.a.O., 136 und 223.

56 A.a.O., 218.

57 A.a.O., 254.

3.1.2 Soziale und berufliche Porträts

Das Besondere bei de Korts Bildern sind Porträts. Auf diesen Bildern werden einzelne oder auch mehrere Personen ganz oder als Torso abgebildet. Sie schauen die Betrachtenden an und handeln nicht. Dadurch unterscheiden sie sich von den oben beschriebenen monoszenisch aufgebauten Bildern. De Kort setzt verschiedene Varianten dieser Porträts ein.

Abb. 11: Kees de Kort (Illustration)/Hellmut Haug (Text): Das große Bibel-Bilderbuch: alle Geschichten der Reihe ,Was uns die Bibel erzählt' in einem Band. Erzähltext und Nachwort von Hellmut Haug. Stuttgart 1994, 46.

Soziale Porträts stellen Personen vor. Der Hintergrund hinter den abgebildeten Personen ist in einem hellen Grau gehalten und zeigt weder Räume, Landschaften noch Gegenstände. Isaak, Rebekka, Esau und Jakob werden als Familie so vorgestellt (Abb. 11),[58] ebenso Abraham und Sara als Paar.[59] Diese Porträts zeigen die abgebildeten Personen in ihren sozialen Beziehungen.[60]

[58] A.a.O., 46.

[59] A.a.O., 40.

[60] Weitere soziale Porträts vgl. a.a.O., 182 f., 166f., 19.

Abb. 12:
Kees de Kort (Illustration)/Hellmut Haug (Text): Das große Bibel-Bilderbuch: alle Geschichten der Reihe ›Was uns die Bibel erzählt‹ in einem Band. Erzähltext und Nachwort von Hellmut Haug. Stuttgart 1994, 106.

Neben der sozialen Ebene stellen Porträts auch Berufe von Personen dar. David wird als Hirte gezeigt (Abb. 12).[61] Auf einem späteren Bild wird David als König in Jerusalem abgebildet (Abb. 13).[62]

Abb. 13:
Kees de Kort (Illustration)/ Hellmut Haug (Text): Das große Bibel-Bilderbuch: alle Geschichten der Reihe ›Was uns die Bibel erzählt‹ in einem Band. Erzähltext und Nachwort von Hellmut Haug. Stuttgart 1994, 115.

61 A.a.O., 106f., Illustration: 106.

62 A.a.O., 115.

3.1.3 *Synchrone Pluriszenität*

Wie auch Merian malt de Kort durch einen synchronen pluriszenischen Bildaufbau ein Setting aus.[63] Des Weiteren illustriert de Kort in mehreren synchron ablaufenden Szenen Wanderbewegungen als zentrales biblisches Motiv. Hier zeigen die einzelnen synchron ablaufenden Szenen jeweils Menschengruppen.[64] Durch Pluriszenität werden auch Gegensätze und Spannungen innerhalb einer Geschichte, wie zwischen Esau und Jakob,[65] gezeigt. In dieser Funktion folgt de Kort wieder Merian.

3.1.4 *Erzählort und Erzählinhalt*

Auf einigen wenigen Bildern malt Kees de Kort wie schon Merian auch einen Erzählinhalt und Erzählort. Dies geschieht sparsam und wird zum Teil farblich deutlich hervorgehoben.

Abb. 14: Kees de Kort (Illustration)/ Hellmut Haug (Text): Das große Bibel-Bilderbuch: alle Geschichten der Reihe ‹Was uns die Bibel erzählt› in einem Band. Erzähltext und Nachwort von Hellmut Haug. Stuttgart 1994, 56.

---

63 A.a.O., 38f. Weitere Bilder dieses Typus (synchron ablaufende Szenen auf verschiedenen Bildebenen, die ein Setting illustrieren): 88f.,126f.,180f.

64 A.a.O., 37, 82–93 und 154–165.

65 A.a.O., 46–57.

Auf den Bildern werden dadurch Träume besonders verbildlicht.[66] Deutlich ist der Trauminhalt vom anderen Geschehen abgegrenzt. So ist der schlafende Jakob in kräftigen Farben in der Erzählung *Esau und Jakob. Aus 1. Mose (Genesis) 25, 19–28, 22*[67] gemalt (Abb. 14).[68] Von seinem Kopf geht eine Blase aus,[69] in der durchscheinend gemalte Engelwesen zu erkennen sind, die eine Treppe hinauf- und heruntergehen und den geträumten Erzählinhalt abbilden.[70]

Die eingesetzten Pluriszenitätskonzeptionen de Korts dienen dem Aufzeigen von Spannungen zwischen Personen und der Ausmalung von bestimmten Settings. Auf diese Funktionen zielte auch schon der Einsatz dieser Bild-Konzeption bei Merian. De Korts Einsatz weist aber aufgrund des spezifischen Adressatenbezugs weitere Funktionen auf. Wegen der erforderlichen Elementarisierung und Vereinfachung von biblischem Geschehen dominieren monoszenisch aufgebaute Illustrationen. Soziale und berufliche Porträts gehen auf die notwendige Elementarisierung ein und füllen bestehende Lücken in der gegenwärtigen Bibelkenntnis. Anders als Merian illustriert de Kort nicht den Erzählinhalt von Lehrtexten als Ermahnung an die Rezipierenden. De Kort malt Traumsequenzen und hebt diese deutlich pluriszenisch vom anderen Geschehen ab. Durch diese auffallende Gestaltung vereinfacht er die verschiedenen Ebenen der Handlung. An de Korts Einsatz zeigen sich das weite Spektrum und die Flexibilität dieser Bild-Konzeption auf verschiedene Adressatinnen und Adressaten zu reagieren, besonders deutlich.

---

66 Der Traum des Pharaos wird nicht in dieser Weise verbildlicht. Die Bilder dazu zeigen jeweils mager und gut genährte Kühe in kräftigen Farben. Der Erzählinhalt wird weder durch eine hellere Farbgebung verdeutlicht, noch wird der träumende Pharao illustriert. A.a.O., 62f.

67 A.a.O., 46–57.

68 A.a.O., 56.

69 In einer ähnlichen Blase (ohne Pfeil, der auf die Hirten zeigt), werden die Engel auf dem Feld in der Erzählung *Jesus ist geboren Lukas 2 ,1–20; Matthäus 2, 1–12* (a.a.O., 142–153) gemalt. Illustration, 147.

70 Nur der Erzählinhalt und nicht der Erzählort werden in der Josefserzählung illustriert. Auf zwei anderen Bildern werden jeweils die sieben mageren und die sieben fetten Kühe gezeigt, von denen der Pharao in der Josefsgeschichte geträumt hat (a.a.O., 62f.). Der Erzählinhalt der Bergpredigt in *Jesus und seine Jünger. Aus Matthäus 4–10* (a.a.O., 178–189) wird in der gleichen Weise gezeigt. Zwei Bilder bilden Menschen ab, die sich einmal freundlich umarmen und einmal streiten (186f.).

3.2 WIEDERENTDECKUNG VON NICHT-BIBLISCHEN HINZUFÜGUNGEN IN FUCHSHUBERS BIBELBILDERN

De Kort fügt aufgrund der angestrebten Elementarisierung nur vereinzelt nicht biblische Details auf Bildern hinzu. Anders ist dies in der Kinder Bibel von Werner Laubi mit Illustrationen von Annegert Fuchshuber.[71]

3.2.1 *Hinzufügungen von enkulturellen und interreligiösen Details*

Besonders deutlich setzt die Illustratorin Annegert Fuchshuber in ihren Zeichnungen zeitgebundene Elemente ein und fügt ihren Illustrationen nicht-biblische Personen hinzu. Diese Hinzufügungen treten in ihren recht bekannt gewordenen Illustrationen zur Bergpredigt auf.[72]

Abb. 15: Werner Laubi (Text)/ Annegert Fuchshuber (Illustration): Kinder Bibel. Lahr 1992, 219.

---

[71] WERNER LAUBI (Text)/ANNEGERT FUCHSHUBER (Illustration), Kinder Bibel, Lahr 1992. Zum Werk vgl. HANS GÄRTNER/ANNEGERT FUCHSHUBER, *Man kann nicht immer nur Heilsgeschichte malen.* Gespräch zwischen Hans Gärtner und der Bibelillustratorin Annegert Fuchshuber, in: Katechetische Blätter 118, H. 8./9., 576–583; Rosenberger 1997, 133–138; STRASS, Bibel; Reents, Kinderbibeln, 246f.; MARGARETE LUISE GOECKE-SEISCHAB, Jesus-Illustrationen in Kinderbibeln, in: HANS-GERD WIRTZ (Hrsg.), Der Fremde aus Nazareth: Jesus Christus in Kinderbibeln, Weimar 2004, 67–84, 80f.; STANGL/HÖLSCHER, Bibel, 58f.; REENTS/MELCHIOR, Geschichte, 517–520 mit weiterer Sekundärliteratur.

[72] Exemplarisch vgl. Borromäusverein/Deutsche Bibelgesellschaft/Deutscher Verband Evangelischer Büchereien e.V., Empfehlenswerte Kinderbibeln, Göttingen 2003, 29.

Auf ihren Abbildungen zur Bergpredigt ist Janusz Korszak mit drei jüdischen Kindern zu sehen,[73] Mahatma Gandhi, der von sieben Gewehrmündungen mit Bajonetten bedroht wird (Abb. 15),[74] Martin Luther King als Prediger hinter Gitterstäben,[75] Sophie Scholl,[76] die von zwei uniformierten Männern abgeführt wird,[77] und Franz von Assisi abgebildet, dem drei Vögel zu Füßen sitzen.[78] Die explizite Illustration zum *Vater Unser* zeigt ein kleines Mädchen mit nach oben gestreckten bittenden Händen im bunten peruanischen Gewand und einem kleinen Kind auf dem Rücken.[79] Direkt vor der Bergpredigt, so dass die Bilder zur Bergpredigt sich nahtlos anschließen und mit diesem Bild eine Einheit bilden, illustriert Fuchshuber am Ende der Geschichte zum Barmherzigen Samariter Mutter Teresa, die sich über einen kranken Mann auf einem Bett beugt.

Fuchshubers enkulturelle und interreligiöse Hinzufügungen haben die Funktion, die Allgemeingültigkeit biblischer Aussagen zu betonen, die über Religionsgrenzen hinwegreichen. Die Zeitlosigkeit biblischer Aufforderungen und Lebensanweisungen soll dadurch ebenso wie die Ansprache an die Lesenden heute deutlich werden.

---

[73] Laubi/Fuchshuber, Kinder Bibel, 217.

[74] A.a.O., 219.

[75] A.a.O., 218.

[76] In der Sekundärliteratur wird das Mädchen z.T. auch als Anne Frank gedeutet. Da die Illustrationen aber sonst nur Menschen zeigen, die explizit im Sinne der Bergpredigt gehandelt haben, ist m.E. Sophie Scholl wahrscheinlicher, da sie aktiv Widerstand leistete. Irene Renz vermutet auch Sophie Scholl, vgl. Renz, Kinderbibeln, 152 Anm. 608. Annegert Fuchshuber bestätigt in ihrem Interview Sophie Scholl, vgl. Gärtner/Fuchshuber, Heilsgeschichte, 152.

[77] Laubi/Fuchshuber, Kinder Bibel, 218.

[78] A.a.O., 220.

[79] A.a.O., 221.

3.2.2 Hinzufügungen von jüdischen Details

Abb. 16:
Werner Laubi (Text)/
Annegert Fuchshuber
(Illustration): Kinder
Bibel. Lahr 1992, 33.

Neben bekannten und vorbildhaften Personen verschiedener Religionen und historischer Kontexte fügt Fuchshuber auch Details aus jüdischer Glaubenspraxis hinzu. Sie zieht einigen Figuren auf ihren Illustrationen einen jüdischen Tallit an. So tragen die Engel auf der Illustration zu *Jakobs Himmelsleiter (Gen 32)* einen Tallit (Abb. 16)[80] wie auch die Bläser in der Geschichte vom *Fall Jerichos (Jos 6).*[81] Diese Hinzufügungen haben die Funktion, den jüdischen Kontext der biblischen Geschichten auch bildlich zu zeigen.

---

80 A.a.O., 33.

81 A.a.O., 90. »Es ist schwer nachzuvollziehen, dass diese Symbole des Judentums nur das Milieu kennzeichnen, während Jesus selbst in einem hellen Gewand zeitlos wirkt.« CHRISTINE REENTS, Jesus als Jude in Illustrationen in Kinderbibeln und biblischen Bilderbüchern, in: MICHAEL HAARMANN/JOHANNES VON LÜPKE/ANTJE MENN (Hrsg.), Momente der Begegnung. Impulse für das christlich-jüdische Gespräch. Bertold Klappert zum 65. Geburtstag, Neukirchen-Vluyn 2004, 189–198, 194.

3.2.3 Hinzufügungen von Spielzeug

Abb. 17:
Werner Laubi (Text)/
Annegert Fuchshuber
(Illustration): Kinder
Bibel. Lahr 1992, 227.

Fuchshubers Hinzufügungen weisen auch unterhaltende Funktionen und das Angebot zur Identifikation für Kinder auf. Auf einigen Bildern ist Spielzeug mit diesen Funktionen hinzugefügt. Auf der Illustration von Jakob und seinen Kindern mit seinen beiden Frauen ist Dina zu sehen, die mit einem Holztier auf Rollen spielt.[82]

Ein ähnliches Holzspielzeug ist auf dem Bild zu *Jesus und die Kinder*[83] zu erkennen (Abb. 17). Mit ihm spielt aber im dargestellten Augenblick niemand.

Diese spielerischen Elemente sollen die Lesenden und Schauenden unterhalten. Bei Fuchshuber verweisen sie auf Erzählungen, in denen Kinder vorkommen und bieten Angebote zur Identifikation.

Fuchshuber fügt ihren Bildern ganz verschiedene nicht-biblische Details hinzu. Die Palette reicht von bekannten Persönlichkeiten verschiedener Religionen über Gegenstände der jüdischen Glaubenspraxis bis hin zu Kinderspielzeug. Durch diese Variationsbreite sind die Funktionen auch weit gestreut. Fuchshubers Hinzufügungen repräsentieren zum Einen den vorbild- oder appellhaften Charakter historischer Personen und verdeutlichen

82 Laubi/Fuchshuber, Kinder, 36.

83 A.a.O., 227.

so die ethische, interreligiöse Relevanz von biblischen Texten für die Gegenwart. Die Bilder haben hier ethische und handlungsanweisende Funktionen. Zum Anderen fördert die Betonung der Verortung der Texte in ihr jüdisches Umfeld das Bewusstsein für andere Religionen und die eigenen religiösen Wurzeln. Die Bilder haben hier informierende Funktion. Die hinzugefügten spielerischen Elemente - auch besonders bei Geschichten mit Kindern - bieten als Funktion Unterhaltung und möglicherweise auch eine Identifikation für Kinder an.

4. Perspektiven für die gegenwärtige Religionspädagogik

Die Ergebnisse zeigen, dass Bild-Konzeptionen gesellschaftlichen Veränderungen Rechnung tragen. Nach dem Ende des klassischen Bibelunterrichts hat die Bibelkenntnis der Gesellschaft bei Kindern und auch Erwachsenen stark abgenommen. Elementarisierung zählt daher zu den vordringlichsten Aufgaben der Bibeldidaktik. Illustrierende stellen sich dieser Aufgabe auf verschiedene Art und Weise: Kees de Kort hebt in Monoszenen den Beruf und das soziale Gefüge biblischer Protagonistinnen und Protagonisten hervor, da diese Hintergründe nicht mehr als bekannt vorausgesetzt werden können. Annegert Fuchshuber erläutert durch nicht-biblische Hinzufügungen den jüdischen Kontext und die interreligiöse Rezeption biblischer Erzählungen. Neben den erweiterten und veränderten Funktionen sind bestimmte Intentionen von Bild-Konzeptionen auch jahrhundertelang gleich geblieben. Fuchshubers Hinzufügungen dienen, wie auch schon bei Merian, der Unterhaltung. Auch schon Merian hat durch die Hinzufügung enkultureller Details den jüdischen Kontext der Bibel mit anderen darauf aufbauenden Religionen wie dem Christentum in Beziehung gesetzt. Der pluriszenische Bildaufbau dient schon bei Merian sowohl der atmosphärischen Untermalung als auch der Betonung von spannungsgeladenem, kontrastreichem Geschehen. Diese Intentionen finden sich auch bei de Kort wieder.

Die Ergebnisse zeigen, dass Bild-Konzeptionen bei der Bildbeschreibung helfen und der besseren Analyse von Kinderbibelbildern hinsichtlich ihrer Funktionen, ihrer Aussage und ihres Inhaltes dienen. In der Gegenwart sind Trends zur Multifunktionalität von Bild-Konzeptionen bezüglich ihrer Intentionen zu beobachten. *Monoszenität und Pluriszenität* und *nicht-biblische Hinzufügungen* sind Bild-Konzeptionen, die jahrhundertelang eingesetzt worden sind und eine Weite hinsichtlich ihrer Gestaltung und ihrer Funktionen aufweisen. Die Weite unterstützt die Subjektorientierung und Pluralisierung der Gegenwartsillustrationen und führt zu einem multifunktionalen Einsatz. Daher lassen sich diese Konzeptionen in vielen Kinderbibelbildern bis heute finden.

Ich habe gezeigt, wie sich erwachsene Lehrkräfte mit Hilfe von Bild-Konzeptionen Kinderbibelbilder einfacher und genauer in Bezug auf ihre Struktur erschließen können. Für die Zukunft schließen sich Fragen hinsichtlich des Einbezugs der Kinder als primäre Adressatinnen und Adressaten von Kinderbibeln an: Wie können Kinder für Bild-Konzeptionen sensibilisiert werden? Welche Bild-Konzeptionen bevorzugen die primären Rezipientinnen und Rezipienten von Kinderbibeln? Gibt es geschlechtsspezifische, altersspezifische oder milieuabhängige Unterschiede? Hier bleiben noch viele Bilder zu betrachten.

Anmerkung: Die Autorin dankt herzlich dem Künstler Kees de Kort sowie dem Kaufmann Verlag (Lahr), die die Abdruckrechte der in diesem Beitrag analysierten Bilder zur Verfügung gestellt haben. Die Bilder des Künstlers Matthäus Merian sind frei verfügbar.

Geschlechterstereotype in der empirischen Religionsforschung?

Anton A. Bucher

Ich habe meinen Auftrag so aufgefasst zu sondieren, ob der empirischen Forschung, speziell in Religionspädagogik und Religionspsychologie, traditionelle Rollenbilder zugrunde liegen. In seiner ersten Anfrage formulierte Kollege Wermke: »Wir vermuten, dass bestimmte entwicklungspsychologische Konzepte durch bestimmte, unbefragt tradierte genderspezifische Vorstellungen unterschwellig geprägt sind.«

Diese spannende Thematik wirft zahlreiche Fragen auf. Nicht nur, wie denn genau traditionelle Rollenbilder zu operationalisieren sind in einer prinzipiell pluralistischen Lebenswelt, sondern auch, wie angesichts einer so facettenreichen Tradition erst recht. Entspricht das traditionelle Rollenbild der Sichtweise von Johann Heinrich Campe, der 1789 an seine Tochter schrieb: »[...] dass das Weib schwach, klein, zart, empfindlich, furchtsam, kleingeistig – der Mann hingegen stark, fest, kühn, ausdauernd, groß, hehr und kraftvoll an Leib und Seele werde.«[1] Campe attestierte der Frau als ihre Bestimmung auch, zur tüchtigen Vorsteherin des Hauses und einfühlsamen Gattin heranzureifen – nicht aber, um über ihn zu gebieten oder sich hinaus ins feindliche Leben zu wagen. Oder entspricht dem traditionellen Rollenbild, was der spätrömische Historiker Ammianus Marcellinus (330–395) über die Frauen der Gallier und Germanen schrieb: Dass sie bei den Gelagen aus langen Hörnern Bier und Met tranken (nicht wenig), sich ins Schlachtengetümmel stürzten, und »dass den Fußtritten und Faustschlägen der riesigen, blauäugigen Keltenweiber kein Mann gewachsen sei.«[2] Auch die

---

1 Joachim Heinrich Campe, Väterlicher Rath für meine Tochter: ein Gegenstück zum Theophron. Mit Einleitung von Ruth Bleckwenn, Braunschweig, Schulbuch, 1796, Beas-Edition ³1997.

2 Zitiert nach: Alexander Demandt, Die Kelten, München 2001, 52.

Kelten gehören zu unserer Tradition. Allerdings beziehen sich diese, wenn von Geschlechterstereotypen die Rede ist, zumeist auf die Rollenbilder des bürgerlichen Zeitalters.

Darüber hinaus stellt sich die Frage, wie denn festzustellen ist, dass unterschwellig solche Stereotype in die empirische Religionsforschung eingeflossen sein könnten. Etwa anhand von Konzepten wie *typisch weibliche Spiritualität* – aber in guter Religionspsychologie wird so nicht formuliert. Oder anhand der Fragestellungen bzw. Hypothesen? Beispielsweise: »Frauen charakterisieren sich als religiöser und spiritueller als Männer?« – so in der psychologischen Diplomarbeit von Johanna Gangl.[3] Ist das schon ein Rollenstereotyp, weil nicht ergebnisoffener formuliert wurde: »Männer und Frauen unterscheiden sich diesbezüglich nicht!«? Oder zeigt es sich an den Ergebnissen, insbesondere daran, wie solche kommentiert werden? So in der eben erwähnten Diplomarbeit: »Wie erwartet schätzen sich Frauen als deutlich religiöser ein als Männer.«[4] Oder wie solche Ergebnisse argumentativ begründet werden? Beispielsweise damit, so Gangl, dass es dem Wesen der Frau entspricht, Bindungen – und *Religion* leitet sich gemäß ihrer Etymologie von *Rückbindung* her ab – für existenziell relevanter zu halten als die Männer. Aber wie, wenn dies in der Tat der Fall sein sollte? Etwa aufgrund der bisherigen Evolutionsgeschichte, wie sie neuerdings in den Fokus psychologischer Forschung gerückt ist.[5] Die Frauen mussten stabile Bindungen zu ihrem Nachwuchs eingehen, aber auch zu ihren Ernährern und Beschützern, an denen sie breite Schultern besonders zu schätzen wissen[6] – worin freilich Kritiker ein Geschlechterstereotyp vermuten könnten. Es ist wenig verwunderlich, dass Vertreterinnen des Feminismus auf die Evolutionspsychologie nicht sonderlich gut zu sprechen sind.[7]

Die keineswegs leichte, aber bedeutsame Thematik versuche ich in folgenden Schritten anzugehen. Zunächst wird an zwei Beispielen verdeutlicht, dass *empirische* Forschung in der Tat Geschlechterstereotype stabilisieren kann (was auch heißt: nicht zwangsläufig muss!). Zum einen an einem Exempel vor der Etablierung der wissenschaftlichen Psychologie: nämlich an

---

[3] So in der unveröffentlichten psychologischen Diplomarbeit von Johanna Gangl, Der Einfluss der Bindungsstile auf die Religiosität bzw. Spiritualität, Universität Salzburg, Fachbereich Psychologie 2004, 90.

[4] A.a.O., 118.

[5] David Buss, Evolutionary psychology. The new science of the mind, Boston 2004.

[6] A.a.O., 119f.

[7] Dazu: David Buss/D. Schmitt, Evolutionary psychology and feminism, in: Sex Roles 36 2011. Online: Sex Roles. doi: 10.1007 / s11199-011-9987-3) (Stand: 17.03.2012).

Rousseaus Sicht der weiblichen Religiosität.[8] Sodann an der heftigen Kontroverse um eine angeblich weibliche Moral, die von Carol Gilligan losgetreten wurde,[9] einer ehemaligen Schülerin von Lawrence Kohlberg.

In einem zweiten Abschnitt berichte ich – aus einigen unserer Untersuchungen – über Differenzen, die sich bezüglich religiöser (und anderer) Variablen zwischen Männern und Frauen ergeben haben, z.B. dass Mädchen den Religionsunterricht lieber besuchen und eine geringere Abmeldungsbereitschaft entwickeln, oder dass sie sich Gott häufiger als weibliches Wesen imaginieren.

In einem dritten Teil wird von einigen wenigen Studien berichtet, die ausdrücklich auf Geschlechterstereotype fokussierten, z.B. darauf, ob Neid – eine der Sieben Todsünden, die einzige übrigens, die nicht auch Spaß bereiten kann – eher weiblich ist oder nicht. Dabei wird sich zeigen: Eine Stärke empirischer Religionsforschung, in die zugegebenermaßen unterschwellige Genderstereotype einfließen können, besteht darin, solche Stereotype auch nachzuweisen und somit zu entkräften.

Zusammenfassende Überlegungen runden den Beitrag ab.

1. Die fürsorgliche Frau, und ergeben fromm dazu – empirisch abgesichert?

Als Geburtsjahr der Entwicklungspsychologie gilt gemeinhin das Jahr 1884, als Wilhelm Preyer *Die Seele des Kindes* veröffentlichte.[10] Nahezu gleichzeitig begründete Granville Stanley Hall die Zeitschrift *Pedagogical Seminary*, in der die ersten empirischen Studien zur religiösen Vorstellungswelt von Jungen und Mädchen veröffentlicht wurden.[11] Aber implizite Entwicklungspsychologie gibt es, seitdem unsere Vorfahren Entwicklungsschritte bei ihrem Nachwuchs registrierten und sich darüber Gedanken machten. Ausdrücklich eingefordert hat die empirische Untersuchung von Entwicklung – und Religiosität – Jean Jacques Rousseau, der im ersten Buch des Emile schrieb:

---

8 Jean Jacque Rousseau, Emile oder über die Erziehung, Paderborn 1981.

9 Carol Gilligan, Die andere Stimme. Lebenskonflikte und Moral der Frau, München 1984.

10 William Thierry Preyer, Die Seele des Kindes. Beobachtungen über die geistige Entwicklung des Kindes in den ersten Lebensjahren, Boston 2001.

11 Dazu: Kirsten Huxel, Die empirische Psychologie des Glaubens. Historische und systematische Studien zu den Pionieren der Religionspsychologie, Stuttgart 2000, 33-174.

»Studieren wir die Kinder. Beobachten wir sie.«[12] Im fünften Buch dieses Klassikers – bei dessen Lektüre übrigens Kant seinen täglichen Spaziergang vergaß – wird auf die Erziehung der Sophie eingegangen und dabei auch auf das Wesen des Mädchens bzw. der Frau sowie ihre Religion. Bekanntermaßen trat Rousseau dafür ein, mit der religiösen Erziehung erst nach der zweiten Geburt, also im Jugendalter zu beginnen. Denn um Begriffe wie *Schöpfung, Allgegenwart, Ewigkeit* zu verstehen, dafür sei der Verstand der Kinder *zu kurz.* »Jedes Kind, das an Gott glaubt, ist notwendigerweise ein Götzendiener oder wenigstens Anthropomorphist«[13] – womit Rousseau – ironischerweise – gerade eine von der späteren empirischen Religionspsychologie noch und noch bestätigte Eigentümlichkeit kindlicher Gotteskonzepte vorweggenommen hat.

Diese theologische Inkompetenz sei bei den Mädchen ausgeprägter als bei den Jungen: »Wenn Knaben schon nicht imstande sind, sich einen richtigen Begriff von der Religion zu machen, so geht sie um so mehr über das Fassungsvermögen der Mädchen hinaus.«[14] Ausdrücklich wird gefordert: »Macht aus euren Töchtern keine Theologen!«[15] Dies schließe nicht aus, auch Mädchen religiös zu erziehen und zwar autoritär: Ihr Glaube sei *der Autorität unterworfen,* ihre Religion auch die der Mutter und des Mannes[16] und ihre wahre Religion bestehe darin, *sich immer vor den Augen Gottes zu fühlen,*[17] um auf diese Weise leichter und ungefährdeter ihre Tugenden zu leben, die für ihre eigentliche Bestimmung zentral sind: *dem Mann zu gefallen.*[18]

Rousseau, unbestritten ein Vordenker entwicklungspsychologischer Forschung, zeichnete somit das Bild des theologisch noch weniger kompetenten Mädchens, das noch stärker auf seine Sinne fixiert ist, dem religiöse Mündigkeit nicht zuzutrauen ist, und das sich, wenn in wahrer Religion, stets von Gott beäugt wähnen soll.

---

12 ROUSSEAU, Emelie, 44.

13 A.a.O., 265f.

14 A.a.O., 409.

15 A.a.O., 415.

16 A.a.O., 409.

17 A.a.O., 414.

18 A.a.O., 386. Das Auge Gottes, bzw. von Göttern scheint tiefe historische Wurzeln zu haben: MATT J. ROSSANO, Supernatural selection. How relgion evolved, New York 2010, 53f. Wird über eine Spendenkasse ein grafisches Augenpaar angebracht, sind die Beträge jeweils höher. Nur wenig kann mehr Kontrolle bewirken als das Gefühl, permanent gesehen zu werden.

Ein jüngeres Beispiel ist die Diskussion um eine angeblich weibliche Moral. Jede Religion hat auch eine moralisch-ethische Dimension. Losgetreten hat jene Carol Gilligan, eine frühere Mitarbeiterin von Lawrence Kohlberg.[19] Auch diese Kontroverse knüpfte an ältere Traditionen an, unter anderem an Arthur Schopenhauer: »Gerechtigkeit ist mehr die männliche, Menschenliebe mehr die weibliche Tugend.«[20] Gilligan hielt Kohlberg vor, die von ihm konzeptualisierte Moral habe, weil sie auf Gerechtigkeit fokussiert sei, eine männliche Schlagseite. Anders hingegen die Frauen: In ihren Interviews über Abtreibung hätten sich diese nicht gleich klar dafür oder dagegen positioniert wie die Männer – die von ihr übrigens gar nicht befragt wurden –, sondern zuerst weitere Informationen erbeten, speziell über das Beziehungsgeflecht der ungewollt Schwangeren: Liebt sie den Kindvater? Hat sie schon Kinder? etc. Daraus zog sie, dem eigenen Anspruch nach empirisch fundiert, den Schluss, im Kern der weiblichen Moral stehe weniger rigide Gerechtigkeit, sondern vielmehr flexible Fürsorglichkeit (care). Gilligan untermauerte dies auch evolutionspsychologisch: Nur Frauen, die hinreichend für ihren Nachwuchs sorgten, konnten ihre Gene weitergeben.

Gilligans These wurde in der Feminismus-Debatte des ausgehenden 20. Jahrhunderts breit rezipiert, auch mit politischen Stoßrichtungen: In die vom männlich-abstrakten Gerechtigkeitsdenken dominierten politischen Diskurse vermehrt Fürsorglichkeit einzubringen, aber auch mehr Umweltbewusstsein und Pazifismus, die als spezifisch weiblich ausgegeben wurden. Wie wichtig diese Anliegen auch sind: Die von Gilligan gezeichnete weibliche Moral stützte auch das Stereotyp der fürsorglichen Frau (wenn nicht des Mütterchens), die sich vor allem um Beziehungen kümmert und weniger allgemeine Gerechtigkeitsprinzipien durchsetzt. Dies erinnert durchaus an das bürgerliche Frauenbild, etwa bei Heinrich Campe.

Darüber hinaus zeigte die an ihren Thesen ansetzende moralpsychologische Empirie, dass die Dichotomisierung kontextuelle Fürsorgemoral gegen eine abstrakte Gerechtigkeitsmoral nicht standhält. Gertrud Nunner-Winkler befragte junge Männer und Frauen zu zwei Dilemmas: Abtreibung und Wehrdienst.[21] Beim ersteren argumentierte mehr als die Hälfte der Frauen

---

19 Gilligan, Stimme; vgl. auch die umfassende Diskussion in: Gertrud Nunner-Winkler (Hrsg.), Weibliche Moral. Die Kontroverse um eine geschlechtsspezifische Ethik, Frankfurt a.M. 1996.

20 Arthur Schopenhauer, Über die Grundlage der Moral, Hamburg 2007.

21 Gertrud Nunner-Winkler, Gibt es eine weibliche Moral? in: Gertrud Nunner-Winkler (Hrsg.), Weibliche Moral, Frankfurt a.M. 1991, 147–161.

flexibel und fürsorglich, aber nur gut jeder vierte Mann. Anders hingegen beim Wehrdienstdilemma, das junge Männer ungleich stärker betrifft: Hier argumentierten fast zwei Drittel von ihnen in flexiblen und auf Beziehung fokussierten Kategorien (bspw. kein Wehrdienst, weil so lange von der Freundin getrennt), während 63 % der Frauen kategorisch argumentierten, sei es, dass Verteidigung notwendig sei, oder Töten generell unstatthaft. Daraus zog die Moralpsychologin den verständlichen Schluss, dass abstraktes oder flexibel-fürsorgliches moralisches Urteilen nicht vom Geschlecht abhängt, sondern vielmehr von der Situation bzw. davon, in welchem Maße Personen in ein moralisches Problem involviert sind. Wenn sie es stark sind, greifen beide Geschlechter häufiger auf Beziehungskategorien zurück. Ohnehin wäre viel stärker zu bedenken, in welchem Maße die konkreten Situationen unser Handeln determinieren können, unabhängig davon, ob wir Männer oder Frauen sind.

An diesen Beispielen zeigt sich, dass in der Tat Geschlechterstereotype in die psychologische Forschung einfließen können. Aber zugleich hat sich auch gezeigt, dass empirische Forschung solche Stereotype – denn es gibt ja auch fürsorgliche Männer und rigide Frauen – als solche entlarven kann.

2. GESCHLECHTSSPEZIFISCHE UNTERSCHIEDE IN UNSEREN (UND ANDEREN) STUDIEN

Mittlerweile ist es Standard, in empirischen Studien, zumal mit größeren Stichproben, zu überprüfen, ob sich Jungen und Mädchen bzw. Männer und Frauen im Hinblick auf bestimmte Variablen unterscheiden. Oftmals wird diesbezüglich von *geschlechtstypischen* Differenzen gesprochen, in allgemeiner Psychologie und Pädagogik ebenso wie in der Religionspsychologie. Das Adjektiv *typisch* ist jedoch nicht unproblematisch. Denn von einer allfälligen signifikanten Differenz kann nicht ohne weiteres darauf geschlossen werden, dass diese auch *typisch* ist. Auch kann Stereo*typen* Vorschub geleistet werden. *Typisch* männlich oder weiblich ist selten ein Kompliment. Viele Autoren präferieren infolgedessen den Begriff *Geschlechtsspezifizität,*[22] der auch deswegen angemessener scheint, weil Spezifikum ursprünglich *Besonderheit* bedeutet[23] und dadurch sachlicher und weniger wertend erscheint.

---

22 Bspw. SILVIA ARZT, Frauenwiderstand macht Mädchen Mut. Die geschlechtsspezifische Rezeption einer biblischen Erzählung, Innsbruck 1999.

23 FRIEDRICH KLUGE, Etymologisches Wörterbuch, Berlin [23]1995, 778.

Dass die Effekte der Geschlechtsvariable auf Religiosität im Allgemeinen, deren Entwicklung im Speziellen geprüft werden, war keinesfalls die Regel. Bezeichnend ist Werner Gruehn, der Ende der 50er Jahre das Buch *Die Frömmigkeit der Gegenwart. Grundtatsachen der empirischen Psychologie,* ein Kompendium der bis dato geleisteten empirischen Religionspsychologie, veröffentlichte.[24] Es findet sich kein Kapitel über die Religiosität von Männern/Frauen, auch nicht in den Ausführungen über *Typen der Frömmigkeit.* In dem besonders aufschlussreichen Kapitel *Kindheit, Jugend, Alter (Entwicklungspsychologie)* ist jeweils stets von *dem* Kind die Rede und nirgends davon, dass Kindsein bedeutet, entweder (hellblau) als Junge oder (rosa) als Mädchen aufzuwachsen. Noch in der ausgesprochen materialreichen Monographie *Religion in childhood and adolescence* von Kenneth Hyde findet sich nur ein dreiseitiges Unterkapitel zu *sex differences.*[25] In einem 1993 veröffentlichten Bilanzartikel konstatierte auch Friedrich Schweitzer diesbezüglich eine *Forschungslücke,* die auch deshalb geschlossen werden müsse, um für *geschlechtsspezifische Unterschiede sensibel* zu werden und eine *einseitig männliche Prägung (der Religionspädagogik) zu vermeiden.*[26] Bezeichnenderweise etablierte sich in den letzten Jahren eine Kindertheologie und nicht eine Theologie von Jungen oder Mädchen.

Vorab wenige selbstkritische Anmerkungen, speziell zu quantitativen Erhebungen. Diese sollen angeblich eher typisch männlich sein, wohingegen den Frauen qualitative Studien zugänglicher seien, weil in solchen – etwa in einfühlsamen Interviews – eher kommunikative Beziehungen gelebt werden können.[27] In der Tat arbeiteten die Männer um den Pionier der Empirischen Theologie, Hans van der Ven,[28] überwiegend quantitativ. Ebenso die Forschergruppe um Hans Georg-Ziebertz, wobei in den letzten Jahren auch etliche qualitative Studien hinzukamen.[29] Die Religionspädagoginnen

---

24 Werner Gruehn, Die Frömmigkeit der Gegenwart. Grundtatsachen der empirischen Psychologie, Münster 1956.

25 Kenneth Edwin Hyde, Religion in childhood and adolescence, Birmingham 1990, 198–201.

26 Friedrich Schweitzer, Religiöse Entwicklung und Sozialisation von Mädchen und Frauen, in: Der Evangelische Erzieher 45, 1993, 411–421, 412.

27 Ansätze dazu: Martina Kraml, Welche Bildung braucht religiöse Bildung – braucht (religiöse) Bildung Evaluation? in: Religionspädagogische Beiträge 53, 2004, 38–43.

28 Johannes A. van der Ven, Entwurf einer empirischen Theologie, Weinheim/Kampen 1990.

29 Hans-Georg Ziebertz (Hrsg.), Praktische Theologie – empirisch. Methoden, Ergebnisse und Nutzen, Berlin 2011.

um Herlinde Pissark-Hudelist hingegen präferierten qualitative Zugänge.[30] Es wäre zwar aufwändig, aber auch spannend, in Erfahrung zu bringen, wie sich quantitative und qualitative Studien über die Geschlechter der Forschenden verteilen.

Quantitative Studien präsentieren sich oft mit dem Anspruch auf sehr hohe Präzision, die sie aber faktisch nicht immer haben. *Wie oft ist oft?* Darüber gehen bekanntermaßen nicht nur die Ansichten von Männern und Frauen auseinander, sondern auch die bezüglich des Kirchenbesuchs. In einer unserer Studien befragten wir Jugendliche schriftlich zu ihrer Religiosität, u.a.: *Ich gehe in die Kirche: Oft, manchmal, selten, nie.* Gegen Ende des Fragebogens war zu beurteilen: *Wie oft gehst Du in die Kirche? Einmal die Woche, einmal im Monat, an Weihnachten und Ostern, seltener, nie?*. Spannend war, wie das im ersten Item enthaltene *oft* konkretisiert wurde: Mehrheitlich mit *einmal die Woche*, aber es kam auch vor, dass *an Weihnachten und Ostern* als *oft* konkretisiert wurde. Auch letztere würden bei Item 1 den gleichen numerischen Wert erhalten, obschon sie 25 mal seltener in eine Kirche gehen. Hinzu kommt, dass wir in quantitativen Studien nie angemessen präzise rekonstruieren können, wie die Befragten die verwendeten Begriffe verstehen. Beispielhaft bei: *Ich glaube an Gott: sehr, etwas, wenig, gar nicht.* Zwar kann – um bei diesem Beispiel zu bleiben – *Gott* auch in Fragebögen konkretisiert werden als anthropomorph (Mutter, Vater, Freund), deistisch, symbolisch (Licht, Kraft, Weisheit) etc., aber diese Konkretisierung ist nie umfassender als die Vorgaben und kann nicht allen individuellen Gottesvorstellungen gerecht werden.

Im Folgenden präsentiere ich einige relevante Ergebnisse aus unseren Studien. Zunächst: Schätzen sich Mädchen bzw. Frauen als religiöser ein, aber auch als spiritueller? Dass Frauen frommer sind, könnte durchaus für ein Stereotyp gehalten werden, wenn man z.B. in einschlägigen Texten der Kaiserzeit und aus der Weimarer Republik liest.[31] Kein geringerer als der Praktische Theologe Friedrich Niebergall schrieb: »Die Frau ist religiös, weil sie das von so vielen Naturgrundlagen spürbar abhängige Geschlecht ist, weil sie vermöge ihrer Naturgrundlagen und der geschichtlichen Entwick-

30 Bspw.: Martha Heizer, Forschung geschieht nicht im luftleeren Raum, in: Matthias Scharer/Martina Kraml (Hrsg.), Vom Leben herausgefordert. Praktisch-theologisches Forschen als kommunikativer Prozess, Mainz 2003, 31–52.

31 Dazu den informativen Aufsatz: Anke Edelbrock, Ist Religion etwas typisch Weibliches? Religionslehrerinnen in Kaiserreich und Weimarer Republik, in: Annebelle Pithan/Silvia Arzt/Monika Jakobs/Thorsten Knauth (Hrsg.), Gender – Religion – Bildung, Gütersloh 2009, 169–180.

lung den Sinn für Abhängigkeit und Hilfsbedürftigkeit hat, der zur Religion vorbereitet.«[32] Eine Ausnahme war Gertrud Bäumer.[33] Bezeichnend ist, dass die stärkere Religiosität essentialistisch auf die angebliche Natur der Frau zurückgeführt wird, die es aber in Reinform nicht gibt, sondern – wie unsere Kultur generell – stets als soziale Konstruktion.

Dennoch: Dass weibliche Befragte bei religiösen Variablen höhere Werte erreichen, ließ sich vielfach nachweisen. So in einer Befragung von 376 Personen, durchschnittlich 33 Jahre alt, über die Einstellung gegenüber den Sieben Todsünden, in der auch die von Stefan Huber entwickelte Zentralitätsskala der Religiosität eingesetzt wurde, ein ökonomisches und valides Instrument, aus acht Items bestehend, u.a.: »Wie oft erleben Sie Situationen, in denen Sie fühlen, dass Gott Ihnen etwas mitteilt?«[34] Der Mittelwert der Frauen ist signifikant höher, wobei die stärkste Differenz bei *Wie wahrscheinlich ist Ihrer Ansicht nach ein Leben nach dem Tod?* zu Tage trat. Zumindest *ziemlich sicher* sind sich diesbezüglich 60 Prozent der Frauen und 40 Prozent der Männer.

Wie sind diese Differenzen zu erklären? Erfragt wurde auch die erinnerte religiöse Sozialisation mit Items wie *Meine Eltern haben vor dem Einschlafen mit mir gebetet*. Könnte es sein, dass sich die Frauen vermehrt an solche Praxen erinnern? Zwar zeigte sich sowohl bei Frauen als auch Männern ein starker Zusammenhang zwischen religiöser Praxis im Elternhaus und der Religiosität (r = .44), was für eine sozialisationstheoretische Deutung spricht. Aber die Frauen erinnerten sich ebenso häufig daran, dass am Tisch gebetet wurde: *regelmäßig* 19 Prozent, Männer 15 Prozent.

Geschlechtsdifferenzen fanden wir auch bei solchen Instrumenten, die weniger traditionelle Religiosität zu messen beanspruchten, sondern Spiritualität, die überkonfessionell ist. Eine der wenigen dafür im deutschen Sprachraum entwickelten Skalen ist die zum *Transpersonalen Vertrauen* von Wilfried Belschner.[35] Sie enthält Items wie: *Ich fühle mich mit einer höheren Wirklichkeit/einem höheren Wesen verbunden*. Verbundenheit wurde in zahlreichen qualitativen Studien zur Spiritualität als deren Kern herausgestellt.[36]

---

[32] Zitiert nach a.a.O., 174.

[33] GERTRUD BÄUMER, Die Frau und das geistige Leben, in: Kulturaufgaben der Frau, Bd. 5, Leipzig 1911.

[34] STEFAN HUBER, Zentralität und Inhalt. Ein neues multidimensionales Messmodell der Religiosität, Opladen 2003.

[35] WILFRIED BELSCHNER, Transpersonales Vertrauen – Manual zur Skala, Oldenburg 2000.

[36] ANTON BUCHER, Psychologie der Spiritualität. Handbuch, Weinheim 2007.

In ihrer psychologischen Diplomarbeit belegte Petra Rothner an einer gerontologischen Stichprobe (N = 76, Durchschnittsalter 78), dass Frauen bei der Skala *Transpersonales Vertrauen* einen signifikant höheren Mittelwert hatten.[37] Je ausgeprägter dieses Vertrauen, desto mehr Gerotranszendenz nach Tornstamm, die darin besteht, dass es im Alter zu einem Perspektivenwechsel kommt: Von einer materialistischen, pragmatischen Sicht auf die Welt hin zu einer mehr kosmischen und transzendenten Anschauung.[38] Wiederum stellt sich die Frage nach möglichen Gründen für diese stärkere Ausprägung bei Frauen. Rothner konnte aufgrund der Datenlage keine empirischen Erklärungen beibringen.

Nicht nur im höheren Alter wurden bei Frauen stärkere Religiositäts- bzw. Spiritualitätswerte nachgewiesen, sondern auch im Kindes- und Jugendalter. So in einer Resonanzstudie zum katholischen Religionsunterricht, durchgeführt mit 2700 Schülerinnen und Schüler zwischen 10 und 18 Jahren, in der auch religiöse Hintergrundvariablen erhoben wurden.[39] Die Mädchen definierten sich nicht nur als gläubiger, sondern auch als kirchennaher. Vor allem aber besuchten sie den Religionsunterricht lieber als die Jungen, hielten ihn für – geringfügig – effizienter und signalisierten schwächer die Absicht, sich abzumelden. Die gleichen Trends zeigten sich an einer noch umfangreicheren Stichprobe in der Bundesrepublik (N = 7'239).[40] Die Grundschülerinnen attestierten dem Religionsunterricht zu 82 Prozent, er sei *sehr beliebt*, die Jungen nur zu 72 Prozent. Auch in der Sekundarstufe 1 waren die Mädchen dem Religionsunterricht deutlich gewogener. Damit geht einher, dass die Schülerinnen den zur Beurteilung vorgelegten christlichen Glaubensinhalten (bspw. *Jesus ist der wahre Sohn Gottes*) deutlicher zustimmten als die Jungen.

Es ließen sich noch zahlreiche Belege beibringen, dass weibliche Personen bei religiös relevanten Variablen signifikant höhere Werte aufweisen. Auch viele unserer Studien belegen somit »the widely observed greater reli-

---

37 Petra Rothner, Spirituelle und religiöse Einstellungen bei über 60-jährigen Menschen – Gerotranszendenz: begünstigende Bedingungen, verstärkende Faktoren. Unveröffentlichte Diplomarbeit am Fachbereich Psychologie, Universität Salzburg 2008.

38 Lars Tornstam, Gerotranscendence: A developmental theory of positive aging, New York 2005.

39 Anton Bucher, Religionsunterricht: Besser als sein Ruf? Empirische Einblicke in ein umstrittenes Fach, Innsbruck 1996.

40 Anton Bucher, Religionsunterricht zwischen Lernfach und Lebenshilfe. Eine empirische Untersuchung zum katholischen Religionsunterricht in der Bundesrepublik Deutschland, Stuttgart 2001.

giousness of women«[41] und zwar sowohl der stärker traditionellen Religiosität (Kirchlichkeit) als auch der in den letzten Jahren enorm popularisierten und aufgewerteten Spiritualität. Handelt es sich dabei um ein Geschlechterstereotyp? Oder nicht doch um ein Faktum, was in Abschnitt 4 weiter zu diskutieren sein wird?

Zu Tage traten weitere Differenzen in der religiösen Vorstellungswelt von Jungen und Mädchen, die sich leichter erklären lassen. So in einer Studie über Gottesvorstellungen, in deren Rahmen Kinder gebeten wurden, zeichnerisch zu gestalten, wie sie sich Gott vorstellen. Immerhin 20 Prozent der Mädchen zeichneten eine weibliche Gestalt, bald mütterlich, bald mädchenhaft.[42] Dies wurde teils mit der *eigenen Mutter* begründet (*sie sorgt sich um mich*), teils damit, selber auch eine Frau zu werden – Ausdruck einer stabilen Geschlechtsrollenidentität. Kein einziger Junge zeichnete eine weibliche Gottesgestalt; auch zeichneten ihn, sofern anthropomorph aufgefasst, die Jungs öfter mit Hosen, die Mädchen häufiger in langwallenden Gewändern. Weitere Studien erbrachten ähnliche Befunde.[43]

Identifizieren sich Mädchen eher mit weiblichen biblischen Protagonisten, Jungen hingegen mit männlichen? Diese Frage überprüfte Silvia Arzt anhand Ester 1, der Geschichte von Waschti, die von ihrem Gatten, König Ahaschwerosch, aufgefordert wird, sich (nackt) seinen zechenden Freunden zu zeigen.[44] Doch sie weigert sich und wird verstoßen. Arzt ließ diese Geschichte schriftlich nacherzählen, nachdem sie die Schülerinnen und Schüler gebeten hatte, sich mit einer der Personen in Ester 1 zu identifizieren, und bemerkte, dass sich die überwältigende Mehrheit der Mädchen in Waschti hineinversetzte, die Buben am häufigsten in den König. Auch registrierte sie etliche Geschlechterrollenstereotype, insbesondere, dass Jungen es für angemessen finden, dass Männer zusammensitzen und saufen, Frauen hingegen eher gemütlich zusammen sitzen und plaudern. Und nicht zuletzt: Mädchen erküren – so auf der Basis einer Befragung von 2402 Schülerinnen und Schüler der vierten Grundschulstufe in Nord- und Süddeutschland – häufiger biblische

---

41 Hyde, Religion, 198.

42 Anton Bucher, Alter Gott zu neuen Kindern? Neuer Gott von alten Kindern? Was sich 343 Kinder unter Gott vorstellen, in: Vreni Merz (Hrsg.), Alter Gott für neue Kinder, Fribourg, Paulus 79–100.

43 Dazu die Übersicht bei Ulrich Riegel, Gott und Gender. Eine empirisch-religionspädagogische Untersuchung nach Geschlechtsvorstellungen in Gotteskonzepten, Münster 2004.

44 Silvia Arzt, Frauenwiderstand macht Mädchen Mut. Die geschlechtsspezifische Rezeption einer biblischen Erzählung, Innsbruck 1999.

Perikopen zu ihren Lieblingsgeschichten, in denen weibliche Protagonisten (sonst Doppelung) agieren, Jungen häufiger solche mit männlichen Helden[45] – und ihre Auswahl ist in der Bibel bei weitem breiter.

3. Empirische Forschung, die gendertypische Vorurteile untersucht

Für die Thematik dieser Tagung besonders relevant sind Studien, die der Frage nachgehen, was in religiösen Kontexten als typisch weiblich bzw. typisch männlich gilt. Obschon in vielen Chatrooms dazu gepostet werden kann, sind solche Studien eher selten – zumindest in der Religionsforschung. Für ein Buch zu den Sieben Todsünden führten wir auch eine empirische Erhebung zu diesen durch, quantitativ und mit allen damit verbundenen Mängeln bzw. Scheingenauigkeiten. Erfragt haben wir auch, ob die einzelnen Todsünden[46] als typisch männlich oder als typisch weiblich betrachtet werden, oder als beides. Folgendes Säulendiagramm zeigt die Ergebnisse:

Abb. Diagramm

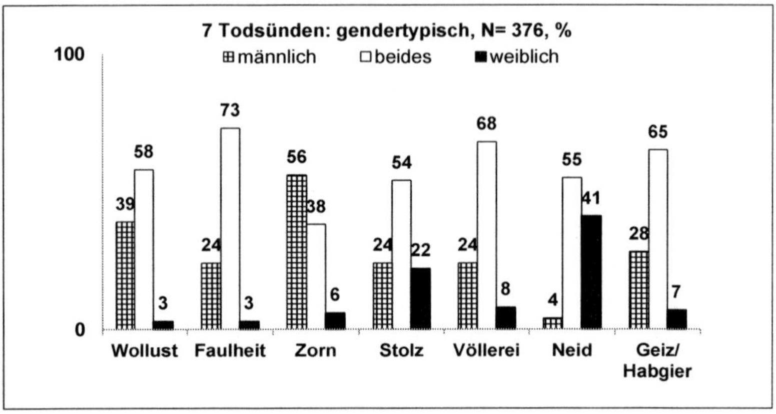

---

[45] HELMUT HANISCH/ANTON BUCHER, Da waren die Netze randvoll. Was Kinder von der Bibel wissen, Göttingen 2002.

[46] ANTON BUCHER, Geiz, Trägheit, Neid & Co, in: ANTON BUCHER, Therapie und Seelsorge. Psychologie der Sieben Todsünden, Heidelberg 2011.

Neid wird zehnmal häufiger als typisch weiblich denn als typisch männlich eingestuft. Was besonders überraschte: Auch Frauen sind zu gleichen Teilen dieser Meinung wie die Männer. Dieses Stereotyp hat eine lange Tradition, selbst in der Medizin. 1923 veröffentlichte der Wiener Medizinalrat Bernhard Bauer das Buch *Wie bist du, Weib?*, angeblich geschrieben »mit dem nüchternen Blick des Forschers«, der »das Weib« so erkenne, »wie es wirklich ist.«[47] Bei den Backfischen, den heranreifenden Frauen nähme der Neid (speziell wegen der körperlichen Attraktivität anderer) »nunmehr größere, oder sagen wir es ruhig heraus, größte Dimensionen an« und führe auch zur typisch weiblichen »Klatschsucht«[48]. Und insbesondere in der Psychoanalyse. Freud war der Meinung: »Dass man dem Weib wenig Sinn für Gerechtigkeit zuerkennen muss, hängt wohl mit dem Überwiegen des Neids in ihrem Seelenleben zusammen.«[49] Zu erklären sei dies mit dem Penisneid, dessen Entdeckung das Selbstwertgefühl des Mädchens *schwer beeinträchtigt* und den es später mit einem Kind zu kompensieren suche, weniger durch eine Tochter als vielmehr durch einen Sohn – ein psychologisches Konstrukt übrigens, das schon längst in den Bereich der Legenden verwiesen worden ist.[50]

Sind Frauen, wie behauptet wird – auch von ihnen selbst –, in der Tat häufiger neidisch? Vorgelegt wurde nebst anderen das Item: *Ich beneide andere Menschen*, skaliert zwischen *sehr oft* (5) und *nie* (1). Bei den Männern ergab sich ein Mittelwert von 2, 3, bei den Frauen von 2, 4 – eine im Zufallsbereich liegende Differenz (p[51] = .15). Anders hingegen bei der hämischen Schwester des Neides, der Schadenfreue: Männer – und nicht die Frauen – bejahten das Item: *Wenn ich erfahre, dass Prominente Pech haben, empfinde ich heimlich Schadenfreude* signifikant stärker (M = 2, 1) als die Frauen (M = 1, 7, p = .000).

---

47 BERNHARD A. BAUER, Wie bist du, Weib? Betrachtungen über Körper, Seele, Sexualleben und Erotik des Weibes, Wien ^{4}1925, 1.

48 A.a.O., 193.

49 SIEGMUND FREUD, Studienausgabe 1: Vorlesungen zur Einführung in die Psychoanalyse Studienausgabe I, Frankfurt a.M. 1969, 564.

50 HANS J. EYSENCK/GLENN D. WILSON (Hrsg.), Experimentelle Studien zur Psychoanalyse Sigmund Freuds, Wien, 1973, bes. 203.

51 p steht für *probability* und gibt die statistische Wahrscheinlichkeit an, ob eine Differenz zufällig ist oder nicht. p = .15 bedeutet: Diese Wahrscheinlichkeit beträgt 15 Prozent und liegt damit im Zufallsbereich. Bei p < .000 ist die Wahrscheinlichkeit geringer als ein Promille.

Wie aus Tabelle 1 zu ersehen ist, werden die meisten Todsünden als deutlich männlicher denn als weiblich eingestuft. Am ausgeprägtesten ist der Zorn, sodann die Wollust. Aber geraten Männer wirklich häufiger in Zorn? Gemäß unseren Daten nicht. Frauen werden – wie immer gemäß eigenen Angaben – zu 50 % zumindest *manchmal* wütend auf andere Autofahrer, Männer aber ebenso. Anders hingegen ist es bei der ebenfalls stärker als maskulin eingeschätzten Wollust: Männer werden zu 56 Prozent *oft/sehr oft* von wollüstigen Phantasien erregt, Frauen mit 16 Prozent deutlich seltener. Man könnte einwenden, es gehöre zum *gender* des Mannes, bei Sexualität eher zu übertreiben. Tatsächlich zeigten sexualwissenschaftliche Studien, dass Männer – angeblich – mehr SexualpartnerInnen hatten, gemäß der großangelegten Durex-Studie aus dem Jahre 2004 (350.000 Antwortende), in der Männer um die 12, die Frauen hingegen bloß sieben benannten.[52]

Eine besonders beeindruckende religionspädagogische Studie zu gendertypischen Aspekten, speziell des Gottesbildes, führte Ulrich Riegel durch.[53] Sind die Gottesvorstellungen Jugendlicher *geschlechtlich geladen* bzw. hängt dies gegebenenfalls auch vom geschlechtlichen Selbstbild der Befragten ab? Wie wurde letzteres operationalisiert? Mit zwei Listen von Persönlichkeitseigenschaften. Die erste wurde als expressiv charakterisiert und enthalte *für Frauen typische Persönlichkeitseigenschaften, nämlich: emotional, kreativ, künstlerisch, sensibel, sentimental, verständnisvoll, zärtlich.* Die für Männer *typischen* Eigenschaften lauten: *aggressiv, kraftvoll, logisch, mutig, rational, rau, realistisch, risikofreudig.* Die aus diesen Items gebildete Skala wurde als *Instrumentalität* bezeichnet. Aus der Kombination der möglichen Ausprägungen der beiden Skalen wurden vier Typen gebildet:

- Wenn beide Mittelwerte im Mittelfeld: *undifferenziert.*
- Wenn Instrumentalität hoch, Expressivität niedrig: *maskulin.*
- Wenn Instrumentalität niedrig, Expressivität hoch: *feminin.*
- Wenn beide Mittelwerte hoch: *androgyn.*

Mit dem biologischen Geschlecht verknüpft ergaben sich acht Typen, u.a. feminine Jungen (6 % des Samples). »Auch sie passen damit nicht in die spezifischen Erwartungen der Geschlechterordnung.«[54] Auch wenn mit dieser

---

52 http://www2.hu-berlin.de/sexology/ECE6/html/gss2004result.pdf (Stand: 11.9.2012)

53 Riegel, Gott und Gender.

54 Eysenck/Wilson, Studien, 313.

Typologie plausible Zusammenhänge aufgezeigt werden können – beispielsweise dass die maskulinen Mädchen und die femininen Jungen nur zu zwei Dritteln *immer* gerne in ihrem Geschlecht sind, seltener als in den anderen Gruppen – ist das Verfahren nicht unproblematisch. Warum ist *zärtlich* typisch weiblich, *mutig* hingegen typisch männlich? Wie oft erforderte es den Mut von Frauen, damit auch Männer endlich aktiv wurden?

Wie sind nun die Gottesbilder der Jugendlichen? Sind sie typisch männlich, wie es aufgrund der patriarchalischen Tradition in Judentum und Christentum zu erwarten wäre? Wenn *Gott männlich ist, ist das Männliche göttlich*! – so die bekannte Formulierung von Mary Dale. Nur bedingt! Eine deutliche Mehrheit der von Riegel Befragten (N = 1439) sah es anders: Gott ist geschlechtslos, abstrakt, zu 43 Prozent eine *Kraft*, zu 37 Prozent *Weisheit*, zu 34 Prozent *Energie*.[55] Aber: Wenn Gott anthropomorph repräsentiert wurde, dann überwiegend männlich. Zu 25 Prozent als *Vater*, zu 22 Prozent als *Freund*, und nur zu vier Prozent als *Mutter* bzw. zu drei Prozent als *Freundin*.

Weitere Studien zu expliziten Geschlechterstereotypen wären im religionspädagogischen Bereich dringend zu wünschen.

4. ABSCHLIESSENDE DISKUSSION

Die zentrale Frage lautete, ob in die empirische Untersuchung von Religiosität, speziell ihrer Entwicklung, unterschwellig Geschlechterrollenstereotype einfließen. Zugegeben, niemand ist vor Stereotypen gefeit, sei es über bestimmte Nationen (aktuell: die faulen Griechen!), sei es – weil wir alle davon betroffen sind – über das Geschlecht. Von solchen zehren die unzähligen Witze, beispielsweise: *Frauen an die Macht! Macht Betten, macht Essen, macht Haushalt.* Und in der Tat wurden auch unter dem Mantel der Wissenschaft zuhauf Geschlechterrollenstereotype gefestigt und weiter tradiert. Auch in der Erziehungswissenschaft und zwar selbst von solchen Pädagoginnen, die sich ausdrücklich für die Gleichberechtigung der Mädchen eingesetzt hatten, so in Österreich Eugenie Schwarzwald und Gertraud Bäumer.[56] Aber auch in der empirischen Erforschung religiöser und moralischer Entwicklung (Carol Gilligan).

---

[55] A.a.O., 172.

[56] GABRIELA SCHWANDNER, Reformpädagoginnen und Geschlechtsrollenstereotype. Schwarzwald, Bäumer, Vaerting, Wien 2012.

Allerdings rechtfertigt dies in keinster Weise die Generalisierung, empirische Forschung (hier im religiösen Feld) sei für Stereotypisierungen der Geschlechter besonders anfällig. Vielmehr vertrete ich die These, dass gerade die Theologie, speziell die Gotteslehre sowie die Mariologie, Geschlechterrollenstereotype rechtfertigt, sanktioniert, weitertradiert und vielfach auch aufgezwungen hat. So z.B. das Bild der kindlich demütigen Maria, die sich auf den Kupferstichen des 19. Jahrhunderts von Josef vorlesen lässt, den Kopf gesenkt. Dies war nicht immer so: In einem Evangeliar aus Salzburg, 1480 angefertigt, ist sie im Wochenbett liegend zu sehen: Selber lesend (Ausdruck von Emanzipation), während Josef das Kind schaukelt.[57]

Wenn empirische Forschung bei religiösen Variablen Differenzen zwischen den Geschlechtern zu Tage bringt, heißt das keinesfalls, dass sie damit Stereotype (re-)produziert. Noch einmal die Frage, ob Frauen wirklich religiös-spiritueller sind und bei ihnen die Beziehung (auch zu Gott) eine wichtigere Rolle spielt. In einer jüngeren Studie mit Grundschullehrern und Grundschullehrerinnen in Zürich behauptete der Zürcher Religionswissenschaftler Walthert, das Geschlecht habe auf die Einstellung gegenüber christlicher Religiosität – gemessen mit Items wie *Die Auferstehung von Jesus Christus gibt meinem Tod einen Sinn* – keinen nennenswerten Effekt.[58] Er begründete dies mit der wissenssoziologischen These (Luckmann), die geringere Religiosität von Männern sei auf deren Berufstätigkeit zurückzuführen. In dem Maße, wie auch Frauen erwerbstätig würden, verringere sich ihre – angeblich – stärkere Religiosität.[59] In der Tat fand Walthert keine signifikanten Differenzen, gleichwohl stimmten die befragten Lehrerinnen den christlichen Items stärker zu.

In einer ebenfalls aktuellen Studie, durchgeführt von Altmeyer, der immerhin 2186 kurze Texte von Jugendlichen analysierte, die diese zu *Gott* geschrieben hatten, ließen sich die traditionellen Differenzen wieder deutlich nachweisen.[60] Die Mädchen verwendeten häufiger Verben (speziell solche der Beziehung: vertrauen, beschützen) und artikulierten häufiger personale Vorstellungen (Gott als Vater, als Freund), *während Jungen die abstrakte*

---

57 Klaus Schreiner, Maria: Jungfrau, Mutter, Herrscherin, München 1994, 145.

58 Rafael Walthert, Religion, Geschlecht und Religionsunterricht. Eine quantitativ-empirische Untersuchung des Verhältnisses von Geschlechterrollen und Religion, in: Anna-Katharina Höpflinger/Ann Jeffers/Daria Pezzoli-Olgiati (Hrsg.), Handbuch Gender und Religion, Göttingen 2008, 325–338.

59 Thomas Luckmann, Die unsichtbare Religion, Frankfurt a.M. 1991.

60 Stefan Altmeyer, Fremdsprache Religion? Sprachempirische Studien im Kontext religiöser Bildung, Stuttgart 2011.

Rede vom Wesen (Gottes, A.B.) bevorzugen. Unweigerlich erinnert dies an eine Passage in der Erziehungslehre Levana von Jean Paul, die leicht für stereotypisch gehalten werden könnte: »Die Männer lieben mehr Sachen, z.B. Wahrheiten, Güter, Länder, die Weiber mehr Personen«,[61] eine Differenz, die sich schon im Kindesalter abzeichne, weil Mädchen vermehrt grüßen und häufiger den Menschen nachsehen würden, die Jungen häufiger den Sachen und Maschinen.

Von geschlechtsspezifischen Differenzen, die leicht für Stereotype gehalten werden könnten, berichten auch Neurobiologen, so Louann Brinzendine in ihrem spannend zu lesenden Buch *Das weibliche Gehirn.*[62] In diesem legt sie auch dar, dass im weiblichen Gehirn der Hippocampus größer ist, ebenfalls jene Areale, die aktiv werden, wenn die Emotionen anderer wahrgenommen werden, was ihre bessere Beziehungsfähigkeit erkläre. Brinzendine im Originalton: »Mädchen (in der Pubertät, A. B.) konzentrieren sich vorwiegend auf Gefühle und Kommunikation – sie telefonieren stundenlang. [...] Zur gleichen Zeit übernimmt im männlichen Gehirn das Testosteron die Herrschaft: Jungen legen weniger Wert auf Kommunikation, sind dafür aber versessen auf Leistungen [...].«[63] Die auch religionspsychologisch nachgewiesenen Besonderheiten weiblicher Religiosität – höherer Stellenwert dialogischer Beziehungen und personales Gottesbild – könnten in der Tat neuropsychologische und damit auch evolutionäre Korrelate haben.

Wie sehr unsere Verhaltensweisen und Einstellungen auch kulturell genormt werden – wir sind und bleiben auch biologische Wesen, deren physiologischen und genetischen Strukturen sich in den letzten 30000 Jahren nicht nennenswert veränderten. Daraus ergäbe sich auch das Desiderat, Geschichte weiter bzw. tiefer zu sehen, nämlich auch als Evolutionsgeschichte. Leider haben populistische Bücher wie *Warum Männer nicht zuhören und Frauen schlecht einparken,*[64] die auf unsere evolutionäre Vorgeschichte rekurrieren, Erkenntnisse derselben trivialisiert und Stereotype begünstigt, z.B. das vom Mann, der angeblich stets auf promiskuösen Sex aus sei. Andererseits gibt es einfach zu viele aktuelle religionspsychologische Fakten, die geradezu nach evolutionären Erklärungen rufen, beispielsweise dass die durchschnittliche Körpergröße von Bischöfen in der angelsächsischen Kir-

---

61 JEAN PAUL RICHTER, Levana, Langensalza 1910, 149.

62 LOUANN BRINZENDINE, Das weibliche Gehirn, Hamburg 2007.

63 A.a.O., 20.

64 ALLAN PEASE/BARBARA PEASE, Warum Männer nicht zuhören und Frauen schlecht einparken, Berlin 2000.

che die der Landpfarrer um acht Zentimeter überrage. Von den Paläanthropologen wissen wir, dass in den *Urhorden* jeweils die körperlich Stärksten und Größten die Autorität innehatten.[65] Und Körpergröße und Geschlecht? In Annoncen für Bekanntschaften wünschen die Männer in aller Regel keine bestimmte Größe. Anders hingegen Frauen: Mindestens 1, 75 groß etc.

Insgesamt: Empirische Religionsforschung kann traditionellen Geschlechterstereotypen aufsitzen, und sie tat es auch. Aber: Sie hat das Potenzial in sich, solche auch zu widerlegen, wie am Beispiel der angeblich weiblichen Moral oder am Stereotyp, Frauen seien neidischer, demonstriert wurde. Eine vordringliche Aufgabe wäre es, Geschlechterstereotype noch häufiger zum expliziten Gegenstand empirischer Untersuchungen zu machen.

---

[65] Bspw. Rhawn Joseph, Paleolithic spiritual evolution. Death, the frontal lobe, spiritual symbolism, in: Rhawn Joseph (Hrsg.), Neurotheology. Brain, science, spirituality, religious experience, San Jose 2003, 315–356.

Verzeichnis der Autorinnen und Autoren

Dr. Anton A. Bucher ist Professor für Praktische Theologie an der Universität Salzburg.

Dr. Anke Edelbrock ist Akademische Oberrätin im Fach Evangelische Theologie an der Pädagogischen Hochschule Schwäbisch Gmünd.

Ole Fischer war Mitglied in der Doktorandenschule Laboratorium Aufklärung (DSLA) der Friedrich-Schiller-Universität Jena und ist Archivreferendar beim Landesarchiv Baden-Württemberg.

Dr. Marion Keuchen ist Privatdozentin für Evangelische Religionspädagogik an der Fakultät für Kulturwissenschaft der Universität Paderborn.

Dr Annebelle Pithan ist wissenschaftliche Referentin am Comenius-Institut, Ev. Arbeitsstätte für Erziehungswissenschaft, Münster.

Dr. Christine Reents ist em. Professorin für Praktische Theologie an der Kirchlichen Hochschule Wuppertal/Bethel.

Dr. Antje Roggenkamp ist apl. Professorin für Praktische Theologie an der Theologischen Fakultät der Georg-August-Universität Göttingen.

Dr. Michael Wermke ist Professor für Religionspädagogik an der Theologischen Fakultät der Friedrich-Schiller-Universität Jena und Direktor des Zentrums für Religionspädagogische Bildungsforschung (ZRB).